2인자 리더십

2인자 리더십

고전과 경영사례를 중심으로

2015년 1월 10일 초판 인쇄
2015년 1월 15일 초판 발행

지은이 김헌식

펴낸이 이찬규 | **편집** 선우애림 | **교정교열** 정난진

펴낸곳 북코리아 | **등록번호** 제03-01240호

전화 02-704-7840 | **팩스** 02-704-7848

이메일 sunhaksa@korea.com | **홈페이지** www.북코리아.kr

주소 462-807 경기도 성남시 중원구 사기막골로 45번길 14
우림라이온스밸리2차 A동 1007호

ISBN 978-89-6324-400-6(03190)

값 15,000원

2인자 리더십

고전과 경영사례를 중심으로

김헌식

북코리아

차 례

들어가는 말

누가 2인자 리더십을 찾는가?

어느 기업인들의 조찬 모임에서 특강을 할 때이다. 특강 시작 전이라 기업인들 사이에 섞여 조용히 앉아 있었다. 가만히 둘러보니 조찬 모임에 참여한 사람들은 모두 산전수전 공중전까지 다 겪어온 역전노장의 기업인들이었다. 친분이 없어 말을 걸어오는 사람들이 없었다. 이때, 우연히 같은 테이블에 앉아 있던 기업인들의 대화를 듣게 되었다.

"오늘 주제가 2인자 리더십인데, 2인자 리더십 어때요?"

이렇게 한 기업인이 말을 던지자, 그 말을 받은 다른 기업인이 손사래를 치며 말했다.

"2인자 리더십이요? 이제 지겹습니다."

이 말을 한 기업인은 2인자 리더십이 무엇인지 알고 있으며, 그것을 자신도 해보았다는 말을 하고 있었다. 듣고 보면 '그럴 수 있겠네' 싶지만 다시 한 번 더 생각해보면 2인자 리더십에 대해 뭔가 오해가 있다는 사실을 발견하게 된다. 이런 오해는 기업인들에게서만 발견할 수 있는 것이 아니다. 흔하게 볼 수 있는 2인자 리더십에 관한 오해이기 때문이다. 그렇다면, 여기에서 오해는 무엇일까?

보통 2인자 리더십이라고 하면 흔히 2인자들의 리더십이라고 생각한다. 그렇기 때문에 2인자 리더십을 취하라고 하면 기분 나쁘다고 말하는 사람도 있다. 2인자는 2등이라는 인식이 강하기 때문이다. 물론 부정적인 인식만 있는 것은 아니다. 2인자 리더십의 장점을 알고 있는 사람들도 상당수 존재하고, 호감이나 찬성 여부에 관계없이 2인자 리더십에 대한 인식도 많이 확산되었다. 많은 2인자 관련 시사 잡지, 신문, 책들에서는 대개 책사, 참모, 보좌진, 비서, 장수 등을 2인자라 규정하고 이들이 보이는 리더십을 '2인자 리더십'이라고 정의한다. 이에 따라 역사 기록, 기업 경영, 정치 일선에서 2인자 리더십을 보였거나 보인 이들을 열거하고 이들의 언행 등을 분석 정리한다.

2인자들이 보이는 리더십을 간단히 2인자 리더십이라고 부를 수는 있지만, 이는 2인자 리더십에 대해 대단한 오해를 하고 있는 것이다. 좀 더 정확하게는, 매우 좁은 범위의 정의라고 볼 수 있다. 앞에서 언급한 이들이 영원한 2인자들에 머물 필요도 없다. 또한 억지로 1인자 리더십을 취한다고 그들이 1인자가 되는 것도 아니다. 1인자로 보이는 이들이 실제는 2인자인 경우도 많다. 아니, 세상에 2인자가 아닌 사람이 없으며 1인자도 결국 2인자이다. 본원적으로 되짚어본다면, 인간은 결국 2인자의 실존적 상황에서 존재론적 가치와 의미는 물론 생존을 모색한다.

2인자 리더십은 인간(人間)이기 때문에 취할 수밖에 없는 리더십이다. 이는 선택의 여지가 없는 인간의 당연한 본질이다. 다만 개개인이 어떤 영역과 위치에서 때와 상황, 사안에 맞게 달리 실천에 옮기는 점이 다를 뿐이다. 사람 '人'은 두 사람이 모여 이루어진 글자이며, '間'은 사이를 의미하고 있다. 비록 겉으로는 1인자일지 모르지만, 인간 모두는 결국 2인자일 수밖에 없다. 다만, 1인자로 보이는 것은 인간 스스로 자신이 1인자라고 생각하기 때문일지 모른다. 누군가를 1인자로 만든다면 그들은 자신이 1인자가 되고 싶기 때문이다. 다른 이들을 1인자로 자신을 2인자, 3인자로 규정하는 이들은 결국 1등에 대한 열망이 있는 존재일 뿐이지만, 그런 태도로는 1인자의 위치에 올라가도 자신의 입지를 오래 유지하지 못한다. 실제로 이제 1인자 리더십을 보이는 기업들은 쇠퇴하고 있다.

《진실의 리더십》의 저자인 미국 하버드 경영대학원의 빌 조지 교수가 2010년 3월 22일 〈월스트리트저널〉 기고문에서 현대의 리더십 모델을 말했는데, 여기에서 1인자 리더십을 추구한 기업들은 쇠퇴했다고 밝혔다. 빌 조지 교수는 구체적으로 다음과 같이 말했다.

> 1960년대에 내가 하버드 경영대학원에 다닐 때 학과 교수님께서는 가장 이상적인 조직으로 국방부나 기독교 교회를 예로 들었다. GE나 GM, AT&T가 이 모델을 따랐지만 20세기 말 이들 기업은 장기적으로 쇠퇴했다. 코닥이나 모토로라, 웨스팅하우스 등도 자멸이라는 비슷한 길로 들어섰다. 이는 사람들이 톱다운 방식에는 반응하지 않는다는 것을 명백히 보여준다.

여기에서 주목해야 할 단어는 '톱다운(top-down) 방식'이다. 이는 하향식 의사결정을 말한다. 달리 말하면 위에서부터 결정된 사안을 밑에서 집행하는 방식이다. 이는 1인자 리더십의 전형적인 모델이다. 위에서 시키는 대로 아랫사람이 복종하며 실행하기 때문이다. 이런 실행 모델의 조직에서는 밑에서 들려오는 의견이나 주장, 대안에 대해 관심이 없고 상위의 의사결정자들이 독단적으로 결정해버린다. 밑에 있는 사람들은 그 결정된 사항에 대해 이의제기 없이 집행만 하면 된다.

반대말은 상향식, 보텀업(bottom-up) 방식이라고 부르기도 한다. 밑에서부터 의사결정이 이루어지는 방식이다. 이는 2인자형 리더십이 작동하는 모델이다. 혼자 결정하는 것이 아니라 중지(衆志)를 모아서 결정하는 방식을 말한다. 집행하는 주체들이 자신들이 표명한 의견이나 대안을 스스로 집행하게 된다. 《좌전》(春秋左氏傳 · 莊公 三十二年 耳談續纂)에 "나라가 흥하려면 백성한테 듣고, 장차 망하려 하면 신(神)에게 듣는다."(國將興聽於民 將亡聽於神)고 했다. 신은 절대적 존재를 말하는 것이고, 백성은 바로 신 아래에 있는 존재들을 말한다. 백성을 다스리는 자가 더 의견을 구해야 할 존재가 누구인지 잘 말해주고 있는 대목이다.

빌 조지 교수는 "요즘 기업들이 직면하는 문제는 개인이다. 일개 조직이 해결하기에는 너무 복잡하고, 조직 내부, 고객과 공급자, 심지어는 경쟁자와의 협력이 지속적인 해법을 찾는 데 필요하다."고 했다. 현대사회의 복잡성은 개인이나 몇몇 사람이 문제를 해결할 수 없는 상황에 이르렀다. 집단지성이나 소통 커뮤니케이션의 중요성이 부각되는 것은 이 때문이다. 소통을 한다는 것은 단순히 듣는 것만이 아니라 스스로 자신이 미흡하고 부족한 점을 인정하고 그것을 보완하기 위해 집단적 지혜를 모으는 과정을 내포한다. 상대방을 설득하기 위한 커뮤니케이션의 시도는 소통이 아니며 2인자 리더십의 태도가 아니라 1인자 리더십에 그칠 뿐이다.

무엇보다 현대사회의 복잡성과 불확실성의 증가는 영원한 1인자도 없으며, 또한 항구적인 2인자도 없음을 여실히 보여주고 있다. 이는 2인자가 인내하고 기다리며 노력을 하면 언제인가 1인자가 되며, 그 1인자는 항상 좋은 혜택만을 항구적으로 누린다는 소망스런 생각과는 배치된다. 비록 겉으로 볼 때 지위나 서열상으로는 1인자와 2인자로 나뉘어 있을지언정 그 내면에서는 그 역할이 항상 상대적이고 역동적이다. 1인자의 위치에 있으면서 2인자의 역할을 해야 하고, 2인자의 위치에서 1인자의 역할을 해야 한다. 하지만 중심은 언제나 2인자의 태도를 유지하는 것이다. 그런 2인자의 태도가 결국 1인자를 만들어주거나 1인자의 위치를 유지할 수 있도록 만든다. 1인자임을 드러낼수록 그는 2인자가 될 운명을 재촉하게 될 뿐이다.

조직 안으로 들어가보자. 우리는 누군가의 상사인 동시에 누군가의 부하이다. "당신은 리더(leader)인가, 아니면 팔로워(follower)인가?"라는 질문을 던질 수 있을 것이다. 그러나 "나는 100% 온전히 리더"라고 답하는 사람은 거의 없을 것이다. 대부분의 사람들은 "순전히 팔로워"라고 하거나, "팔로워이면서 리더"라고 답할 것이다. 과장은 부장의 팔로워이며, 부장은 상무 또는 임원의 팔로워이다. 사장은 회장의 팔로워이다. 회장은 고객의 팔로워이고, 주주들의 눈치를 보지 않을 수 없다. 2014년 12월, 대한항공의 땅콩회항에서 보듯 아무리 대기업의 회장과 사장이라도 국민과 시민의 눈을 의식해야 한다. 국회의원들은 지역주민, 대통령은 국민의 팔로워이다. 적어도 지지세력의 눈치를 봐야 한다. 물론 그렇게 생각하지 않을 수도 있다. 그렇게 생각하지 않는다면 1인자의 자리에 오래 있지 못할 것이다. 아니 역사적으로도 반드시 정당한 평가를 받고야 말 것이다. 그 평가는 당연히 2인자, 3인자들의 평가에 따른 것이다.

2012년 7월, 미 경제지 〈포브스〉는 상사를 리더로 만들어주는 '당신이 못 들어본 리더십의 비밀 11가지'를 실었는데, 여기에서 어거스트 튜랙(August Turak)은 현대 리더십에 대해 이렇게 말했다.

> 리더와 그를 따르는 사람들 간에 오랫동안 존재했던 차별성은 이제 없어졌다. 위대한 추종자들은 부하를 이끌면서 동시에 부하를 따른다. 상사와 직원들 간의 명확한 선 가르기 시대는 지나갔다. 때때로 하루에도 몇 번씩 리더와 따르는 이들 사이의 역할을 바꾸는 시대에 살고 있으며, 성공은 위대한 리더가 되는 것만큼이나 위대한 추종자가 되는 법을 잘 아는 데 달려 있다.

그의 말은 위대한 리더일수록 혼자 이끄는 것이 아니라 다른 이를 따르는 것을 잘한다는 지적이다. 중요한 것은 그러한 행동들이 부하들에게 하나의 모델이 될 수 있다는 점이다. 그래서 그는 "위대한 리더는 추종자로서 이 같은 특성을 받아들일 뿐만 아니라 자신의 부하들을 위해 스스로 이것을 모델로 삼는다."고 했다. 이런 말이 원칙을 말하는 것이니 토를 달고 싶은 생각은 없다. 다만 여기에서 하나의 전제가 필요함을 우리는 곧 짐작할 수 있다. 혼자만의 이익을 위해 다른 사람, 특히 부하 직원들을 따르는 것이 아니라는 점이다. 그렇기 때문에 어거스트 튜랙은 "이들에 대한 최고의 추종자가 되려는 나의 노력은 내가 나 자신의 회사를 이끌고 있다는 사실을 알았을 때 보상받을 수 있었다."고 말했다. 자신의 이익이 아니라 회사를 이끌기 위한 것이라고 할 때, 그의 추종에 대한 대가가 주어진다. 개인적인 욕망을 위해 추종자가 되는 것은 결국 그것이 2인자 리더십 형태를 취하든 1인자 리더십을 취하든 적절하지 않게 평가를 받게 된다.

2인자 리더십은 '브이', 즉 승리의 리더십이다. 우리는 두 손가락

2인자 리더십은 승리를 뜻한다.
승리는 혼자가 아닌 두 사람
이상이 만들어내는 것이다.

으로 브이를 만들어서 승리를 표시한다. 이 브이는 빅토리(victory)를 상징하며, 2인자 리더십의 상징이기도 하다. 넘버원(number one)을 의미하는 엄지손가락은 오로지 하나를 의미한다. 사전에 나온 대로 하면 첫째나 으뜸 또는 그런 사람이나 물건을 말한다.

하지만 브이는 두 개의 손가락이 필요하다. 즉, 홀로 존재할 수 없다는 뜻이다. 누군가를 인정하지 않으면 이뤄질 수 없는 것이 브이이다. 승리란 결코 혼자만의 힘으로 달성될 수 없는 것임을 알 수 있다. 엄지손가락은 홀로 떨어져 나와 존재할지라도 다른 손가락을 무시한다면 존재할 수 없다.

다만 2인자의 태도만 고수해야 한다고 생각하는 것도 편견에 치우치는 것이다. 즉, 2인자 리더십에는 그들 나름의 태도가 있고 그 태도에는 1인자 리더십과 구분해서 살펴보아야 할 점이 있다. 2인자에게는 나름대로 그 특징이 인과관계 속에서 존재하기 때문이다.

제임스 번즈 전 미국 윌리엄스 칼리지 교수의 《리더십 강의》에는 "리더십은 돈, 인기, 사회적 배경 같은 권력자원 중심에서 벗어나 용기, 끈기, 창의적 사고 같은 다양한 능력과 기술을 필요로 하며 아울러 도덕적인 목적을 지니고 있어야 한다."라고 말했다. 돈이나 인기, 사회적 배경을 우선시하는 것은 1인자 리더십을 추구하는 이들이 중요하게 생각하는 요소이다. 용기와 끈기, 창의적 사고는 2인자 리더십을 추구하는 이들이 보이는 특징이다. 그런데 여기에서 용기와 끈기, 창의적 사고는 왜 2인자 리더십에 해당하는지 좀 더 생각해볼 필요가 있다. 예컨대 1인자라는 사람들은 용기를 낼 필요가 없다. 스스로 그 지위에 안주하여 생을 영위하기 때문이다. 또한 1인자들은 끈기도 가질 필요가 없다. 1인자들은 당장의 현실적인 만족이 중요할 뿐이기 때문이다. 또한 이미 기득권을 갖고 있는 1인자들은 새로운 생각은 물론 창조적인 아이디어나 행동을 할 필요가 없다고 생각한다. 자신이 누리고 있는 그것에 더 초점을 맞추기 때문이다. 이런 경향성을 미국 스탠퍼드 대학의 폴 데이비드 교수와 브라이언 아서 교수는 '경로 의존성(經路依存性, path dependency)'이라고 했다. 한 번 일정한 경로에 의존하기 시작하면 이후에는 그 경로가 비효율적이라는 점을 알고도 계속 그 경로를 벗어나지 못하는 행태를 말한다. 자신의 경험, 특히 성공의 기억과 성과는 그의 미래를 계속 지배한다. 이러한 태도들은 사회가 단순하고 평이하게 유지되는 환경 속에서 더욱 강화된다. 그러나 21세기 세계는 단일하지 않으며 역동적인 변화의 상황 속에 떨어졌다.

2인자 리더십에는 많은 패턴이 존재한다. 왜 그러한 패턴들이 2인자 리더십이며, 그런 패턴들에는 어떤 점들이 있는지 살펴보고자 한다. 어떤 패턴들일까? 그것은 2인자형 1인자 리더십, 즉 2.1리더십이다. 이러한 2.1리더십은 어느 날 갑자기 나온 것이 아니라 동서고금을 막론하고 관통하고 있는데, 21세기에는 더욱 이러한 리더십이 필요해지고 있다. 그래서 21C, 2.1L론이다. 이제 어떤 유형과 맥락이 있는지 짚어보자.

TIP

영국에서 손등으로 V를 그리는 것은 아주 큰 욕이다. 데이비드 크로넌버그 감독의 영화 〈이스턴 프라미스〉에 보면 나온다. 따라서 등을 돌리는 것은 배신을 의미한다. 손등으로 V를 그리는 것은 배신이다. 앞에서 V를 그리는 신뢰의 리더십이 2인자 리더십이다.

—

리더(leader)라는 단어의 어원 리드(lead)는 원래 '여행하다'라는 뜻이었다. 우리는 짧은 여행을 하는가 아니면 긴 여행을 하는가? 긴 여행을 한다면 2인자 리더의 역할을 생각할 수밖에 없다. 하지만 스마트 모바일 환경과 SNS 시대에 자칫 1인자의 태도 때문에 훅 스러질 가능성은 더 높아졌다. 대한항공의 땅콩리턴 사건은 이를 잘 말해준다.

—

미국 하버드 경영대학원의 빌 조지 교수는 2010년 3월 22일 〈월스트리트저널〉 기고문에서 모든 단계와 수준에서의 지도자, 특히 영업이나 일선 현장 등의 최전선에서 리더들이 필요함을 인식하고 있다고 말했다. 최고 리더의 역할은 이들 각 수준에 있는 지도자들에게 결정 권한을 부여하는 것이라고 했다. 그는 요즘 기업들이 직면하는 문제는 개인이나 일개 조직이 해결하기에 너무 복잡하다고 했으며 조직 내부, 고객과 공급자, 심지어는 경쟁자와의 협력이 지속적인 해법을 찾는 데 필요하다고 강조했다.

길게 멀리

시공간

기원전 99년, 사마천(司馬遷, B.C. 145?~B.C. 86?)이 47세일 때, 젊은 장수 이능(李陵)이 서역에 진출하여 흉노족과 벌인 싸움에 나갔다가 그만 항복하고 말았다. 이때 사마천은 이능을 변호했다. 사마천은 상황에 불가피한 면이 있었고 작전상 약간의 실수가 있었기 때문에 죄를 심하게 물을 수 없다고 말했다. 사마천은 진실을 고한다고 했지만, 사마천의 이 말이 한(漢) 무제(武帝)의 분노를 샀다. 그 때문에 사마천은 감옥에 갇히고 말았다. 한 무제는 두 개의 형벌 가운데 하나를 선택하게 했다. 속전 50만 냥을 내지 못하면 사형(자결)당하는 것과 궁형(宮刑) 중 하나를 선택하게 했다. 사마천은 돈이 없었다. 죽음이냐 아니면 거세이냐. 궁형은 생식기를 자르는 것인데, 당시 선비들은 생식기를 거세하는 궁형을 죽음보다 불명예스럽게 생각했다. 당연히 사마천은 선비의 명예를 지켜야 하므로 궁형보다는 사형을 선택했어야 한다. 사마천은 50만 냥이 없어 결국 궁형을 택했다. 그의 남성이 잘려나갔다. 그런데도 그는 "아홉 마리 황소의 털 가운데 겨우 한 올을 뽑는 일처럼 하

잘 것 없는 '구우일모(九牛一毛)'"라고 말했다. 또한 "하찮은 미물의 죽음과 같고 언제인가 한번은 죽는데 그 죽음을 가볍게 쓸 게 아니라 의미 있게 쓰리라."고 했다.

사람들은 그가 거세를 당하고도 어찌 수치스럽게 살기를 원할 수 있냐고 비판을 하기에 이르렀다. 하지만 사마천에게는 할 일이 있었다. 아버지 사마담이 쓰다 만 《사기》를 완성하는 일이었다. 사마천은 기원전 110년에 《사기》를 저술하기 시작해 기원전 90년에 완성했다. 사마천의 《사기》에는 그의 처지와 상황을 반영한 내용이 있다. 사마천은 인상여를 두고 이렇게 말했다. "죽음을 각오한 용기와 자신의 공을 염파에게 양보할 줄 아는 지혜를 겸비한 인물. 그의 이름은 태산보다 무겁다." 무엇보다 인상여가 염파와 싸우지 않은 것이 결국 나라를 지키고 두 사람의 화해와 성공을 이끌어냈다.

또한 사마천은 "참고, 참고 또 참아 만난을 이겨내고 과업을 이뤘으니 열혈남아가 아니고 그 무엇이랴."라고 했다. 이는 오자서를 평한 말이다. 오자서는 아버지와 형을 살해한 초나라 평왕에게 철저히 복수했다. "치욕을 참아야 사람 구실을 할 수 있다."는 말은 《계포난포열전》에 나온다. 이러한 말은 다른 사람의 입장이 아니라 사마천 자신의 이야기였다. 그는 궁형의 치욕을 딛고 《사기》라는 전무후무한 사서를 완성했기 때문이다. 그 공로를 인정해 한 무제는 다시 그를 중용하기에 이르렀다.

무엇보다 사마천은 아버지가 도중에 그만둔 《사기》를 쓰는 것이 나중에 자신에게 어떤 가치와 결과를 가져다줄지 알고 있었다. 이 때문에 궁형의 굴욕을 견디고 아버지의 유언인 사서 편찬 과업을 계속했던 것이다. 부친이 남긴 유언을 받아 오로지 《사기》를 쓰기에 여념이 없어 그 굴욕감을 덜 수 있었다. 만약 그가 한순간의 치욕과 수모 때문에 죽음을 선택했다면 《사기》를 완성할 수 없었을 것이다. 《사기》를 저술했기 때문에 살아생전에 복권도 되었다. 소중한 역사서를 통해 후대에 미친 영향도 없었을 것이며, 그의 이름조차 전해지지 않았을 것이다. 자결을 선택했다면 동양 최고의 고전인 《사기》는 탄생하지 못했을 것이다.

사마천은 친구 임안에게 보낸 편지에서 이렇게 말했다. "《사기》가 완성돼 명산에 보관되고 각지의 선비들에게 전해질 수 있다면, 치욕도 충분히 씻게 될 것이다." 《사기》에서는 공자의 《춘추》 같은 책의 편찬 사례들을 꼽았는데, 이렇게 적었다. "이들은 모두 마음에 깊이 뭉친 것들이 있지만, 그 뜻을 직접 표현할 수 없었기 때문에 지나간 사실을 빌려 미래에 그 뜻을 전했던 것이다." 이러한 내용은 비단 공자만이 아니라 사마천 자신의 이야기였던 것이다. 사마천도 자신이 하고 싶은 바들을 과거의 기록들을 통해 미래 세대인 차세대들에게 전하고 싶었던 것이다. 즉, 그는 멀리 미래를 내다보고 있었던 것이다.

사마천은 당장의 치욕을 견디고 장구한 꿈의 실현을 내다보고 실행했다.

아케메네스의 키루스(B.C. 576~530)는 페르시아제국을 세운 건국의 아버지다. 그는 동시대의 다른 지도자들보다 높이 평가받는다. 그 이유는 멀리 내다보는 혜안을 가졌기 때문이다. 아시리아는 그 반대에 있었다. 기원전 3000년 무렵 메소포타미아 북부에 세워진 작은 도시국가 아시리아는 기원전 7세기 초반에 이르러 오리엔트를 최초로 통일한 거대제국을 만들었다. 그러나 그들은 다른 민족을 포용하지 못했다. 매우 단기적이고 근시안적인 생각을 했기 때문이다. 예컨대 아시리아제국의 황제는 이민족이 저항하면 모두 처형했다. 이런 무자비한 태도에 이민족의 저항이 수그러졌을까? 이민족의 저항이 사라진 것이 아니라 오히려 더 큰 반란이 일어났다. 결국 제국을 세운 지 50년 만에 수도 니네베는 폐허가 되었다.

이에 반해 키루스가 세운 제국은 반대로 나아갔다. 2010년 1월 5일, 고대 비문의 깨진 조각 두 개가 대영박물관 창고에서 발견됐다. 박물관이 비문을 1881년부터 소장했으니 무려 129년 만이었다. 깨진 조각 두 개는 고대 페르시아 '키루스(고레스) 원통 비문(Cyrus cylinder)'의 유실된 조각이었다. 1879년 발굴된 키루스 원통 비문은 기원전 539년 페르시아(아케메네스 왕조)의 키루스 대왕이 바빌로니아를 정복한 뒤 새긴 일종의 포고문이다. 아케메네스의 키루스 대왕은 기원전 6세기 중반 메디아, 리디아를 차례차례 정복하고는 포고문을 발표했다. 여기에는 그의 포용과 배려의 정치철학이 담겨 있었다. "나는 어떤 민족도 위협하지 않겠다. 정복지의 전통과 종교를 존중하겠다. 그 누구도 다른 민족을 억압해서는 안 된다." 그는 유대인들을 고향으로 돌아가게 했고, 종교를 허용하고 성전을 짓도록 했다. 이 때문에 그리스 역사가들도 그에 대해 "가장 이상적인 지도자이며 자비로운 군주"라고 평가했다. 그는 한낱 유목민의 족장이었지만, 중국과 서양의 교차로에 제국을 일으키고 무한히 그 영역을 확장하고자 했다. 다시 요약해보면, 단기적으로 저항하는 이민족을 억압하면 그 저항이 줄어드는 것 같지만 곧 엄청난 저항이 일어나고 그 저항의 강도는 더욱 강해질 수밖에 없다. 당장에는 저항이 없어도 빈틈을 보이면 언제든지 폭발한다. 포용은 진정한 1인자만이 할 수 있다. 겉으로만 1인자이면서 실제로는 2인자들은 이민족들이 무섭고 두렵기 때문에 억누르고 배제하려고 한다. 포용 정책은 장기적으로 자연스러운 융합과 통일을 낳는다.

이민족 포용의 장기적인
효과를 내다본 키루스

1인자 지향은 근시안적이며 단기적이다. 2인자 지향은 원시안적이며 장기적이다. 1인자는 당장의 결과를 얻으려 한다. 그렇기 때문에 당장에 얻을 수 있는 것만 한다. 짧은 시간 안에 할 수 있는 것을 취해 자신의 입지를 구축하거나 그것을 대내외에 드러내야 한다고 생각한다. 1인자는 그렇게 드러내야 자신의 위치는 물론 더 높은 곳에 올라갈 수 있다고 생각하기 때문이다. 그러나 2인자를 지향하는 이들은 당장에 나올 결과물만을 원하지는 않는다. 짧은 기간 내에 결과를 만들어 그것을 대내외에 알리는 것에 별로 관심이 없다. 그렇기 때문에 그들은 멀리 보고 장기적인 관점을 가지고 계획을 세우며 그것을 실현한다.

1인자들은 짧은 기간 내에 큰 결과물을 내도록 서두르지만, 결국 짧은 기간 내에 큰일을 만들어낼 수는 없는 것이다. 큰일을 항상 만들어내려면 다른 사람의 오랜 노력의 결과물을 편취하는 길밖에 없다. 2인자들은 당장에 큰 것을 만들어내지 못하는 것처럼 보이는데, 그는 오랜 시간이 걸린다 해도 결국 남들이 하지 못하는 위대한 일을 해내고 만다.

《리더는 마지막에 먹는다》, 《나는 왜 이 일을 하는가》의 저자이자 테드(TED) 동영상 강의로 유명한 사이먼 사이넥은 "많은 기업들이 단기 성과와 손익 계산의 함정에 빠져 좀체 성장의 기회를 만들어내지 못하고 있다. 이들 기업은 단기 이익에 급급해 중요치 않은 정책을 너무 자주 시행하고, 그 과정에서 중요한 것들을 너무 많이 희생해 버린다."라고 했다. 단기적인 정책은 결국 가용자원을 소모하고 조직의 역량을 쇠진하게 만든다. 리더가 여기에 총력을 기울인 결과이다. 그는 또 "그 희생은 때로는 골드만삭스처럼 회사의 명예일 수도 있지만, 시티그룹처럼 경기가 좋아지면 빠져나가는 우수한 직원일 수도 있고, 메릴린치 사의 경우가 그렇듯 장기적으로는 회사 자체의 이익일 수도 있다."라고 했다. 단기적인 이익을 따지다 보니 장기적인 성장의 기회를 만들어내지 못하거나 그런 기회가 와도 잡지 못하고 만다는 것이다. 이익만 따지기 때문에 경영시책을 자주 바꾸거나 그 가운데 중요한 가치나 일들을 간과하고 마는 것이다. 소위 이익을 따라다니다가 정작 정말 중요한 것들을 잃어버린다. 그 중요한 것은 명예일 수도 있고, 인재나 장기적인 회사의 이익이기도 하다.

사실 장기적인 관점을 보지 못하면 이에 믿음과 신뢰를 갖지 못하는 사람들이 떠나가게 된다.

예컨대 기업은 빨리 판단해야 한다는 생각이 앞선다. 무엇이든 빨리 판단하고 결정해야 한다는 문화가 조직을 지배하는 한 좋은 인재조차 나쁜 인재가 된다. 결국 좋은 인재들이 조직에 발을 붙이지 못하게 된다. 장 프랑수아 만초니, 장 루이 바르수의《확신의 덫: 유능한 사람이 왜 무능한 사람이 되는가》에서는 개인 또는 조직 전체가 '확신의 덫'에 빠져드는 과정을 살폈는데, 이 확신의 덫은 시간적인 여유가 없을 때 훌륭한 인재들을 떠나가게 한다고 밝혔다. 현장 리더 3천여 명을 15년 동안 연구한 결과인데, 꼬리표 붙이기가 근시안적인 행동이었고 인재를 무능하게 만드는 원인이 되었다. 그런데 관리자 입장에서 꼬리표 붙이기는 나름 이유가 있어 시행되는 듯하다. 불확실하고 정보가 넘치는 환경에서 효율적으로 빠른 결정을 하는 데 도움을 주기 때문이다. 그러나 꼬리표를 신뢰할 수 없는 가장 큰 이유가 있다. 바로 '속도' 때문이다. 리더들을 상대로 사람을 평가하는 데 얼마의 시간이 걸리는지 질문을 던지자, 꼬리표를 붙이는 속도가 빠를수록 유능한 직원이 무능한 직원으로 전락해버렸다.

《무엇이 임원의 성패를 결정하는가》에서 스콧 에블린은 "리더는 장기적인 관점으로 아젠다를 설정해 조직 전체를 뒷받침하는 존재"라고 말한 바 있다. 리더는 단기적인 관점이 아니라 장기적인 관점을 지녀야 한다는 지적이다. 또한 그런 관점으로 조직 전체를 뒷받침하는 것이 2인자 리더십의 특징이다.

탱크를 이용한 기동전의 대가이자, 미국 최고의 지상군 사령관이었던 조지 패튼은 군수품을 아끼지 않는 자신의 행동에 대해 "진정한 군인이 되기까지는 18년이 걸리지만 탄약을 만드는 데는 불과 몇 개월밖에 걸리지 않는다."고 말했다. 패튼은 웨스트포인트 6년 후배인 아이젠하워 밑에서 제3군을 맡아 그 특유의 추진력으로 유럽 대륙을 가로지르는 기동전을 전개해 나치 독일을 패망시키는 데 크게 공헌한 전쟁영웅이었다. 진정한 군인이 만들어지기까지는 오래 걸리며, 진정한 리더가 만들어지기 위해서는 더 오랜 시간이 걸린다. 이순신 장군이 과거에 합격한 것은 32세로 아이가 세 명이었을 때였으며, 변방을 14년간 돌던 그가 수군절도사에 오른 것은 47세였다. 뒤늦은 감이 있었지만 오랫동안 쌓은 경험과 지식은 임진왜란 전투에서 화려하게 빛을 보였다.

반기문 유엔 사무총장은 이렇게 밝힌 바 있다.

> 내 리더십의 뿌리는 동양사상에 있다. 그래서 겉보기엔 카리스마도 없고 조용조용할 수밖에 없지만 시간이 지나면 이렇듯 조용한 리더십이 존재한다는 것을 모두가 알게 될 것이다.

겉으로 드러나지 않는 리더십, 있는 듯 없는 듯한 리더십, 그러나 시간의 흐름에 따라 마침내 드러나는 것이 2인자 리더십이다. 당장에는 드러나지 않는 것처럼 보이지만 그 뒤를 지배하고 있는 막강한 리더십이다.

《역경(易經)》 계사하(繫辭下)에 보면 "길한 사람은 말수가 적고 조급한 사람은 말이 많다(吉人之辭寡, 躁人之辭多)."라고 했다. 말이 많은 사람들은 자신들의 리더십을 드러내는데, 이런 점이 바로 1인자 리더십의 특징이다. 그들은 말을 통해 자신의 리더십을 과시하고 선전하여 다시 자신에게 관심이 주어지기를 바란다. 하지만 정말 좋은 리더는 말수가 적고, 자신의 일을 드러내지 않는다. 그러나 시간이 지나 본 면모가 다른 이들에게 드러날 때, 더 큰 강력한 각인 효과를 나타낸다.

줄리 슈비에테르트 콜라조와 리사 로각이 엮은《교황 프란치스코 어록 303》을 보면 "진정으로 사람들과 더불어 가려고 하면 항상 그 걸음걸이는 느려지게 마련입니다."라는 대목이 있다. 교황은 이 말을 통해 진정 함께하는 길은 빠르지 않고 느리다는 점을 강조하고 있다. 또한 빨리 인정받거나 인기를 얻는 것에 대해서도 경계했다. 프란치스코 교황은 2014년 8월 18일, 한국 방문을 마치고 돌아가는 비행기 안에서 가진 기자회견에서 "인기라는 것은 기껏해야 2~3년밖에 가지 않는다."면서 "거만해지지 않고자 내적으로 내 죄와 잘못을 돌이켜본다."고 말했다. 당장에 주목을 받는 것은 시간적인 제한성과 트렌디한 특징이 있기 때문에 영원할 수 없다는 것을 잘 알고 있는 것이다. 그렇다면 그 일순간 주목받는 일에 집중하지 말고 다른 일에 더욱 매진할 것임을 밝히고 있는 것이다.

리더십 전문가 조 오웬은 '4P 행운 프로그램'을 말하기도 했다. 이는 연습(Practice), 끈기(Persistence), 대비(Preparation), 긍정적 전망(Positive outlook)을 나타내는 영어 단어의 알파벳 첫 자를 딴 것이다. 그는 4P 프로그램을 설명하면서 골프에 비유했는데, 롱 퍼팅이 들어갈 확률은 50%이지만 연습이 거듭될수록 50% 확률에 속할 가능성이 커진다고 했다. 끈기를 갖고 연습하고 미래를 대비하고 긍정적인 전망에 따라 행동할 때 항구적인 차원으로 소망스런 단계로 나아갈 수 있다. 중요한 것은 이러한 테크닉만이 아닐 것이다. 드골은 자신의 책《칼날》에서 "지도자가 지도자일 수 있는 이유는 그의 비전에 있다."고 강조하고,

“지도자란 높은 이상을 가져야 하고, 비전을 제시할 수 있어야 하고, 통 큰 스케일을 보여야 한다.”고 보았다. 미래를 보는 이들은 여유가 있고, 스케일이 크다. 그것은 비전을 가지고 멀리 내다보고 있기 때문이다. 그래서 일희일비하지 않고 단기적인 차원의 일에 얽매이지 않는다. 중요한 것과 중요하지 않은 것을 너무 잘 알고 있고, 그것에 따라 지금 무엇을 해야 하는지 인식하고 있기 때문이다. 또한 패스트푸드문화에 견주어 살펴볼 수 있다.

> 패스트푸드는 우리에게 시간도 아끼게 해주고 행동도 빨리하게 만들었다. 시간도 더 많아지고 읽는 속도도 더 빨라져서 책을 더 많이 읽을 수 있게 되었지만, 사실은 전보다 더 적게 읽고 있는 것으로 나타났다.

시간을 무조건 절약하는 게 좋다는 생각을 적용한 대표적인 상품이 패스트푸드이다. 하지만 오히려 그것은 잃어버린 몸을 위해 시간을 더 많이 투자해야 하는 결과를 낳았다. 무엇보다 문제점을 인식함에도 패스트푸드는 강렬한 맛에 중독을 낳아 끊을 수 없는 지경에 몰아넣는다. 2인자 리더들이 꼭 길게만 보고 짧은 근거리를 보지 못한다는 것은 아니다. 2인자 리더들은 1년의 결과도 중요하게 생각하고 10년의 결과도 같이 볼 수 있는 리더들이다. 1인자들은 단기만 보지만 2인자들은 짧은 것과 긴 것을 동시에 보면서 나아간다.

‘시간을 지배하는 자’가 권력을 잡을 수 있다는 말은 근시안적이다. 시간을 스스로 지배하는 자는 무엇이든지 자신의 손 안에 둘 수 있다. 그만큼 그들의 손은 크고도 넓으며 깊다. 그것이 2인자들의 손이다.

TIP

시간 연구자인 카를하인츠 가이슬러는 "시간이 부족한 게 아니라 할 일이 너무 많거나 너무 많은 일을 해야 한다고 생각하는 것"이라고 말한다. 그는 이를 극복하는 방법에 대해 이렇게 말했다. "시간의 압박에서 벗어나려면 많은 것을 포기해야 합니다. 돈을 더 벌겠다는 생각, 더 많이 쓰겠다는 생각을 버려야 합니다." 이러한 지적은 리더들이 너무 많은 일을 하겠다고 하는 압박에서 벗어나 선택과 집중을 해야 한다는 것이다. 어린아이가 많은 음식을 먹으려고 욕심을 부릴수록 손에 잡히는 것은 없고, 힘만 드는 법이다.

—

《슬로우—무한경쟁 시대를 넘어서기 위하여》에서 플로리안 오피츠는 속도에 대해 말했다. "'우리가 어느 만큼의 속도까지 견딜 수 있는가? 어느 만큼의 속도까지 도달할 수 있는가?'라는 질문을 하지 마십시오. 우리가 던져야 할 질문은 '바람직한 삶을 위해서는 어느 만큼의 속도가 필요한가? 무엇이 삶의 질을 높여주는가?'입니다." 무조건 빨리 또는 느림이 아니라 우리가 견딜 수 있고 버티며 나아갈 수 있는 속도가 어느 정도일 때 모두에게 행복할 수 있는지 파악하고 이를 실천하는 것이 리더이다.

—

사이먼 사이넥은《리더는 마지막에 먹는다》에서 안타깝게도 오늘날 적지 않은 기업들이 신뢰와 충성심을 쌓으며 함께 일했을 때 분비되는 세로토닌과 옥시토신의 균형 효과를 희생한 대신, 개인의 성취에 대한 보상인 도파민 지향의 실적을 우선시한다고 지적했다. 이 불균형이 결국 회사의 안정성에 악영향을 미치게 된다. 리더의 역할은 바로 이 균형을 유지시키는 데 있는 것이다. 도파민은 중요한 과제를 끝냈거나, 목표에 도달했을 때 만족감을 느끼게 한다. 우리가 발전을 좋아하는 목표지향적인 동물이 된 것도 이 때문인데 각종 마약이나 알코올, 도박처럼 강력한 중독성을 갖고 있어 어떤 행동이 실제로 우리에게 이익이 되지 않더라도 우리는 도파민을 분비하기 위해 그것을 하게 된다. 그는 리더가 돈이 아닌 시간을 투입해야 한다고 주장한다. 신뢰와 충성심을 쌓으며 함께 일했을 때 분비되는 세로토닌과 옥시토신을 공유하려면 시간이 필요하다는 것.

인내의 마시멜로

후한을 세운 광무제 유수(光武帝, B.C. 6~A.D. 57)는 원래 지방의 호족으로 한량들과 어울려 놀기가 주업인 사람이었다. 광무제 유수에게는 형이 한 명 있었다. 광무제 유수의 형 유인은 전한 멸망 뒤에 세워진 왕망의 신나라 말기, 지방에서 일어난 경시정권의 신하로 있었는데 매우 똑똑했고 이 때문에 정적의 모함을 받아 죽임을 당했다. 광무제 유수는 분노에 치를 떨었다. 하지만 당장 복수를 하는 대신에 형을 죽인 황제에게 오히려 무릎을 꿇었다. 어떻게 그럴 수 있을까 싶지만 유수는 우선순위가 무엇인지 생각했다. 신나라 황제에게 협조하면서 신나라를 무너뜨리는 것이 우선이라고 생각했다. 형의 복수를 하려면, 자신이 충분한 힘을 기를 때까지 기다려야 한다고 판단했다. 천하를 얻기 위해선 원수까지도 끌어안아야 한다고 생각했다. 이러한 생각으로 그는 원수도 끌어안아 자신의 세력을 키워 마침내 후한을 건국한다. 광무제는 천하를 얻을 때 대의를 갖고 두루 포용을 해주었고, 이를 통해 무엇보다 기다림의 리더십이 얼마나 중요한지 여실히 보여주었다.

한신(韓信, ?~B.C. 196)은 진나라 말기 회음 땅에서 태어났다. 명민하고 지혜가 있던 그는 일찍이 큰 뜻을 품고 공부를 열심히 했지만, 가난하여 먹고 입는 것조차 빈한했다. 호구지책을 삼기 위해 말단 관리를 하려 했으나 평민 출신인데다가 그를 천거해줄 사람도 없었다. 줄을 대려고 해야 아는 사람도 없었다. 이 때문에 여기저기 남의 집에 빌붙어서 잠자리와 밥을 얻었다. 정장이라는 관리의 집에서 기거할 때는 그 집 부인이 한신을 싫어해 이른 새벽에 먼저 식사를 하고 한신이 밥을 먹으러 나올 때쯤이면 설거지를 했다. 한신은 강가에서 물고기를 잡아 허기를 채우기도 했다. 이때 강에서 빨래를 하는 할멈이 밥을 주기도 했는데, 한신은 고마워서 반드시 출세해 은혜를 갚겠다고 했다. 하지만 할멈은 그냥 사내대장부가 굶고 있어 불쌍해서 주었을 뿐 갚기를 바란 것은 아니라고 말했고, 이에 한신은 더욱 비참한 기분에 휩싸인다.

어느 날 시장에서 백정이 한신에게 시비를 걸었다. "야! 이놈. 덩치만 커가지고 칼만 차고 다니면 다냐? 배짱이 있으면 찔러봐라. 그러지 못하겠지? 그럼, 내 가랑이 밑으로 기어나가라." 한신은 그의 말에 모욕감을 느꼈지만 곧 백정의 가랑이 밑을 기었다. 이를 본 사람들은 겁쟁이라며 매우 비웃었다. 한신은 이때의 수모를 잊지 않고 열심히 정진했다. 그 뒤 한신은 한나라 유방을 도와 초왕 항우를 물리쳤고, 한나라가 통일하는 과정에서 일등 공신이 되었다.

공신이 되고 나서 빨래를 하던 노파에게 천금을 주었고, 자신이 신세를 졌던 정장에게는 백전을 주었다. 그럼 가랑이 밑으로 지나가게 했던 백정에게는 어떻게 했을까? 한신은 백정을 손보지 않고 오히려 하급군관으로 임명했다. 한신은 그 백정에게 이렇게 말했다. "그때 죽일 수도 있었지만, 은인자중하여 오늘의 대업을 성취했다."라고 말했다. 한신은 빈곤과 비아냥 그리고 굴욕을 인내했고, 마침내 자신이 고대하던 큰 뜻을 이루었다. 한신의 인내는 자신의 꿈을 이루어가는 밑거름이었던 것이다.

한신은 인내를 통해 자신의 꿈을 이룬 대표적인 2인자 리더십의 소유자였다.

《주역(周易)》 계사하(繫辭下) 제3장을 보면 "자벌레가 몸을 구부리는 것은 장차 펴기 위함이다(尺蠖之屈以求信也)."라는 말이 있다. 사람도 후일에 성공하기 위해서는 어려움을 참고 견디어나가야 함을 가리킨다. 몸을 구부리는 것은 모양이 좋아보이지는 않는다. 하지만 그것은 더욱 멋진 모습을 보이면서 앞으로 나아가기 위한 움츠림일 뿐이다. 2인자 리더십에서도 중요한 것은 당장에 후퇴하는 모습을 보일지언정 모두의 전진을 위한 것이다. 그러한 계획도 없이 움직인다면 그것은 2인자 리더십에 속하지도 않는다.

일본 전역을 통일해 300년간 도쿠가와 막부시대를 연 도쿠가와 이에야스는 '인내의 달인'이라고 불렸다. 그는 "때가 아니면 나서지 말고, 때가 오면 놓치지 말고, 기회가 오면 포착한다."고 했다. 그는 또한

"사람의 일생은 무거운 짐을 지고 먼 길을 가는 것과 같다."라고 하거나 "울지 않는 두견새는 울 때까지 기다려야 한다."는 유명한 말을 했다. 때가 올 때까지 기다리는 것은 물론이고 인생을 항상 먼 길을 가는 존재로 생각했으며, 그때까지 기다려야 한다고 보았다. 그 기다림의 존재는 아무런 성과도 없고 내세울 것 없겠지만 그때를 잘 기다리면 결국 원하는 결과를 얻게 된다.

인내심의 효과에 대해서 말할 때 '마시멜로 이야기'가 자주 등장한다. 이 개념은 스탠퍼드 대학의 마시멜로 실험 결과를 통해 주창되었다. 어린이가 더 큰 만족과 보상을 위해 눈앞에 있는 마시멜로(당장의 욕구 충족)를 먹지 않고 참을 수 있는 의지가 있으면 성공할 가능성이 높다는 것을 말한다. 실험은 네 살배기 어린이들에게 마시멜로를 나눠주고 15분간 참으면 하나를 더 주겠다고 했다. 참가 어린이의 3분의 1은 15분을 참지 못하고 마시멜로를 그 자리에서 먹어버렸다. 14년 후 실험 참가 어린이들의 성장 과정을 조사했는데, 마시멜로의 유혹을 견뎌낸 어린이들은 자기관리 능력이 좋고 사회성이 뛰어난 청소년으로 자랐다. 하지만 마시멜로를 금방 먹어버렸던 어린이들은 학업 성적과 사회성이 뒤떨어졌다.

마시멜로가 가장 맛있는 것은
아니지만 우리가 인내하며
이뤄야 할 소망을 상징한다.

세계적 투자가인 워런 버핏은 “본인이 산 주식을 10년 이상 보유하지 않을 생각이라면 단 10분도 갖고 있지 말라.”고 했다. 그는 “10년 이상 투자에 대해 연구하고 제대로 된 주식을 골랐다면 인내심을 갖고 지켜봐야 한다.”고 했다. 그만큼 주식의 가치를 위해 기다리라는 것이다.

1980년대부터 중국은 공공연히 ‘도광양회(韜光養晦)’를 내세운다. 빛을 감추고 밖에 비치지 않도록 한 뒤, 어둠 속에서 은밀히 힘을 기른다는 뜻이다. 자신의 재능이나 명성을 드러내지 않고 스스로 드러내지 않고 참고 기다린다는 의미를 지니고 있다. 이는《삼국지연의(三國志演義)》에서 유비(劉備)가 조조(曹操)의 식객으로 지낼 때 일부러 몸을 낮추고 어리석은 사람으로 보이도록 하여 경계심을 풀어 살아남았던 계책이다. 또한 제갈량(諸葛亮)이 천하 삼분지계(三分之計)로 유비에게 촉(蜀)을 얻고 다음에 힘을 길러 위(魏) · 오(吳)와 균형을 꾀하게 한 것도 도광양회였다. 중국은 1980년대 개혁 · 개방정책에서 도광양회 기조를 구사했다. 이는 국제적으로 영향력을 행사할 수 있는 경제력과 국력이 생길 때까지는 침묵을 유지하며 강대국들에 전략적으로 협력하는 외교정책으로 쓰였다. 이후 2002년 11월 후진타오(胡錦濤)를 중심으로 한 제4세대 지도부가 들어서면서 도광양회는 새롭게 대체되었다. 화평굴기(和平崛起) · 유소작위(有所作爲) · 부국강병(富國强兵) 등이 그것이다. 그들은 2050년, 미국의 뒤를 이어 세계 2위 국가가 되는 것이 목적이라고 밝혔다. 바로 2인자 리더십 전략을 구사해 사실상 1인자의 위치를 점하겠다고 밝힌 것이다.

서번트 리더십의 창시자인 그린리프 박사는 ‘서번트 리더십’의 뿌리를 자신의 군 복무 경험에서 찾았다. 그는 군 복무 당시 4~5세 어린 상급자에게서 ‘고문관’이라는 질타를 수없이 들었다. 인격적인 모욕도

참기 어려울 때가 많았다. 그는 "지나고 보니 조직생활에서 버틸 수 있는 맷집이 이때 길러진 것을 알았다."고 했다. 나아가 "조직의 리더가 아닌 조직원으로서의 역할을 배우고 조직원들의 마음을 헤아리는 계기가 됐다."고 했다. 단지 그냥 참은 것이 자동으로 성공으로 이어진 것이 아니라 그 과정에서 어려움과 고통을 이기고 특히 다른 사람들의 마음을 헤아릴 줄 알았기 때문에 서번트 리더십을 발휘하여 성공적인 삶을 이끌 수 있었다는 것이다.

한편 적응 리더십도 2인자 리더십 관점에서 눈여겨봐야 한다. 이는 진화생물학(Evolutionary Biology)에서 차용해온 개념인데, 거센 환경의 도전에 맞서 사람들이 변화하고 번성할 수 있도록 하는 리더십이다. 이러한 리더십은 1인자형 리더십이 아니라 2인자형 리더십이다. 1인자는 변화에 둔감하고 자신의 지위를 지키거나 확장하기에 초점을 맞추는 경로의존성을 보일 뿐이다. 다양한 상황에 능동적인 적응을 위해서는 다양성과 시간이 필요하다. 능동적으로 변하는 리더십을 만들려면 다양한 관점을 존중하고, 중앙 집중적인 계획과 엘리트에 대한 의존성을 줄이는 문화를 만드는 것을 목표로 해야 한다. 《적응 리더십》에서 로널드 하이페츠는 무엇보다 "조직문화가 변할 수 있도록 긴 시간을 견뎌내야 한다."고 말했다. 그만큼 변화에는 시간이 걸린다. 더구나 문화는 서서히 변한다. 물리적인 변화가 아니라 사람들의 마음과 인식이 전체에 걸쳐 자연스럽게 바뀌는 것이기 때문이다. 한 사람이 아니라 전체 구성원의 문화가 바뀌려면 시간이 필요하기 때문에 그때가 오기까지 인내해야 한다. 중요한 것은 무조건 기다리는 것이 아니라 변화하는 문화에 대한 확신이 있기 때문에 가능한 것이다.

히말라야 8,000m 이상 고봉 14좌 완등의 위업을 달성한 산악인

엄홍길은 이렇게 말했다.

> 거친 산을 오를 때 독재자가 되어 책임지고 결정할 줄 알았고, 거듭되는 실패에도 굴하지 않는 투지를 가졌고, 일관되고 우직하게 한 길을 걸었다.

실패는 자신을 무력하게 만든다. 자신감도 없어지고 스스로 존재적 가치가 없다고 생각된다. 이런 생각이 든다면 계속 앞으로 나아가기는 쉽지 않다. 우직한 일관성은 인내를 통해 가능하다. 자신이 가는 길에는 자신이 독재자이다. 인내의 독재자인 것이다.

무엇보다 인내는 무조건 하는 것이 아니다. 2인자 리더십의 주인공들은 그 인내가 어떤 결과를 낳을지 머릿속에 그리고 있기 때문에 버틸 수 있다. 일종의 시뮬레이션을 하는 것이다. 그 시뮬레이션은 경험과 성찰의 결과이지 단순히 산술적으로 계산해서 이뤄지는 것이 아니다. 인내를 하기 전에 가다듬어야 할 것은 바로 이 점이다. 무조건 인내하면 불확실성 때문에 일찍 나가떨어지게 된다. 인내하면 자동적으로 기회가 오거나 길이 열리는 것보다 그 인내를 통해 긍정적 결과를 낳는 원천이 쌓이거나 그 효과의 메커니즘이 작동하는 것이다.

TIP

문화대혁명(文化大革命) 시기 충격적인 사건들이 중국 전역에서 벌어졌고, 한 치 앞을 모르는 위태로운 기간 중에도 덩샤오핑은 평소 소신대로 낙관과 인내를 통해 견디며 사태를 지켜보고 독서와 운동을 하며 재기를 기다렸다. 덩(邓)의 막내딸인 덩룽(鄧榕)이 아버지를 기억한 기록이 있다. “아버지는 저녁을 먹은 후 마당을 산책하기 시작했다. 작은 건물 주위를 한 발짝 한 발짝, 한 바퀴를 걸었고, 발걸음은 매우 빨랐지만 대단히 침착했다. 아버지는 이렇게 걸으면서 말없이 사색했다. 눈앞에 닥친 생활의 어려움이나 개인적 기회, 인연을 염려한 것이 아니었다. 아버지는 수십 년 동안 자신이 경험했던 혁명의 감동적인 장면, (중략) 비참하고 고통스러웠던 교훈 등을 끊임없이 사색했다. 금빛 석양이 가볍게 그의 몸에 쏟아져 내렸다. 그는 한 걸음 한 걸음, 한 바퀴 한 바퀴 걸었다. 날마다 해마다 걸었다. 아버지가 걸었던 붉은색의 모래땅에서 어느새 한 가닥 백색의 작은 길이 뚜렷하게 드러났다.”(《소평 소도》 pp.114~115)

당시 절박한 상황에도 희망을 버리지 않았던 덩(邓)이 감금되었던 난창(南昌)의 집 주변은 그렇게 잔디가 닳아 없어져 길이 되었다. 문화대혁명에서 살아남은 덩(邓)은 인민의 힘든 생활상을 절감하고 이를 마침내 실현해냈고, 중국을 개혁 · 개방으로 이끌었다. 그는 인고를 통해 마침내 길을 만들었다.

—

마커스 버킹엄은 우수한 인재의 공통된 능력은 지속적인 ‘집중력’이라고 했다. 집중의 의미는 가장 중요한 요소를 선별해낼 수 있는 능력이며, 선별해낸 요소에 대해 지속적인 관심을 기울여 변화를 관찰해내는 힘을 뜻한다.

—

《리더는 사람을 버리지 않는다》에서 야구 감독 김성근은 “나는 선수들을 기다렸다. 그리고 선수들의 한계를 넘어설 수 있는 길을 제시하기 위해 끊임없이 그들과 부딪쳤다. 포기하지 않고, 느리더라도 그들이 변화할 때까지 끝까지 함께했다."라고 말했다. 김성근 야구 리더십 특징은 사람의 변화를 기다리는 인내라는 점을 알게 하는 어록이다.

비합리성의 합리성 효과

그들의 기본 사고법

1인자 지향의 리더는 합리성을 추구한다. 정확하며 완벽한 것을 원한다. 따라서 한 치의 오차도 없어야 한다. 2인자 지향의 리더는 탈합리성, 비합리성을 중요하게 생각한다. 정확하거나 완벽한 것을 추구하지 않는다.

고전 경제이론에서는 합리적인 인간을 상정한다. 인간은 항상 합리적으로 판단하여 자신의 이익을 극대화한다고 보았다. 하지만 허버트 사이먼은 이를 정면으로 반박했다. 1956년, 카네기멜론 대학교의 허버트 사이먼 교수는 '제한된 합리성(bounded rationality)'이란 개념을 제시했다. 이런 개념을 통해 1978년 그는 노벨경제학상을 받는다. 인간은 제한된 합리성을 가지고 있다고 했다. 인간은 부분적으로만 합리적인데, 이처럼 제한된 합리성을 갖게 되는 이유는 정보의 부족, 인지능력의 한계, 시간적 제약 등 때문이다.

사이먼은 조직에서도 사람들의 실제 행동이 목적달성의 측면에서 '최적수준'을 추구하기보다는 '만족수준'이라고 주장했다. 제한된 합리성 때문에 완벽한 수준을 추구하기 힘들기 때문이다. 이런 제한된 합리성 모델에서 중요한 것은 완벽주의에서 좀 자유롭다는 것이다. 최고의 대안을 찾기보다는 만족할 수 있는 대안을 찾는 데 초점을 맞춘다. 그렇다면, 중요한 점은 구성원들이 만족할 수 있는 수준을 선택하는 것이다. 또한 그러한 만족수준을 찾기 위해서는 구성원들의 소통과 협력이 필요하다.

허버트 사이먼은 제한된 합리성 이론을 창안했고, 이는 집합적 리더십인 2인자형 모델에도 의미가 있다.

뛰어난 사람들 중에는 완벽주의의 함정에 빠진 사람들이 많다. 완벽주의에 빠진 이들은 자신이 설정해놓은 이상적 자아상과 현실의 자신을 끊임없이 비교하는데, 그 벌어진 격차만큼 좌절한다. 이상적인 자아상은 정말 완벽하고 절대적으로 훌륭하게 일을 처리하는 모습이다. 완벽하게 일을 처리해야 한다는 생각은 실패와 실수에 대한 큰 두려움을 갖게 한다. 이러한 행동은 모두 합리적 인간관, 합리적 모델의 경제이론에 바탕을 두고 있기 때문에 형성된 것이다. 중요한 것은 '인간이 과연 항상 합리적으로 이상적인 결과를 낼 수 있는가?' 하는 점이다. 무엇보다 자신의 목적이 '완벽하게 하는 것인가 아니면 문제를 잘 처리하는 것인가'를 잘 따져야 한다. 혼자 완벽하고 합리적으로 처리하는 것에 집중한 나머지 일을 제대로 처리하지 못할 수도 있고, 자신에게도 해가 될 수 있음을 인식해야 한다.

2010년 8월, 칠레 북부 코피아포의 산호세 광산이 무너지면서 광원 33명이 매몰되었다. 이때 라우렌세 골보르네 칠레 광업부 장관이 보여준 통솔력과 리더십은 불확실한 상황에서 어떤 의사결정을 해야 하는지에 대한 좋은 본보기였다는 평가가 많았다. 그가 사령탑이었기 때문에 혼자 진두지휘를 하면서 구조작업에 필요한 정답을 제시해서 영웅으로 평가받게 된 것일까? 실제는 그 반대였다. 라우렌세 골보르네 광업부 장관은 구조 상황에서 돌발변수가 생기면 현장 전문가들의 의견을 반영해 즉각 수정해나갔다. 그는 구조작업의 사령탑이었지만 자세는 2인자였다. 그 결과 광부들은 무사히 돌아왔다. 라우렌세 골보르네 광업부 장관의 인기도 상종가를 기록했고 이름조차 제대로 알려지지 않았던 그는 90%의 지지율을 얻었다. 그 때문에 일부 현지 언론은 이 정도 인기라면 대권에 도전하지 않을 이유가 없다고 했지만, 골보르네 장관은 더 큰 욕심은 없다고 말했다.

우리는 흔히 뛰어난 사람 혹은 천재는 당장에 해결책을 내놓아야 한다고 생각한다. 하지만 인간은 그러한 능력을 보이기에는 엄연한 한계가 있다. 《위기의 시대 메르켈의 시대》에서 슈테판 코르넬리우스는 "문제를 잘게 쪼갠 후 해결책을 하나씩 찾는 정밀타격형을 가진 메르켈"이라고 묘사했다. 이러한 점은 리더가 모든 것을 한번에 완벽하고 합리적으로 다 처리할 수 있다는 태도와는 거리가 있는 것이다. 또한 혼자가 아니라 여러 사람의 협업이 필요한 것이고, 이는 집단지성의 시작이자 끝이다. 어느새 합리적이라고 생각하는 전문가와 참모들이 메르켈 주변에 몰려들기 시작했다. 메르켈은 해결할 수 있다고 큰 소리를 치지 않고 조용히 침묵 속에서 문제를 해결하기 위해 연구했다. 측근들과는 수다를 즐기면서도 늘 행동에 앞서 침묵하며 깊이 연구했다. 메르켈이 침묵 모드로 들어가면 그녀의 주변은 모두 긴장한다고 한다. 메르켈은 또한 '치밀함'을 강점으로 삼았다. 슈테판 코르넬리우스는 이것이 동독 출신의 경험 없는 메르켈을 일거에 독일은 물론 유럽 최고의 정치지도자로 만든 무기였다고 말했다. 그러나 그 치밀함은 준비에서 나왔다. 메르켈은 사전에 상대방을 깊이 연구했고, 그것을 바탕으로 대화와 협상에 임했다. 2005년 12월, 유럽연합(EU) 정상회담에서 EU 예산협정에 대해 모든 세부 내용을 꿰고 탄탄한 주장을 펼 수 있었던 것은 '준비된' 메르켈밖에 없었고, 크게 주목을 받았다. 인간은 혼자만의 합리성으로 문제를 해결하는 데 한계가 있으며 집합적 합리주의로 과제를 타개하는 존재이다.

리더는 지혜가 많고 능력이 뛰어나기 때문에 합리적이고 이성적일 듯싶다. 분명히 이성적 · 합리적이라는 면이 좋은 결과를 낳을 수도 있다. 그러나 리더는 합리적이 아니라 비합리적일 때 오히려 더 긍정적인 결과를 낼 수 있다. 특히 조직이 맞게 되는 상황은 비정상적인 경우가 많고, 리더는 여기에 적합해야 한다. 정말 훌륭하다고 여겨지는 인물들은 이런 상황에 맞는 리더일까. 이런 점은 나시르 가에미(Nassir Ghaemi)의 연구에서도 볼 수 있다.

《광기의 리더십(*A first rate madness*)》을 쓴 나시르 가에미는 "위기의 시대에는 정신적으로 정상인 지도자보다 정신 질환이 있는 지도자가 더 낫다."고 했다. 그는 위기 시대에 성공한 리더십은 정신 질환과 밀접한 관계가 있다고 했다. 여기에서 정신 질환은 정신병이 아니라 우울증이나 기분장애다. 왜 이런 주장을 하는 것일까?

> 위기가 아닐 때 어울리는 지도자는 이상주의적인 사람이다. 세상과 자신에 대해 지나치게 낙관적인 경향이 있으며, 특권층 출신인 경우가 많고, 어려움을 겪은 적이 없다. 자신이 남들보다 우월하다고 생각하고 남들과 다르다고 느낀다.

리더십이 필요한 때는 위기가 없는 평범한 상황이 아니라 오히려 위기상황이다. 그렇다면 이성적이고 합리적인, 나아가 1인자형 리더십은 적합하지 않다는 결론에 이른다. 위기가 아닌 보통 상황에서 리더가 되는 사람은 좋은 집안과 환경 속에서 자신의 실력을 쌓고 차근차근 경력을 관리한 이들이다. 또한 이들은 성공한 자리에 올라오기 위해 노력했기 때문에 그것을 자부심의 대상으로 여긴다. 또한 자신들은 다른 이들과 다른 존재라고 생각한다. 그렇기 때문에 오히려 많은 사람들을 위해 자신을 내던지지 못하는 일이 벌어진다. 사람들은 자신을 높이 평가해주어야 할 뿐이다. 그러나 그들은 위기의 상황에서 사람들을 구할 수 있는 경험과 능력이 부족하다. 그래서 이런 유형의 사람들은 "위기 때는 권좌에서 물러나 있어야 한다."는 것이 나시르 가에미의 의견이다.

> 우울증이나 기분장애를 가진 지도자들은 위기에 처했을 때 남들이 보

지 못하는 현실의 부정적인 측면을 냉철하게 간파하며(처칠과 링컨), 타인의 고통을 자신의 것으로 느끼고 진심으로 공감하며(간디와 마틴 루터 킹), 시련과 역경에 부딪혀 쓰러졌다가도 다시 일어서는 오뚝이 정신을 보여주며(루스벨트와 케네디), 남들이 생각하지 못하는 창의적인 아이디어를 만들어낸다(셔먼 장군과 테드 터너).

이러한 사람은 정신장애를 갖고 있었기 때문에 위기상황에서 오히려 큰 역할과 기여를 한 리더들이다. 반대로 나시르 가에미는 "위기의 순간에 실패하고 만 정신적으로 건강한 '정상' 지도자 다섯 명"을 거론하기도 했는데, 이 다섯 명은 리처드 닉슨, 조지 매클렐런 장군, 영국의 정치가 네빌 체임벌린, 조지 W. 부시, 토니 블레어 등이다. 이들은 정치적으로 실패했지만 그들에게 문제가 있는 것은 아니었다. 나시르 가에미는 "정신적으로는 대단히 건강하다. 우울증이나 조증, 정신병을 앓은 적이 한 번도 없다. 정신과에 간 적도 없다."라고 했다. 나시르 가에미는 그들을 호모클라이트(homoclite), 즉 "일반적 통념에 따르는 사람"이라고 했다.

훌륭한 리더가 되기 위해 많은 지식과 정보를 습득하고 이성적이고 객관적인 판단을 하려고 노력한다. 지성적이며 나아가 과학적인 판단까지 강조하는 경우가 많다. 하지만 이러한 강조는 모두 합리적인 인간모델에 기반을 두고 있다. 합리적인 인간모델은 일정한 패턴이 예측 가능하게 유지되는 상황에서는 이뤄질 수 있다. 하지만 리더십이 진가를 발휘하는 것은 돌발적이고 예측 불가능한 상황이다. 비정상적인 상황일 때 리더십이 발휘될 수 있기 때문에 리더에게도 비합리적인 측면이 있어야 한다.

인간을 합리적인 인간모델로 상정하면 완벽주의에 빠진다. 이렇게 되면 혼자 많은 부담감에 휩싸이고, 오히려 그에 상응하는 결과를 만들어내지도 못한다. 혼자 독단에 빠지고 독재적인 리더십을 발휘할 가능성이 많다. 항상 자신은 똑똑해야 하고, 최고의 대안을 찾아야 하는 것으로 생각한다. 또한 그렇게 되면 다른 이들을 괴롭히게 된다. 최고의 대안을 찾아내라고 명령을 내리기 때문이다. 또한 그런 가운데 자신은 그것을 판단하는 재판관이 되고, 감시자 또는 통제자가 되어버린다. 따라서 혼자 모든 것을 완벽하고 최상으로 만들어내야 한다는 생각을 버릴수록 오히려 모든 이들이 만족할 수 있는 대안을 마련할 수 있다. 그리고 다른 사람들과 소통과 협의를 통해 더 좋은 결과를 낳을 수 있다.

> 대성약결(大成若缺): 완전히 이루어진 것은 모자란 듯하다
>
> 기용불폐(其用不弊): 그러나 그 쓰임에는 다함이 없다
>
> 대영약충(大盈若沖): 완전히 가득 찬 것은 빈 듯하다
>
> 기용불궁(其用不窮): 그러나 그 쓰임에는 끝이 없다
>
> 대직약굴(大直若屈): 완전히 곧은 것은 굽은 듯하다
>
> 대교약졸(大巧若拙): 완전한 솜씨는 서툴게 보인다
>
> 대변약눌(大辯若訥): 완전한 웅변은 눌변으로 보인다
>
> 조승한(躁勝寒): 조급함은 추위를 이기고
>
> 정승열(靜勝熱): 고요함은 더위를 이긴다
>
> 청정위천하정(淸靜爲天下正): 맑고 고요함 이것이 세상의 표준이다
>
> —《도덕경》45장

TIP

노벨경제학상 수상자 대니얼 카너먼은 매 순간 내리는 판단과 행동은 생각처럼 합리적이거나 이성적인 게 아니라 '직관의 회로'에 의해 조종당한다며 자신의 저서 《생각에 관한 생각》에서 직관적 사고 과정에서 비롯되는 오류를 막기 위한 방법을 말한 바 있다. 먼저 인지적 지뢰밭에 있다는 신호를 인식하고 차분히 생각하라고 했다. 우리는 얼마든지 오류에 빠질 수 있다는 사실을 항상 유념해야 하는 것이다. 또한 개인보다 힘을 갖춘 조직이 오류를 더 잘 피할 수 있다고 강조했다.

—

리처드 탈러 미 시카고대 부스경영대학원 교수는 "신고전파 경제학이 언제나 주어진 정보를 합리적으로 처리하는 가상의 인간을 상정한다"면서 넛지(nudge)를 강조했다. "나의 '넛지'가 그리는 사람은 제한된 합리성의 상황에서, 제한된 시간 하에서 선택해야 하는 보통의 인간이라고 할 수 있다. 삶의 모든 측면에서 사람들은 다른 전문가의 도움을 얻는다."라고 했다. 또한 그는 "특히 경제적 문제에서 삶이란 건 아주 복잡하다."라고 했다. 이는 인간이 혼자 합리적으로 해결할 수 없음을 뜻한다. "제품이 너무 많아 제대로 고르기 힘든 게 사실이고 그런 문제는 박사 학위를 받는다고 잘할 수 있는 게 아니다."라고 했다. 따라서 "과학 기술의 발전은 삶을 편하게 했지만 다른 측면에선 매우 복잡하게도 만들었다."며 "우리는 천재는 아니기에 소위 '선택 설계(choice architect)'가 필요하다. 하지만 신고전파는 '누구도 선택을 도와줄 수 없다'고 생각하는 데서 큰 실수를 범했다."라고 말했다. 우리는 더욱 비합리적이 될 수 있기 때문에 이를 방지하기 위해 다른 사람들과의 협의를 통해 합리성을 최대한 높여야 한다.

천재보다는 창조적인 사람

이상적 인재상

1인자 지향은 천재가 되고 싶어 한다. 천재를 좋아하고 자신이 천재라는 말을 들으면 좋아한다. 자신보다 다른 사람이 천재라고 평가되면 질투하고 그를 이겨야 한다. 2인자 지향은 천재보다는 창조적인 사람이 되고 싶어 한다. 창조적인 사람은 여러 사람들을 만나고 그들 사이에서 아이디어를 얻고 그 아이디어를 사람들 속에서 발전시킨다. 다른 사람들이 인정하고 평가해주는 것을 받아들이면서 그것을 좀 더 낫게 만들려고 한다. 영화나 드라마 제작현장에서 보면 혼자 제작을 할 수 없으며 다른 사람들과 함께 협업을 해나가는 이들을 볼 수 있다. 하지만 1인자 지향의 사람들은 혼자 아이디어를 만들고 그것을 혼자 실현시켜나가고자 한다. 그들은 독방에서 혼자 시를 쓰고 소설을 집필하고 그림을 그리는 이들이다. 다른 사람들과 어울리지 않으며 다른 사람들의 생각이나 충고를 받아들이지 않는다. 그렇게 하는 것은 자신의 천재적인 독창성에 훼손이 가해지는 것이라고 생각한다.

'8지능론'으로 유명한 하버드 대학의 하워드 가드너가 비범한 천재들의 특성을 연구한 책《비범성》은 선천적인 천재를 거부한다. 재능, 열정, 지원이 있어야 한다고 본다. 전문가라고 해도 비범한 창조성을 보이기 힘들다고 말한다. 천재로 태어났어도 부단한 숙달의 노력, 도전을 통한 창조가 없으면 비범한 결과를 만들어내지 못한다는 것이다. 소수의 사람만이 자기 분야의 전문성을 숙달하고 새로운 분야를 개척하거나 창조적으로 재구성한다. 그들은 수많은 노고를 감당해 기존 생각을 바꾸며 사회와 자신의 전문영역도 뒤바꿔놓는 사람들이다. 이런 사람들의 특징은 경험한 사건을 삶에 반영하는 능력이 뛰어나고, 자신의 약점과 강점을 인식하고 개발하는 능력이 크다.

실패와 역경에서 능력을 확장할 때 나타나는 비범성은 문제를 의식하고 해결하려는 의지, 끈기 있는 노력이 누적되는 결과다. 심지어 광기어린 열정은 무서운 인내와 노력으로 승화되고 업적이 된다. 만약 재능이 뛰어난 이들이 자신의 재능을 믿고 노력을 하지 않는다면 결코 비범한 사람이 될 수 없다. 즉, 창조적인 결과물을 만들어낼 수 없다. 여기에서 자기의 재능만을 믿는 것은 1인자적인 태도라고 할 수 있다. 하지만 그 재능을 통해 도전과 숙달 적용 변화를 꾀하는 것은 2인자적인 태도라고 할 수 있다. 이 책에서 하워드 가드너는 "피카소를 보면 어느 한 분야에서 아무리 뛰어난 재능을 가진 신동도 10년 가까이 기본을 철저하게 터득했다는 점일 것이다.(p.251)"라고 지적했다. 피카소가 천재로 평가받지만 그가 10년 동안 기본기를 철저하게 익히지 않았다면 창조적인 결과물을 낼 수 없었을 것이다. 모차르트도 어린 시절 아버지가 조기교육을 통해 트레이닝을 시켰다. 아버지의 조기교육이 그의 천재성을 이끌어냈지만, 반드시 조기교육이 긍정적인 것만은 아니다. 또한 "아인슈타인이 어린 시절에 품었던 수수께끼는 훗

하워드 가드너는 8지능론을 통해
다양한 창조성을 강조함으로써
획일적인 천재론을 경계했다.

날 그의 가장 혁신적인 과학적 업적을 탄생시킨 원동력이었다. 유년기에 흔히 품기 마련인 문제와 정교한 지적 분야에서 제기되는 까다로운 도전 사이에 펼쳐지는 지속적인 변증법적 관계의 대표적인 사례가 바로 아인슈타인이다.(p.42)"라고도 했다. 아인슈타인은 어린 시절부터 과학적 화두를 두고 그것을 풀기 위해 노력해왔다. 지속적이고 오랫동안 그런 과정이 없었다면 아인슈타인의 업적은 불가능했던 것이다. 또한 그는 "간디는 몸소 관여해서 폭넓게 검토하고 세심하게 실험하면서 인간의 갈등을 폭력 없이 해결하는 새로운 방법을 찾아냈다. 그가 주창한 사티아그라하(satyagraha. 眞理把持)는 소모적인 대결과 비열한 복종, 그리고 폭력에 대한 호소 없이 귀중한 정치적 목표를 달성하는 방도를 찾는다.(p.590)"라고도 했다. 간디의 비폭력 저항 운동은 어느 날 갑자기 만들어낸 것이 아니라 폭넓게 검토하고 때로는 실험을 하면서 찾아낸 방법이었다. 그것은 결국 사람들 사이에서 찾아낸 것이다.

디자인 혁신으로 유명한 파슨스 디자인스쿨 교수 브루스 누스바

움 파슨스는《창조적 지성》에서 "창조성은 천재적인 인물만 가진 재능이 아니라 모두에게 내재해 있고 적합한 이와 팀을 이루면서 커지는 능력"이라고 했다. 어느 날 갑자기 떠오르는 아이디어가 아니라 끊임없는 노력으로 일궈낸 수단과 방법을 가리킨다고 말했다. 개인에게 내재한 능력을 끌어내는 방법과 함께 어떻게 적절한 타인을 만나고 네트워킹을 구축해가는지가 창조성이 발현되는지를 결정한다.

《창조성–혁신의 리더들》(강우란 · 박성민)을 보면, 유산균 발효유에서부터 온라인 게임까지 '혁신적'이라 불리는 제품들의 성공 이면에 있던 리더들의 이야기를 직접 인터뷰하고 분석해보니 혁신 제품의 리더는 천재적인 과학자나 기술자가 아니라 우리 주변에 있는 '회사원'이 바로 주인공이라고 했다. 대규모 자본 투자로 개발한 최신 기술을 사용해 한 번도 본 적이 없는 제품을 내놓는 것만이 혁신개발이 아니고 고객의 니즈를 파악해 시장 공략에 성공한 제품은 모두 혁신 제품이었다. 고객의 니즈를 파악하는 것은 단지 많은 사람들 속에서 학습, 탐색, 공유, 분석할 수 있을 때 가능하다. 또한 그것을 향한 열정과 노력이 반드시 지속적으로 가해져야 한다.

리더십 측면에서 보면, 마이클 유심 미국 와튼스쿨 교수는 "리더십이라는 것은 개인의 타고난 천성에 의해 길러지는 것도 아니고, 어느 날 갑자기 일이 주어졌을 때 즉흥적으로 대처할 수 있는 것도 아니다."라고 말했다. 리더십이 온전히 타고나는 것만이 아니라는 점을 말하고 있는 것이다.

타고난 용맹과 천재적인 통치력을 보인 카이사르(Julius Caesar, B.C. 58~50)는 기원전 49~46년의 내전에서 승리해 딕타토르(독재관)가 된 뒤 일련의 정치적 · 사회적 개혁을 추진했다. 그는 무엇보다 부패한 공화정을 뒤엎고 강력한 전제국가를 세우려 했다. 카이사르는 광대해진 제국을 통치하는 데 원로원 중심의 다수지배체제는 적절하지 않다고 보았다. 그 대신 황제의 일인지배체제가 훨씬 효율적이라고 생각했다. 이는 카이사르를 중심으로 한 독재체제를 의미했다. 공화정을 엎으려고 할 때 그 대상자들이 가만히 있을 리 없었다. 황제중심체제는 반대에 부딪혔으며, 반대파들은 그를 살해했고, 그의 계획은 성취되지 못했다. 이는 1인자형 리더십의 전형적인 결말을 보여주고 있었다. 이를 지켜본 아우구스투스는 카이사르의 후계자가 되어 카이사르의 사례를 반면교사 삼아 반대의 리더십을 발휘하기 시작했다.

《아우구스투스, 로마 최초의 황제》에서 앤서니 에버렛은 아우구스투스가 최고권력자임에도 스스로 황제이기를 거부했다고 말한다. 2인자 리더십은 절제와 균형을 특징으로 한다. 1인자라는 점을 뽐내고 과시하지 않으며, 자신의 욕망을 억누를 줄 알아야 한다. 절제와 균형으로 로마 대제국의 전성기를 40년 이상 이끌었던 아우구스투스는 2인자형 리더십의 사례라고 할 수 있다. 그는 초라한 시골마을의 이름 없는 소년에 불과했다. 카이사르의 양자가 된 아우구스투스는 위기 때마다 신경성으로 앓아눕는 병약한 청년이었다. 그러나 총명과 끈기를 통해 스스로를 단련시켰다. 이런 단련을 통해 아우구스투스는 안토니우스와 치른 내전에서 최종 승리했다. 그는 직접적이고 격한 방법보다는 간접적이고 부드러운 우회적인 방법으로 자신의 리더십의 토대를 확보했다. 카이사르와 달리 원로원파를 자극하는 과격한 정책은 꾀하지 않았다. 또한 자신에게 불필요한 권한은 그들에게 주었다. 그렇지만 공화정과 반대되는 제정체제를 이루려는 목표를 포기하지 않았다. 그는 제정 체제로 가는 데 꼭 필요한 권한은 하나씩 확보해나갔다. 이를 통해 이슬비에 조용히 옷이 젖듯이 차츰 제정체제로 이행시킨다. 그의 특징은 심모원려(深謀遠慮)였다. 이는 깊이 고려하는 사고와 멀리까지 내다보는 생각을 말한다. 그는 결국 로마를 제국의 반열에 올린다. 원로원은 그에게 원래 이름인 '옥타비아누스 시저' 대신 '존엄한 사람, 신성한 사람, 축복받은 사람'이라는 뜻의 '아우구스투스 시저'라는 이름을 선물했다.

카이사르와 달리 아우구스투스는 2인자 리더십을 통해 대제국을 일으켰다.

카이사르와 아우구스투스를 화가에 비유하기도 한다. 카이사르는 일필휘지 천재형이다. 캔버스를 앞에 두고 일필휘지로 단번에 그림을 완성하는 화가이다. 그의 그림은 누가 봐도 군더더기 없이 명쾌한 화법이다. 반면 아우구스투스는 여러 개의 캔버스를 이리저리 펼쳐놓고 조금씩 그림을 완성해가는 스타일이다. 필요할 때마다 조금씩 그림을 그린다. 자세히 관찰하지 않으면 그림이 변화해가는 모습을 알아챌 수 없다. 다만 어느 날 문득 전체 그림이 완성되어 있는 것을 알 수 있다.

카이사르는 뛰어난 천재라는 평가에 연연했는지 모른다. 그런 방식은 급박한 전투현장에서는 가능했는지 모르지만 실제 조직사회에서는 불가능하다. 특히 정치에서 1인자형 정치 리더십을 발휘하는 이들은 대부분 그것 때문에 붕괴되고 만다. 어떻게 보면 그것은 전혀 창조적이지 못한 방식이라고 할 수 있다. 천재적인 방식이 천재와는 관계없는 둔재의 방식, 바보같고 멍청한 방식이 되고 마는 것이다. 그것은 타고난 천재적 업적, 즉 우월성을 지향한 방식이 현실에서 얼마든지 무용할 수 있음을 말한다. 더구나 그런 1인자형 천재적 행태는 스스로 홀로 고집하는 것이므로 독재의 탄생과 아주 밀접하다. 독재체제에서는 창조성이란 발을 붙일 수 없다. 단기적으로는 그것이 매우 효과를 발휘하는 것 같지만 곧 그것이 존립할 수 없다는 것을 알게 된다.

창조성은 당대의 사람들이 다 이해하고 공감하며 현실에 적용할 수 있는 것을 말한다. 하지만 천재적인 작업은 당대의 사람들을 뛰어넘는 것이므로 그 가치가 제대로 드러나지도 않고 평가를 받지도 못한다. 혼자만의 작업을 하는 것은 가능하겠지만, 여러 사람이 같이 공동의 추진 작업이 필요한 일에 이런 천재적인 작업은 쓸모가 없는 경우가 많다. 그렇기 때문에 우리 일상에서는 천재보다는 창조적인 사람이 더 필요하다. 리더의 경우도 마찬가지다. 다른 사람들과 함께 공동의 일을 수행해야 하기 때문에 천재보다는 창조적인 사람이 맞다. 그것은 능력이나 결과가 좋고 나쁨을 떠나 리더십이라는 본질적인 특징에 따르는 것이다. 천재적인 리더보다 창조적인 리더가 더 바람직한 경우가 많은 것이다.

물론 창조성은 밑도 끝도 없는 토대 위에서 나오는 것이 아니기 때문에 하워드 가드너는 피카소가 10년 동안은 기본적인 소양을 충분히 익혔음을 밝혔다. 창조성이 발휘되기 위해서는 이런 기본적인 지식과 훈련이 필요하다는 점을 맬컴 글래드웰이 1만 시간의 법칙에서 주장한 이유이기도 하다.

프레스턴 피시는《웨스트포인트처럼 하라》에서 미국 육군사관학교 '웨스트포인트'에서 수많은 인재가 배출될 수 있었던 원동력을 리더십에서 찾았다. 그런데 웨스트포인트 리더십은 '질서를 기반으로 한 팀워크와 창의력이 만들어내는 강력한 파워'라고 했다. 생도들이 지켜야 하는 규율과 규칙은 경직성이 아닌 창의력을 배가할 수 있는 또 다른 수단이라고 평가했다. 균형과 질서에 바탕을 둔 교육을 통해 창의력과 리더십을 키울 수 있다는 것이다. 창조성은 물론 리더십의 토대는 기본과 원칙에서 출발한다. 창조성이 어느 날 갑자기 난데없이 생기거나 하늘에서 뚝 떨어지는 것이 아니다. 단계적 구분은 필요하다. 기본 단계에서는 이런 기초 지식과 소양에 기반을 두고 그것을 바탕으로 기존에 볼 수 없는 결과물을 창조적으로 만들어낼 수 있을 것이다. 사람에 대한 기본적인 지식이 없다면 사람을 이끌어갈 수 없는 것이 리더십이라는 점을 생각한다면 리더십의 창조성을 쉽게 생각할 수 있다.

기초는 기술을 의미할 수도 있다. 김용 세계은행 총재의 기억 속 아버지는 "먼저 기술(skill)을 익혀라. 그러면 네가 하고 싶은 일이 무엇이든 할 수 있다."고 강조했다고 한다. 기술이 없으면 자신이 하고 싶은, 즉 창조적인 일을 할 수 없다.

TIP

아우구스투스 시저는 로마와 로마가 정복한 모든 땅을 다스렸고, 로마 시민은 그가 만든 법을 따랐다. 그리고 로마의 군사는 적의 공격으로부터 로마를 안전하게 지켰기 때문에 로마 시민과 로마의 지배를 받는 사람들은 적의 침략 걱정 없이 농사를 짓고 가축을 길렀다. 이 평화의 시대를 '팍스 로마나(Pax Romana)'라고 부른다. 이는 '로마의 지배에 의한 평화'라는 뜻의 라틴어로, 정치적 안정과 경제적 번영을 바탕으로 문화가 크게 발달해 전성기를 맞이했음을 뜻한다. 팍스 로마나는 아우구스투스 시저 때부터 약 200년간 계속됐다. 아우구스투스가 2,000년 전 로마제국을 공고히 한 덕분에 후대에 유럽이 하나의 지역, 하나의 문화권으로서 자리 잡을 수 있는 토대가 마련됐다. 서구 문명의 시조라고 부를 만한 사람이 있다면 바로 아우구스투스다. 반면 눈부신 재능을 가진 카이사르는 그 타고난 재능 때문에 결국 로마 재건에 실패하고 반대파에 의해 살해당했다. 아우구스투스는 양부 카이사르가 이루려 했던 목표를 그와는 다른 방식으로 이뤄냈다. 카이사르의 죽음과 자신의 병으로 인해 수차례 위기를 겪으면서 뜻을 이룰 때까지 '살아남는 것'이 중요하다고 생각한 아우구스투스는 카이사르의 지지자들과 숙적들을 모두 포용했다. 실제로 아우구스투스의 지향점은 달랐음에도 개혁을 원하던 세력이나 보수적인 원로원들 모두 아우구스투스가 자신들이 원하는 방향으로 끌려오고 있다고 생각했다. 아우구스투스의 정치는 체스경기와 같다. 그는 카이사르처럼 용맹하고 결단력 있는 인물은 아니었지만 훨씬 계획적이고 주도면밀했다. 주사위 게임처럼 극적인 전투 대신 종이에 물이 스며들 듯 승리의 사다리를 묵묵히 밟아 올라갔다. 어제의 적도 필요하다면 오늘의 동료로 삼고, 전쟁의 지휘권을 스스럼없이 아그리파에게 넘겼다. 아우구스투스는 전쟁에 직접 나가지 않는 대신 다른 일을 차근차근 실행하고 있었다. 그는 정치, 문화, 가족 제도, 전통 관습, 도시 건설 등 국가와 관련된 각 부문을 로마 재건이라는 계획 아래에서 다루고 있었다. 조용하면서 강력하게 아우구스투스는 로마사회에 변화를 몰고 왔다.

영웅의 허구성 간파

기본적인 리더상

1인자들은 영웅을 자신이 따라야 할 이상적인 리더의 모델로 여기기 일쑤다. 영웅은 혼자다. 영웅은 1인자이다. 그를 위협하는 이는 악당이다. 악당은 선악의 관점에서 부정적이고 나쁜 존재이기 때문에 영웅의 1인자 성질을 부각시켜주는 존재다. 액션 영화를 보면 악당은 대개 무리를 지어 다닌다. 악의 무리라는 말은 자연스럽게 사용된다. 영웅은 수많은 악의 무리를 홀로 쳐부순다. 추풍의 낙엽처럼 악당의 무리는 흩날리고, 영웅은 그 사이에 고고하고 멋진 모습으로 굳건히 버티고 있다.

영웅은 홀로 스스로 서서 문제를 해결하고, 그것을 인정받는 존재이다. 그 인정 속에서 자신의 존재적 가치를 느낀다. 이때 카리스마 넘치는 영웅을 생각하기 쉽다. 이들은 혼자 생각하고 행동하고 주도하고 사람들을 이끌고 문제를 해결하고, 다시 자신의 입지를 구축한다. 다른 사람들에게 의존하는 영웅은 영웅의 반열에서 물러나야 할 듯싶다. 영웅은 어려운 상황 속에 있는 사람들을 안전한 곳으로 인도하는 구원자 역할을 맡는다. 그러나 현실에서는 어떨까. 1인자들은 그 역할이 쉽지 않다는 것을 절감하게 된다. 부담을 느끼고, 고통을 받는다. 하지만 그는 그것을 내색하지 않는다. 아니 숨긴다. 많은 사람들이 그를 지켜보고 있으니 말이다. 이때부터 영웅의 위선이 시작된다. 그것이 세상과 사람들을 구원해야 할 영웅의 본분이라고 여긴다. 자신이 정말 영웅인가 자문하는 것은 바보 같은 짓이다.

하지만 2인자 지향의 사람들은 섣불리 영웅이 되려고 하지 않으며, 영웅을 자신의 이상적인 모델로 삼지도 좋아하지도 않는다. 무엇보다 영웅이 갖고 있는 슬픔과 고독 그리고 스트레스를 알고 있다. 무엇보다 영웅은 온전히 혼자 존재할 수 없으며, 다른 사람들의 관계성이나 지지기반 없이는 존재할 수 없음도 잘 알고 있다. 자신이 정말 많은 사람들을 구할 수 있는 영웅인가 자문한다.

다시 반복하면, 영웅은 실제로 존재하기보다는 그런 존재가 있으면 하고 바라는 것이다. 영웅은 문화콘텐츠 속에 존재한다. 그리고 많은 미디어가 사람들의 이목을 끌기 위해 만들어내기도 한다. 즉, 영웅이 사는 공간은 가상적 공간이다. 하지만 우리는 실제 공간에서 살아야 한다. 조직은 더욱더 현실적이다. 그 현실적인 공간에서 영웅의 리더십보다는 비영웅의 리더십을 추구해야 한다. 탈영웅의 태도를 보일 때 리더십의 효과는 더욱 의미와 효과를 가질 수 있다. 그렇게 탈영웅의 리더십을 추구하는 것이 2인자 지향의 리더십이다. 그러나 영웅을 부정하는 것은 아니다. 영웅이 우선이 아니라 영웅을 만드는 행위들이나 결과들이 우선될 뿐이다.

"불확실한 미래를 정확하게 예측하고 조직을 약속의 땅으로 이끌

수 있는 혁신의 영웅이나 카리스마적 리더십은 없다."《살아 있는 리더십(*Living Leadership*)》에서 조지 비니(George Binney) 등이 한 말이다. 그들이 유명 기업에서 활동하는 약 700명의 리더와 함께 생활하며 연구한 결과를 보면, 제아무리 뛰어난 리더도 혼자서는 자신이 원하는 대로 조직을 혁신하지 못했다. 이들이 보기에 리더십은 개인의 전유물이 아니다. 특정한 순간과 상황에서 이뤄지는 조직 내 상호작용의 결과다. 이들은 조직의 목표를 위해서는 구성원들의 통합된 지혜가 필요하다고 했다. 특히, 카리스마적 리더십을 내세워 끊임없는 혁신을 외치는 것은 기업과 개인의 정체성까지 흔들어놓는다고 했다. 카리스마적 리더십이 바로 영웅적 리더십을 말하는 것이다. 사람들을 이끌어 혁신을 이루려 하지만 기업이나 개인의 정체성을 흔들어 결국 혁신을 이루지 못하게 했다는 것이다. 영웅적 리더십에서는 답을 제시하고 그것에 사람들이 따르기를 강요한다. 그것은 일정한 방향을 정하고 오직 그곳으로만 달려갈 것을 강요하는 것과 같다. 여기에는 연속성이 없으며 단일하며 변화도 없다. 조지 비니 등은 연속성과 변화를 적절히 결합한 리더십을 '살아 있는 리더십'이라고 하는데, 이는 답을 제시하고 그대로 따르도록 사람들을 설득하는 행태에서 거리를 둔다. 여하간 조직의 집단적 지혜와 통찰력을 끌어낼 수 있는 능력이 진정한 리더십이라는 점은 영웅적인 1인자 리더십에서 거리를 두어야 한다는 견해로 해석할 수 있다. 영웅에 대한 숭배는 비도덕성과 비민주성을 불러올 수도 있다.

제임스 번즈 전 미국 윌리엄스 칼리지 교수가 쓴《리더십 강의》를 보면 "대중에게 도덕적 판단과 시민정신 등을 교육해 영웅숭배나 무질서한 욕구 분출의 비도덕성과 비민주성을 깨치도록 이끌어야 한다."는 대목이 있다. 이는 자신의 욕망을 채우기 위한 수단으로 영웅을 악용할 수 있고, 그것이 비도덕성이나 비민주성과 같은 도덕적 해이로 연결될 수 있다. 영웅적인 행동들은 또 다른 폭력과 억압을 낳기도 하기 때문이다.

초기에 히틀러와 처칠은 꾸준히 비전을 제시해 많은 팔로워를 얻을 수 있었다. 히틀러는 숭앙의 대상이 되는 영웅이 되고자 했다. 처칠은 누군가를 북돋워주는 리더가 되고자 했다.《CEO 히틀러와 처칠, 리더십의 비밀》에서 앤드루 로버츠가 밝힌 것이다. 처칠은 문명화를 기반으로 한 가치 위에 강력한 대영제국을 건설하려는 비전을 국민에게 제시했다. 이는 미래에 대한 희망이었다. 히틀러는 끊임없이 부정적인 공격대상을 만들어냈고, 이들에 대해 국민에게 적개심을 불러일으켰다. 이는 미래에 대한 공포와 불안에 기반을 둔 것이었다. 자신은 그것을 깨부수는 영웅이었다. 불안과 공포를 거두어주는 메시아였다. 히틀러는 완전무결한 초인의 이미지를 형성시켜 스스로 숭배의 대상이 되려 했다. 그는 자신에 관한 영웅적인 이미지를 위해 인위적으로 카리스마를 만들려고 했다. 처칠은 인위적인 카리스마를 만들지 않았고, 국민에게 집중했다. 그는 자신을 우월한 존재로 만드는 것이 아니라 국민에게 무엇이든 성취할 수 있다는 확신을 주려 했다. 좋은 리더는 자신을 내세우지 않는데 여러 사람을 위해 여러 면을 고려하므로 쉽게 자신을 내세울 여력이 없기 때문이다.

하버드 케네디 행정대학원의 교수 조지프 S. 나이는 "리더를 생각할 때 특정 형태의 영웅적인 개인을 생각하기보다는 리더십 과정에서 필요한 세 가지 주요 요소, 즉 리더, 부하 그리고 상황을 모두 고려해야 한다."고 보았다. 일단 그에게 리더십은 고정적인 정해진 것이 아니라는 입장이다. 목적을 갖고 사람을 움직이게 하는 데는 상황이라는 요인도 매우 중요한데, 이 상황은 리더의 마음대로 통제되지 않는다. 또한 부하, 즉 팔로워들도 마찬가지다. 그렇다면 리더가 의존해야 할 이들은 따르는 이들만이 아니라 상황이다. 따라서 리더는 상황을 우선하고 이에 대응해야 하는 2인자인 것이다.

하버드와 스탠퍼드 경영대학원에서는 오래전에 리더십에 대해 다른 견해를 밝혀왔는데, 다른 요점은 그들이 말하는 리더십은 '한 명 혹은 소수의 사람이 발휘할 수 있는 위대한 어떤 것'이 아니라는 것이다. 그들은 평범한 중간 리더들이 일상에서 보이는 작고 소박하지만 헌신적인 노력이 리더십의 본질이라고 했다. 여기에서 헌신적이고 작으며 소박한 것이 2인자의 태도이다. 그것이 정말 탁월한 성과를 낳는 원동력이라고 보았던 것이다. 거창하고 위대한 성과만 성취하려는 1인자의 태도는 작고 소박한 결과를 못 얻거나 오히려 피해만 낳는 결과에 봉착하게 된다.

영웅은 자신만이 간파한 특정 방향으로 끌고 가려 한다. 하지만 탈영웅 리더십에서는 이러한 태도에서 벗어나려 한다. 협력과 조화를 해야 하는 이들은 마음이 통해야 한다는 점 때문이다. 나폴레온 힐(Napoleon Hill, 1883~1970)은 '마스터 마인드(master mind)'라고 이름을 붙인 법칙을 말했다. 이는 "과제의 수행을 목적으로 연계된 두 명 혹은 그 이상의 사람들 사이에 조직화된 협력을 통해 개발되는 심성(心性)을 의미한다.(p.40)" 마스터 마인드의 조화는 연관된 사람들이 만나는 과정에서 나누는 마음의 화학작용을 통해 이루어진다. 서로 통하는 사람들이 만나면 마음의 에너지가 서로 공명을 일으켜 쉽게 협력하는 것을 말한다. 따라서 마스터 마인드를 만들어내는 것이 리더가 해야 할 일이다.

상충하는 마음을 가진 이들이 억지로 일을 하는 것이 아니라 서로 마음이 통할 수 있는 이들끼리 연결하고 조직화하는 노력이 필요하다. 그것이 리더가 2인자의 위치에서 해야 하는 마인드 세팅 작업이다.

영웅은 있어야 하고 부정할 수 없다고 말하는 주장도 얼마든지 있고, 또한 전혀 의미가 없는 것도 아니다. 하나의 이상적인 모델이기 때문이다. 이러한 모델을 인정한다고 할 때, 그럼 어떤 리더가 바람직할지 생각은 해볼 수 있을 것이다.

서양인 최초의 동양불교 수행자이자 인권운동가인 미국 컬럼비아대 로버트 서먼 교수는 "지금은 차가운 영웅(cool hero)이 필요한 시대"라고 했다. 지성적이며 통찰력이 있지만 증오와 분노에 휩싸이지 않는 리더가 '차가운 영웅'이고, '뜨거운 영웅(hot hero)'은 군중을 움직이는 힘은 있지만 증오와 분노에 빠진 리더이다. 결국 그는 탐욕을 위한 폭력성이 있는 악인이다.

이런 영웅들은 이상적인 캐릭터로 문화콘텐츠 속에만 존재한다.

TIP

《승자의 리더십 패자의 리더십》에서 존 키건은 영웅을 둘러싼 몇 가지 캐릭터를 구분하여 리더상을 말했다.

“알렉산더가 사용한 모델은 ‘항상 선두에 선 영웅’의 모습. 눈에 띄는 화려한 복장과 감동적인 웅변을 통해 부하들의 신뢰를 이끌어냈다. 웰링턴의 모델은 알렉산더와 상반된 ‘반영웅(anti-hero)’. 영웅으로 연출되기 위해 선두에 서지는 않았지만 현장을 보기 위해서라면 기꺼이 선두로 나섰고 모든 일을 일일이 챙겼다. 그랜트의 모델은 영웅도 반영웅도 아닌 ‘범인(凡人)’. 어쩔 수 없는 경우를 제외하면 후방에서 상황을 통제했다. 친근한 참모를 십분 활용해 뛰어난 성과를 나타냈다. 히틀러의 모델은 ‘거짓 영웅’. 자신이 1차 대전의 전사였다는 사실만을 들어 부하들을 모두 이해한다고 착각했고 상황을 파악하는 데 철저하지 못했다. 참모들은 그의 독백을 들어주는 관객에 불과했다.”

겸손과 양보의 태도를 지니는 이유

품행

중국 어느 왕이 닭싸움을 매우 좋아했다. 그 왕은 최고의 투계를 갖고 싶었다. 그래서 왕은 기성자(記成子)라는 투계 조련사에게 최고의 싸움닭을 만들어달라고 했다.

열흘이 지났다. 왕은 결과가 궁금해서 투계 조련사에게 물었다.

"닭싸움에 내보낼 수 있겠느냐?"

기성자는 말했다.

"닭이 강하긴 하나 교만하여 자신이 최고인 줄 압니다."

자기가 제일 잘난 줄 아는 교만한 닭이어서 싸움에 내보내기에는 아직 멀었다고 답했던 것이다. 또 열흘 뒤에 다시 왕이 물었다. 그러자 조련사는 교만함은 버렸지만 너무 조급하기 때문에 안 된다고 했다. 다시 열흘 뒤에 왕이 묻자, 이때는 조급함은 버렸지만 눈초리가 너무 공격적이라고 했다. 마침내 40일째가 되자 기성자는 "이제 된 것 같습니다. 다른 닭이 아무리 도전해도 움직이지 않아 마치 나무로 조각한 목계(木鷄) 같습니다. 어떤 닭이든 바라보기만 해도 도망칠 것입니다."

라고 했다.

이 목계는《장자》의〈달생편(達生篇)〉에 나오는 이야기다. 겸손과 여유로 주변을 편하게 하는 사람을 '목계지덕(木鷄之德)'을 지녔다고 한다. '목계'는 교만함이 없다. 자신만이 최고라고 과시하지 않는다. 외부의 자극과 위협에도 급하게 반응하지 않는다. 최고의 싸움닭은 겉으로는 맨 밑에 위치하는 것 같다. 하지만 겉모습과 달리 진정한 강자이다.

《경행록(景行錄)》에 이런 말이 있다.

> 자기를 양보할 줄 아는 사람은 중요한 자리에 오를 자격이 있으며, 이기기만 좋아하는 사람은 반드시 적을 만나게 된다(屈己者 能處重 好勝者 必遇敵).

1인자 지향의 리더는 자신을 홍보하고 드러내는 것이 중요하다고 생각한다. 자신이 얼마나 능력이 있고, 치적을 많이 세웠는지 알린다. 자기 홍보와 PR의 시대라는 점을 인식하여 이런 행동들이 잘하는 일로 생각되는 경향이 많다. 그러나 많은 경우에 이런 행동들이 못마땅한 사람들이 있음을 간과하게 만든다. 특히, 경쟁이 심한 영역일 경우에 이런 자기 홍보 행위들은 경쟁자나 적들에게서 경계심이나 적개심을 더욱 부추기는 작용을 하게 된다. 관건은 자신에 관한 홍보를 어떻게 하는가에 달려 있다.

2인자형 리더들은 이런 면에서 두 가지 유형이 있다. 하나는 자신을 드러내고 알리는 것이 중요하지 않다고 본다. 직접적으로 드러내지 않아도 그것이 가치가 있다면 스스로 널리 알려지기 마련이라고 생각한다. 두 번째 유형은 스스로 자신의 공적을 드러낼 때 사람들이 어떻게 받아들일지 알고 있다. 2인자형 리더들이 그에 대한 반작용을 생각하고 대비하는 방책이 스스로 드러내는 것을 절제하는 것이다. 절제의 효과가 있음을 그들은 오래전부터 터득해오고 있기 때문이다. 또한 스스로 알리지 않고 자연스럽게 퍼진 공적이 더 큰 효과를 발휘하기 때문이다. 홍보를 해도 직접적이 아니라 우회적 · 간접적으로 그리고 적절한 포인트와 양을 조절하면서 나아간다.

《주역》에 "하늘의 도는 오만한 것을 이지러지게 하며 겸손한 데는 더하고, 땅의 도는 오만한 것을 변하게 하며 겸손한 데로 흐른다(天道虧盈而益謙 地道變盈而流謙)."라는 대목이 있다. 세상의 법칙은 겸손하지 않은 것을 겸손하게 만든다는 것이다. 하늘과 땅의 도를 이야기하는 것과 달리 《좌전》에서는 좀 더 구체적이다. 《좌전》에는 "교만하고서 망하지 않은 사람은 아직까지 없다(驕而不亡者 未之有也)."라고 했다. 교만한 사람은 하늘에서 외면을 받는 것만이 아니라 사람들에게서 버림을 받게 된다는 말이다. 사람이 하늘이라 하는 이유가 여기에 있다. 《좌전》에는 또한 "수양을 하여 남을 책하지 않으면 어려움에서 벗어날 수 있다(修己而不責人, 則免於難. 春秋左氏傳, 閔公二年)."라고 했다. 책임을 다른 이들에게 전가하지 않는 것은 지도자에게 항상 필요한 덕목이다. 특히 구성원이나 하위직원들에게 분별없이 당장에는 효과가 있는 것처럼 보이지만 별다른 후속조치 없이 전가만 하는 행위는 리더십 자체의 신뢰성과 권위를 훼손하는 일이다.

가만히 있는 것이 겸손은 아니다. 겸손은 힘을 다하여 노력하면서 취하는 의도적인 행동이다. 《주역》에 "온 힘을 다하면서도 겸허하니, 군자는 끝맺음이 있어 길하다(勞謙, 君子有終, 吉)."라는 말이 있다. 온 힘을 다해 자기 일을 하고 있으면서 겸손하기 때문에 그 결과가 좋다는 것이다. 결과는 바로 혼자가 아니라 여러 사람을 통해 형성되는 법이다. 혼자 굴 속에서 깨달음을 얻는다고 변화가 세상 속에 그대로 이어지지 않는다. 심지어 사찰의 수행자들도 집단을 이뤄 생활한다. 따라서 다른 사람들과 힘을 합해야 한다. 여기에서 군자는 리더라고 볼 수 있다. 《좌전》에는 또한 "겸손하다는 것은 먼저 자기 행위에 신중함을 가지고 지극히 다해 그 지위를 보존하는 것이다(謙也者, 致恭以存其位者也)." 라고 했다. 겸손하게 행동하는 것은 신중함이 배어 있어야 한다. 그리고 그것을 지극히 해야 하는 점이 중요하다. 지위를 보존하는 것에 머무는 것만은 아니다. 현재 위치가 아니라 앞으로 나아가면서도 겸손한 태도를 보여야 하는 것이다. 그런 면에서 거짓된 겸손과 진정한 겸손에 대해 생각하게 한다.

> 거짓된 겸손에 빠진 탓일 수 있다. 아니면 재능에 대한 책임을 회피하려는 시도일 수 있다. 그러나 누구나 재능을 가지고 있으며, 그 재능은 반드시 계발되고 다른 사람에게 전해져야 한다.
>
> — 작가 디나 메츠거

진정한 겸손과 거짓된 겸손은 다른데, 그 차이는 현재 자신이 어떤 행동을 하고 있는가에 따라 좌우된다. 무엇보다 우선 주의할 점이 있다. 겸손한 사람은 무욕의 존재이지만 꿈과 욕망이 없는 존재로 생각하면 안 된다. 겸손은 무기력 또는 수동적인 태도와는 다르기 때문이다. 진정한 겸손은 자신의 능력과 재능을 부지런히 펼치고 그것을 내세우지 않는 것이다. 진정한 겸손은 부지런히 자기 분야에서 열심히 노력하는 가운데 쌓이는 업적이나 성과를 과시하지 않는 데 있다. 아무런 노력이 없는 상황에서 내보이는 겸손은 또 다른 위선이나 허세의 태도이다. 이런 위선이나 허세는 허영에서 나온다. 영웅, 즉 뛰어난 1인자가 되고 싶은 무의식이 작동한 결과인 셈이다.

근래에 프란치스코 교황의 겸손 리더십이 주목을 받았는데 프란치스코 교황은 바티칸의 소박한 게스트하우스에 머물며 자신에게 주어진 의전차를 거부하고 낡은 파란색 포드 자동차를 타고 로마 시내를 다니며 자기 생일에 노숙자들을 초대했고, 얼마 전에는 바티칸 직원 식당에 나타나 함께 식사를 했다. 교황은 2014년 8월 고국 아르헨티나의 주간지 〈비바〉와 한 인터뷰에서 행복에 이르는 비밀 지침 10가지를 제시했다. "나는 연못과 같이 느리고 고요하면서도 끊임없이 흐르는 삶의 상태를 좋아한다."며 친절하고 겸손하게 '조용히 전진하자'고 했다. 이에 대해 자신의 삶의 경험에서 비롯된 겸손 등의 덕목이 녹아 있다고 영국 일간 〈인디펜던트〉지가 평가했다. 교황은 부지런히 자신이 해야 할 바를 행동으로 옮기고 있다. 또한 자신이 바라는 이상적인 세상을 만들기 위해 노력하고 있다. 이 때문에 그 명성이 더욱 높아졌다. 그렇지만 그것을 앞에 내세우지 않았기 때문에 더욱 명성이 높아졌다.

살아생전 고 김수환 추기경의 자화상은 동그라미 안에 눈과 코, 입을 간단한 선으로 대략 그렸다. 자화상 아래에는 '바보야'라고 적었다. "자화상에 왜 '바보야'라고 쓰셨습니까?"라는 질문에 "바보처럼 보이지 않습니까? 저 모습 그대로는 아니지만 내 모습은 바보에 가까워요."라고 대답했다. 이어 추기경은 "제가 잘났으면 얼마나 잘났겠어요. 다 같은 인간인데."라고 했다. 이를 두고 '남에게 보여주기 위한 인위적인 것이 아니라 자신에 대해 진정으로 부끄러운 마음을 갖고 있었음'을 보여주는 동시에 끊임없이 자신을 경계하는 질책이라는 평가가 나왔다. 물론 이러한 마음이 담겨 있기 때문에 더욱 김수환 추기경에 대한 따름이 일어나는 것이었다.

이순신 장군은 명량해전에서 대승한 뒤에 "참으로 천행이었다." 고 말했다. 이는 이순신의 겸손한 태도를 잘 보여주는 대목이었다. 자신의 지략이 맞아떨어졌음에 우쭐해하는 태도는 보이지 않았다. 만약 자신이 잘해서 이긴 것이라 했다면 이순신 장군에 대한 존경이 덜할지 모른다. 이런 태도야말로 인간의 본원적인 한계를 인식하고 그것에 부응하는 겸손한 태도를 보이는 2인자 리더십의 한 면모이다. 세종대왕은 가뭄이나 홍수 등이 있을 때마다 "이는 모두 나의 탓이다. 마음이 아프고 볼 낯이 없어서 어찌할지 모르겠다."라고 말하기를 수없이 했으며 항상 행동거지를 조심했다.

세종대왕과 이순신 장군은 2인자 리더십을 잘 구사하여 1인자가 되었다.

김용 세계은행 총재는 2012년 10월 16일 서울대학교에서 열린 강연에서 학생들에게 "리더가 되기 위해서는 겸손해야 한다."고 했다. 그는 "어머니는 내게 '벼는 익을수록 고개를 숙인다'는 격언을 가르치셨다."며 "리더에게 가장 중요한 것은 겸손"이라고 말했다. 이어 "리더가 되고 나면 주변사람들의 조언을 제대로 듣지 못하게 된다."며 "그렇기 때문에 겸손하지 않은 리더는 정말 위험한 길로 빠질 수 있다."고 말했다.

헬무트 콜 총리는 자신을 낮추고 기민당을 내세워 콜 자신은 별 인기가 없었지만 16년이라는 최장기 집권의 신화를 썼다. 메르켈 총리는 말수가 적다. 생각을 많이 하고 주위에 많은 자문을 한 다음 결정을 내리는 겸손함을 보인다. 총리 관저가 아닌 사저에 살고 있다. 주말에는 보통 주부와 다름없이 시장에 가고 요리를 한다. 이웃 주민이 스마트폰으로 사진을 찍어 올려 종종 화제가 되기도 했다.

겸손이 실력의 바탕 위에 있듯이 마찬가지로 겸손함은 힘이 없음과 동일어가 아니다. 마키아벨리는《군주론》에서 "겸손은 강한 자의 특권이다."라고 했다. 마키아벨리는 특히 군주와 국가가 군사력을 갖추지 못하는 것을 경계했다. 힘이 있는 사람이 겸손할 때 더욱 큰 힘을 발휘한다. 이는 조직이나 국가도 마찬가지다. 힘이 있는 나라가 그 힘만 믿고 주변을 괴롭히면 힘을 외부로 쏟아야 하기 때문에 내부 치세조차 어려워지는 지경에 이르게 되고 결국 스스로 궤멸의 단계로 나간다.

영세중립국이라 불리는 스위스는 평화로운 이미지와는 달리 강력한 군대를 갖고 있다. 역사상 수많은 전쟁을 치렀기 때문에 강한 군대를 갖게 되었고, 그 강한 군대가 중립국 지위를 버텨주고 있다. 그냥 평화가 주어진 것이 아니라 치열한 투쟁을 통해 얻은 것이다. 그러나 스위스는 평화주의를 표방하고 있으며 다른 나라를 침략하지 않는다. 이 때문에 다른 국가는 스위스에 대해 적대감을 갖거나 침략의 대상으로 삼지 않는다.

문화군주로 불리는 세종대왕은 김종서 등을 통해 여진족을 몰아내고 두만강 하류에 '육진'을 개척했고 왜구의 소굴인 대마도를 정벌했다. 화포 제작이나 신기전의 제작을 통해 튼튼한 국방력에 만전을 기했다. 하지만 문치주의를 중심에 두었다. 그리고 전쟁에서 승전보가 와도 그 공을 자신에게 돌리지 않았고 오히려 더 경계하고 만전을 기하라고 했다.

경쟁의 시대, 생존을 위해서라면 무슨 일이라도 해야 할 듯한 상황, 자신을 드러내지 않으면 당장에 뒤처질 것 같은 절박함이 있는데 과연 이런 태도가 적절할 수 있는 것일까?

'겸손'을 뜻하는 영어 'humility'의 어원인 라틴어 단어는 'humilitas(후밀리타스)'이다. 그것은 인간됨에 바탕을 두고 있다. 자신의 우월성을 드러내고 지배하려는 이들은 동물적 존재에 불과하다. 겸손은 인간됨이며 사람들을 모으는 근본이다. 겸손은 다른 사람의 마음을 더 얻을 수 있다. 겸손이 중요한 것은 신뢰를 얻을 수 있기 때문이다.《후밀리타스》에서 존 딕슨은 겸손한 리더는 구성원들의 자연스럽고 진심 어린 존경을 끌어내어 관계를 신뢰로 만들어낸다고 했다. 그가 보기에 탁월한 판단력과 설득력을 갖고 있는 이들도 늘 '겸손'의 자세를 갖고 있지 않으면 언제든지 추락할 수 있다. 상대의 마음을 움직여 근본적인 변화를 이루면, 군림하지 않고 목소리를 높이지 않아도 월등한 성과를 올리는 것이 가능하다는 것이다.

그런데 겸손함은 매우 쉬운 것 같지만 쉽지 않을 수 있다. 겸손함을 취하면 자칫 상대방이 자신을 무시하지 않을까 하는 생각이 든다. 그러니 마음속으로 자신에게 콤플렉스가 있거나 자아 존중감이 낮을

수록 겸손함을 취하기가 쉽지 않다. 완전에 가까울수록 겸손할 수 있으며 부족하고 결핍될수록 거꾸로 오만하고 고집불통의 단계로 나아간다. 이는 1인자 리더십의 부정적인 태도이다. 진정 최고의 실력자와 도덕적으로 성숙한 사람일수록 1인자를 넘어선 2인자 리더십을 취할 수 있다. 그것이 목계(木鷄)의 경지인 것이다.

겸손함은 커뮤니케이션의 방편인데, 조직에서는 겸손한 요청이 적용 가능할 것이다.

에드 셰인 박사의 '겸손한 요청(humble inquiry)'은 다른 이들, 특히 따르는 이들에게 요청을 하지만 겸손하게 하라는 것이다. 한 번도 접하지 못한 어려운 과제를 해결해야 하는 상황에서는 즉각적이고 직선적으로 '요청(inquiry)'을 하는 것이 효과적이고 빠르기는 하지만 그 방식이 '겸손(humble)'해야 한다는 것. 리더에게는 시간이 없기 때문에 직접적으로 '요청'을 해야 할 때가 많다. 하지만 시간이 없는 상황이라도 '겸손한' 방식으로 한다면 팀원들을 존중하고 팀을 아낀다는 인상을 주면서 리더십이 긍정적으로 발휘되고 긍정적인 결과도 낳을 수 있다는 것이다.

마지막으로 요(堯)나라 임금이 허유(許由)에게 천하를 넘겨주려고 하자 허유가 사양하면서 말했다는 다음과 같은 구절을 되새기고자 한다.

> 뱁새가 깊은 숲 속에 둥지를 틀더라도 나뭇가지 하나면 족하고, 생쥐가 황하의 물을 마신다 해도 제 작은 배를 채우는 데 그친다(巢於深林不過一枝, 偃鼠飮河不過滿腹).

TIP

퇴계 이황에게 어느 날 서울에서 심부름꾼이 왔다. 증손자를 연년생으로 출산한 손자며느리가 여종을 유모로 보내달라는 전갈을 가지고 왔다.

"여종에게도 생후 몇 달밖에 되지 않은 아이가 있다. 남의 자식을 죽여 내 자식을 살리는 것은 옳지 못하다."며 이황은 끝내 허락하지 않았다.

—

서기 161~180년 로마제국을 통치한 아우렐리우스의 통치기는 로마의 황금기로 불린다. 당시 로마는 전염병과 홍수, 지진 등의 자연재해로 막대한 피해를 입었고 동방에서는 파르티아제국, 북방에서는 게르만족의 침입에 시달리는 등 격변기였는데도 말이다.

그는 '군인 황제'로서 파르티아 제국 및 게르만족과 큰 전쟁을 치렀고, 내부에서 일어난 반란을 효과적으로 진압했다. 또 무수한 전쟁에서 진두지휘해 모범을 보였고 출신성분보다 개인의 능력을 중시하는 파격적인 인재 등용을 실시했다.

권력을 독점할 기회가 생겨도 욕심내지 않았다. 그는 황제 안토니누스 피우스의 사후에 16대 황제로 즉위해 제국 전체를 통치할 특권을 얻었지만 의형제 루키우스 베루스를 공동 황제로 임명해 '양두(兩頭)정치'를 행했다. 베루스가 사망하기 전까지 둘은 별다른 불화 없이 제국을 통치했고 1차 게르마니아 원정도 성공적으로 치러냈다.

—

마이크 카슨의 《승부의 신》에서 조제 모리뉴 첼시 감독은 '축구는 인간과학'이라고 명확하게 말했다. 그는 사람을 중요시했고 무엇보다 선수들을 우선했다. "비행기 자리가 모자랄 땐 선수들이 비즈니스석, 난 당연히 이코노미석"이라고 말했던 점에서 알 수 있다.

경쟁보다는 관계

인간관

빨리 가려면 혼자 가고, 멀리 가려면 같이 가라.

— 아프리카 속담

염파와 인상여는 조나라(趙, B.C. 403~B.C. 228)를 대표하는 장수들이다. 언제부터인가 대장군 염파는 인상여를 비난하고 돌아다녔다. 인상여가 외교가로 수완을 인정받았으며 염파 자신보다 지위가 올라갔기 때문이다. 염파가 자신을 공개적으로 험담하고 다니는데도 인상여는 이런 염파에 대해 일언반구하지 않고 오히려 그를 극구 피했다. 나중에 염파도 이상하게 생각했다. 인상여가 자기를 왜 피하는지 잘 몰랐다. 그래서 더욱 무시하게 되었다. 무서워서 피하거나 잘못한 점이 있었을 것이라 판단했다. 그러나 후일 인상여가 염파를 왜 피했는지 알자 놀랐다. 인상여는 염파에게 그때 왜 피했는지 말했다. "무서워서 피한 게 아니라 둘의 반목이 조나라를 위태롭게 할 것을 염려했기 때문이오." 자못 감동적이었다. 이유를 알고 나자, 염파는 인상여와 둘도 없는 친구가 되었다. 조나라의 두 기둥에 해당하는 이들이 흔들리고 싸웠다면 어떻게 되었을까? 만약 두 사람이 반목했다면 조나라는 망했을지도 모른다. 인상여는 당장에 자신이 비난을 들을지언정 가만히 뒤로 물러나 있었던 것이다. 만약 시시비비를 가리거나 인상여가 염파를 공격하기라도 했다면 사태는 걷잡을 수 없이 번졌을지 모른다. 당연히 그런 사태는 국가 전체에 도움이 안 된다. 인상여가 절제하는 2인자 리더십을 보였기 때문에 결국 염파의 비난도 멈추게 하고 둘은 친구가 되었으며 조나라도 잘 다스려졌다. 중요한 위치의 리더일수록 그들 사이의 다툼이 전체에 어떻게 영향을 미칠지 항상 유의해야 한다.

염파와 인상여. 이 둘의 이야기는 2인자 리더십이 인재 운영에서 어떻게 적용되는지 잘 보여주고 있다.

인상여와 염파의 사례를 놓고 보면, 마틴 루터 킹 목사의 말이 떠오른다. 미국의 흑인 인권운동가 마틴 루터 킹이 "오늘의 적과 내일 함께 미래를 설계할지 모른다는 사실을 잊지 말라."고 말했기 때문이다. 에드거 F. 퍼이어의 《명장의 코드》에는 다음과 같은 대목도 나온다.

1947년 말, 미 육군 참모총장으로 임명된 조셉 로턴 콜린스 장군은 웨이드 헤이슬립 장군에게 전화를 걸어 참모차장 직을 맡아 달라고 요청했다. 이러한 요청에 헤이슬립 장군은 놀랐다. 왜냐하면 자신과 그는 그동안 반목에 반목을 거듭했던 관계였기 때문이다. 헤이슬립 장군은 궁금해 콜린스 장군에게 물었다.

"지난 30년 동안 저와 의견이 같았던 적이 한 번도 없으셨습니다. 그런데 왜 저를 찾으시죠?"

헤이슬립 장군의 질문에 콜린스 장군은 이렇게 말했다.

"바로 그것 때문에 자네를 원하는 걸세."

그는 자신과 맞지도 친하지도 않았지만, 헤이슬립 장군의 정직한 리더십을 높이 평가해 중용했던 것이다. 맞거나 친하지 않은 정도가 아니라 의견이 한 번도 같은 적이 없을 정도였다. 만약 경쟁의 관계로 생각했다면 그 자질과 품성에 관계없이 헤이슬립 장군을 배제했을 것이다. 물론 그러한 태도는 1인자 리더십의 전형적인 모습이다. 경쟁자나 위협스런 인물을 포용하여 자신의 위치를 공고하게 만드는 것이 2인자 리더십의 특징이다.

춘추시대 제나라의 환공(桓公, ?~B.C. 643)은 자기를 죽이기 위해 활을 쏘았던 관중을 용서하고 그를 두 번째 자리인 재상으로 등용해 정사를 펼치게 함으로써 패자가 될 수 있었다. 마르쿠스 아우렐리우스는 "소문이 나를 어떻게 비난해도 내 본질은 변함이 없다. 비난을 퍼붓는 사람들에게마저 친절히 대하라. 한 점에 불과한 우리가 화해하지 못할 이유는 없다."라고 했다. 알렉산더 대왕은 동맹구축을 중요하게 생각했는데, 이는 경쟁자에게 베푸는 관대함을 의미했다. 그는 배려를 통해 적을 동지로 만드는 포용의 결단력에 능했다. 알렉산더 대왕은 파괴보다 포용, 정복보다 동맹을 원했으며, 그것들이 훨씬 더 효과적이었다는 것이다. 도리스 컨스 굿윈은 링컨의 리더십의 근원적인 힘이 보수주의자부터 극단적 급진주의자까지 모두 아우르는 포용력에서 기인

한다고 봤다. 링컨은 다른 후보와 달리 적을 만들지 않았고, 패배한 뒤에도 과거의 적과 우정을 맺을 만큼 관대했다는 것이다.

1인자의 관점에서 세상은 모두 경쟁관계일 뿐이고, 그 경쟁에서 살아남으려면 승리하기 위한 전략을 사용해야 한다. 그 전략의 주체는 바로 자신이다. 세상에 나를 도와주는 이들은 하나도 없고, 오로지 생존을 위해 자신의 실력과 능력을 갖추는 것이 중요하다. 무엇보다 다른 이들을 경쟁에서 이기고 우월한 지위에 올라가야 한다. 그들을 이기지 않으면 자신이 밀려날 것이라 생각한다. 따라서 자신을 위협할 이들은 제거해야 한다. 자신의 생존은 물론 사회경제적 입지가 유지되거나 더 높아지게 된다.

2인자형 리더십을 지향하는 사람들은 세상을 무조건 경쟁의 관점으로 바라보지는 않는다. 살아남는 것은 남을 물리치는 것이 아니라 남을 끌어안을 때 이루어지는 것이라 본다. 다른 이들은 경쟁자이기도 하지만 자신의 지위와 입지를 만들어주는 이들이다. 1인자형을 지향하는 사람들은 대인관계에 대한 관심이 없을 뿐만 아니라 그런 점에 대해 훈련이 덜 되어 있다. 따라서 혼자 스스로 모든 것을 해결하려는 악순환에 빠져버린다.

미국의 정치학자이며《대통령의 권력》을 쓴 리처드 E. 뉴스타트는 1965년 하버드 대학 케네디스쿨을 만들고 초대 학장을 지냈으며, 약 40년간 정파를 따지지 않고 미국 대통령의 조언자 역할을 했다. 그는 권력을 개인이 자기 손에 움켜쥐는 자산이 아니라 제3자와 맺는 사회적 '관계' 속에서 자라나는 것이라고 생각했다. 관계가 뒤틀려 불신이 팽배해지면 권력은 부지불식간에 누수 현상에 직면하게 되고, 결국은 소리 없이 증발하게 된다는 것이다. 따라서 그는 대통령이 관계에 부합해야 한다고 보았다. 그는 대통령직이 정부가 원활하게 돌아가는 데 이바지하고, 모든 사람이 그의 봉사를 요구하는 사무직에 불과하다고 했다. 리더십이란 관계성 속에서 나오게 마련이니 말이다.

1990년대 초, 루 거스너가 IBM의 사장이 되었는데 사업부 사이에 부서 이기주의가 활개치고 있었다. 부서 이기주의만이 아니라 각 개인들도 이기주의가 팽배했다. 이유는 IBM 영업직원들이 모두 본인의 성과에만 집중하고 있었기 때문이다. 심지어 고객 앞에서까지 타 사업부 제품을 비방하는 사례도 있었다. 개인과 부서의 경쟁과 성과에 치우치는 바람에 조직 전체의 이익을 간과하고 있었다. 이 때문에 루 거스너는 방법을 모색해야 했다. 루 거스너는 급여책정 기준을 바꾸었다. 각 개인 그리고 부서의 실적이나 성과가 아니라 다른 기준을 내세웠다. 부서 간에 얼마나 협력하는지, 회사에 얼마나 이바지했는지를 근거로 급여를 책정했다. 그 뒤 자연히 사업부 간 협력체계를 구축할 수 있었고, 부서나 지역을 불문하고 하나의 통합 솔루션을 판매할 수 있게 되었다. 당연히 이후에 IBM의 성과는 좋을 수밖에 없었다.

사이먼 사이넥은《리더는 마지막에 먹는다》라는 책에서 "진정한 리더십은 꼭대기에 앉은 사람의 요새가 아니라 집단에 속한 사람이라면 누구라도 가져야 할 책임감"이라고 한 바 있다. 집단구성원 속에서 가져야 할 책임감이 리더십의 본질이라고 강조하고 있다.《무엇이 임원의 성패를 결정하는가》에서 스콧 에블린은 "임원으로 승진하기까지는 경쟁심이 도움이 많이 될지 모르지만 임원이 되고 나면 사람들의 역량을 강화해주는 역할을 맡아야 하기 때문에 경쟁심의 방향을 바꾸기 위한 자각과 자신감이 필요하다."고 했다. 임원이 되기 전과 임원이 된 후에 구사해야 할 리더십이 다르다는 점을 말해주고 있다.

2인자형 리더십을 추구하는 이들은 자아 지향적이 아니라 관계 지향적이다. 자신의 자아에 다른 사람의 자아를 맞추려고 한다. 2인자 리더는 관계를 잘 맺는 데 자신을 주력하고, 이를 통해 꿈을 성취하려 한다. 1인자 리더들은 사람들이 주목하고 찬탄해주길 바란다. 자신보다 능력이 못나거나 지위가 부족하면 낮춰 대한다. 1인자 리더들에게 관계의 목적은 자신을 떠받들어줄 사람이 필요하기 때문이다. 안하무인의 태도를 보이거나 성공지상주의에 빠지기 쉬운 이유다. 이런 관계의 형성은 조직 내부에서도 마찬가지다. 물론 이러한 관계를 잘 맺는 것이 쉬운 일은 아니다. 8월 16일 충북 음성 꽃동네 연수원에서 '한국 수도 공동체들과의 만남' 강론 중에 프란치스코 교황은 다음과 같이 말했다.

> 공동체 생활이 언제나 쉽지는 않다는 것을 저는 체험으로 알지만, 공동체 생활은 마음의 양성을 위한 섭리적인 토양입니다. 아무런 갈등이 없기를 기대한다는 것은 비현실적입니다. 몰이해가 생기면 그것을 직시해야 합니다. 그러한 어려움 속에서도 우리는 바로 공동체 생활을 통해 자비와 인내와 완전한 사랑 안에서 성장하도록 부름 받고 있습니다.

이 말에는 갈등이 생길 수밖에 없고 자비와 인내를 통해 그 어려움들을 극복하고 사랑을 통해 성장할 수 있다는 내용을 담고 있다. 사람들과 같이 일을 하거나 어울리면 갈등은 생기지만 그것을 슬기롭게 대처하는 것이 자신과 다른 사람, 나아가 공동체에도 도움이 된다. 관계는 스스로 잘 맺어지는 것이 아니라 일정한 모색이 필요한 것이 사실이다. 2인자 리더십은 다른 사람들의 각각의 면모들을 파악하고 그것을 관계로 잘 풀어 네트워크로 만들고 목적을 이뤄낸다.

세계 최고의 리더십 전문가로서 《리더십의 법칙》, 《리더십 101》의 저자인 맥스웰 박사는 다음과 같이 말했다.

> 사람들과 좋은 관계를 맺기 위해서는 첫째, 새로운 친구 만나기를 꺼리지 말아야 한다. 당신이 자주 새로운 친구를 만난다면 당신이 해야 할 일에는 변화가 생길 것이다. 당신은 또한 새로운 친구들 때문에 새로운 관계를 만들게 되고 그 관계 안에서 이전과는 다른 리더십을 발휘할 기회를 얻게 된다.

2인자 리더들은 이 때문에 '사회적 관계 지능'을 매우 중요하게 생각하여 사람 만나기를 꺼려하지 않는다. 1인자들은 사람을 내밀하게 만나려 하지 않는다. 결과나 실적 등을 통해 사람을 이끌어나가려 한다. 다른 이들을 꺼리는 이유 가운데 하나는 뛰어난 점을 발견하게 되고, 그것이 자신을 압도할 것 같기 때문이다. 그들은 경쟁자이다. 1인자들은 IQ를 지향하지만 2인자형 리더들은 SQ를 지향한다. 1995년 《감성 지능(*Emotional Intelligence*)》의 저자 대니얼 골먼(Daniel Goleman)이 2006년에는 《사회성 지능(*Social Intelligence*)》이라는 책을 냈는데, 이는 대인관계 레이더(interpersonal radar)라고도 불리는 '사회성 지능'을 중요하게 집중적으로 다루고 있다. 이는 달리 말하면 '소셜 적성(social aptitude)'으로 '인간관계에서 현명하게 행동하기(acting wisely in human relationships)'를 의미한다.

1950년대 후반에 심리학자 데이빗 웩슬러(David Wechsler)가 요

즈음도 사용하고 있는 IQ 테스트 WICS(Wechsler Intelligence for Children Scale)를 만들어냈을 때 사회성 지능은 무시했다. 하지만 50년 후인 지금은 Social Intelligence와 Interpersonal Dynamics가 매우 중요하게 다뤄지고 있다. 사회성 지능, 즉 SI도 중요하며, IQ만 높아서는 제대로 리더십을 발휘하지 못한다. 오히려 자기 안에 머물고 마는 반(反)리더십의 행태를 통해 개인만이 아니라 더 많은 사람들, 나아가 전체에 해를 끼치기도 한다. 하워드 가드너도 이런 사회적 지능에 대해 언급했다. 무엇보다 우리가 관심을 가질 것은 이러한 사회적 지능을 얼마나 높일 수 있는가 하는 것인데, 그것은 부단한 노력과 경험의 결과가 될 것이다.

《예기(禮記)》 제일(第一) 곡례상(曲禮上)에 "현명한 사람은 익숙하고 길들이나, 공경하며 두려워하지만 사랑하며, 사랑하지만 그의 악한 것을 알고 미워하나, 그의 선한 것을 안다(賢者狎而敬之 畏而愛之 愛而知其惡 憎而知其善)."라고 했다. 이것이 2인자 리더십의 태도라고 볼 수 있다. 무조건 사랑하고 포용·배려하는 것이 아니라 그 대상 혹은 상대방이 어떤 존재인지 그리고 그와 어떤 감정이 오갈 수 있는지 잘 판단하고, 그에 맞게 행동을 하는 것이 관계성 맺기의 본질인 것이다. 가깝고도 멀고 친하면서도 친하지 않고 미워하면서도 믿고 믿으면서도 두려워해야 하는 적절한 긴장과 이완이 관계를 풍부하게 만들고, 리더십을 현실적으로 발휘하게 만들 것이다.

《맹자》에 "천시불여지리(天時不如地利)요 지리불여인화(地利不如人和)"라 했다. "하늘이 준 시기가 지세(地勢)의 이로움에 이르지 못하고, 지세의 이로움이 인화에 이르지 못한다"는 것이다. 결국 사람들이 만들어내는 것은 불문가지다.

TIP

〈타임스〉지가 가장 위대한 리더로 꼽은 칭기즈칸에게도 사람들이 있었다. 그의 주변에는 평생 동지 격인 '4준마', '4맹견'이 있었던 것. 이들은 참모, 정책 아이디어맨, 전투의 지휘관으로 활약했다. 물론 그들이 자기 잘난 맛에 중구난방한 것이 아니라 조화를 이루어 좋은 결과를 만들어낸 것은 칭기즈칸의 2인자형 리더십 때문에 가능했다.

—

《무엇이 임원의 성패를 결정하는가》에서 스콧 에블린은 리더는 더 큰 책임을 떠맡았기 때문에 기능적인 실무는 팀에 넘겨야 한다고 했다. 신임 임원이 저지르기 쉬운 실수는 모든 기능적인 업무를 자신이 직접 하려고 나서는 것이다. 이렇게 되면 리더십을 제대로 구사하지 못하게 되고 1인자 리더십의 오류를 저지르게 된다. 상위직에 오르는 순간 자신이 잘 알던 내용이나 업무에 대해 부하직원에게 위임해야 한다. 그것이 2인자 리더십의 올바른 태도이기도 하다.

부메랑이 돌아오는 것을 알고 있다

피드백과 순환구조

사마천의 《사기》 가운데 〈손자오기열전〉을 보면, 오기(吳起)는 신분이 가장 낮은 병사들과 똑같이 옷을 입고 밥을 먹었다. 잠을 잘 때에도 병사들과 같은 잠자리에서 잤다. 행군할 때에도 말이나 수레를 타지 않고 걸었다. 자기가 먹을 식량은 직접 가지고 다녔다. 병사들과 함께 고통을 나누었고 이런 모습을 본 병사들은 오기에 대해 더욱 신뢰를 갖게 되었다.

또한 그는 유명한 일화를 남겼다. 어느 날 종기 난 병사가 있어 고통이 매우 심한 것을 보았다. 오기가 그 병사를 향해 다가오는가 싶더니 말없이 퉁퉁 부은 다리의 고름을 빨아주었다. 이것을 본 병사들이 감탄을 금치 못했다. 더러운 피고름을 장군이 스스로 입으로 빨아낸 것은 쉽지 않은 일이며 보기도 드물었다. 이 광경을 본 사람이 병사의 어머니에게 그 소식을 전했다. 사람들은 당연히 어머니가 기뻐할 것이라 생각했다. 하지만 기뻐해야 할 어머니는 오히려 소리 내어 울었다. 고름을 빨아내어 아들이 살았는데 어머니가 오히려 대성통곡을 하니 사람들이 궁금하지 않을 수 없었다. 이를 본 한 사람이 그 까닭을 물었다.

"장군께서 직접 고름을 빨아주셨소. 영광도 영광이지만 무사히 살아났으니 기쁜 일인데 왜 그렇게 슬피 우는 것이오?"

그의 어머니는 울음을 멈추지 못하고 대답했다.

"예전에 오공(吳公; 오기)께서 우리 애 아버지의 종기도 빨아주었습니다. 남편은 장군의 그 같은 행동에 너무 감동했고 자리에서 일어나자마자 자기 몸을 돌보지 않고 용감히 싸우다가 적진에까지 들어가 적과 맞붙다가 그만 죽고 말았습니다. 오공이 또 지금 제 자식의 종기를 빨아주었으니 이 아이도 죽게 되었습니다."

이는 사람이 어떤 존재인지를 잘 파악하고 있는 대목이다. 오기는 인간이 감읍하면 당연히 분기충천하여 보답하려는 심리가 생기는 것을 간파하고 있었던 것이다. 거꾸로 어머니는 인간의 심성이 가지고 있는 피드백을 과거 남편의 사례를 통해 경험적으로 너무나 잘 알고 있었다. 만약 어머니가 아들의 옆에 있었다면 주의를 주었을 것이고, 죽지는 않았을지 모른다.

1인자형 리더들은 부하들에게 어떤 태도를 보일까. 부하들을 전장에 내몰고 자신은 지휘만 할 것이다. 자신의 지휘에 따라 일사불란하게 움직이고 죽음을 불사하고 임무를 완수하길 강요할 것이다. 그러나 2인자형 리더들은 강요보다는 부하들이 스스로 나서게 만든다. 작은 수고로움으로 깊이 각인시키는 것은 강제와 명령으로 이끌어낼 수 없는 결과를 만들기도 한다.

1인자들은 자신들이 한 행동들이 자신에게 돌아오는 것보다는 자신의 행동으로 이루어지는 인과적인 결과물에 대해서만 생각한다. 일방적이고 단선적인 영향관계만 생각하기 때문이다.

하지만 2인자들은 그렇게 생각하지 않는다. 2인자들은 자신들의 행동 때문에 특정 목적을 이루기도 하지만 그것 때문에 자신에게 돌아올 점들을 생각한다. 특히 부정적인 효과나 부작용이 없는지 꼼꼼하게 살핀다.

다른 사람에게 희생과 배려하는 것이 경제학적으로나 법리적으로 볼 때, 합리적 · 이성적으로 따져볼 때 당장에 자신이 손해를 보는 것처럼 생각할 수 있다. 하지만 2인자형 리더들은 자신의 행동을 통해 돌아오는 '피드백(feedback)의 효과'를 생각한다. 자신에게서 나온 것이 자신에게 돌아올 수 있음을 안다. 적어도 자신의 행위가 어떻게 인과관계를 일으키는지 피드백의 연관관계에 대해 인식하고 있다. 그것이 자신에게 유리하게 혹은 불리하게 돌아올 수 있음을 알고 있기 때문에 단선적인 행동을 하지 않는다.

또한 적어도 2인자형 리더들은 도덕적 · 윤리적으로 떳떳하다. 자기 욕심만 챙기지 않고 다른 사람들에게 희생과 배려를 해주었기 때문이다. 그렇기 때문에 삶에서 그들은 항상 당당하다.

1996년, 나이키는 제3세계의 불우한 빈민 아동을 착취한 기업이 되었다. 나이키의 축구공이 제3세계 국가 아동의 노동력을 착취해 만들었다는 비판의 도마에 올랐던 것이다. 논란이 터지자, 당시 나이키는 "나이키의 문제가 아니라 협력업체의 잘못"이라고 했다. 하지만 이러한 나이키의 대응은 오히려 전 세계인들의 대대적인 비난을 불러일으켰다. 불에 기름을 부은 꼴이었다. 이 때문에 지구 곳곳에서 불매운동이 벌어졌다. 이 불매운동이 얼마나 맹렬했는지 나이키는 대규모 적자를 기록했다. 그 때문에 1,600명을 해고하는 구조조정을 해야 했다.

2010년, 애플의 대표 협력업체인 폭스콘은 중국 근로자의 노동 강도가 세고, 공장 노동 환경이 열악하다는 지적을 받았다. 여기에 당시 14명의 근로자가 사망하는 사건이 발생했다. 이로 인해 애플에 대한 불매운동이 벌어졌다. 전 세계적으로 앞서가는 진보적 회사로 생각되었던 애플은 노동자의 안전을 도외시하는 반인권적인 착취의 악덕 기업이 되었다. 이 두 사례는 인권노동 · 윤리 · 환경 · 안전보건 등의 사회적 책임의 가치를 외면한 결과였다.

1976년 노벨경제학상을 수상한 밀턴 프리드먼은 '자유방임주의자'로 기업의 책임을 '이익 극대화'에서 찾았다. 이익을 극대화하는 것이 기업의 책임을 다하는 것이라고 보았다. 좀 더 구체적으로 그의 견해를 보면, 기업은 주주의 이익을 극대화하면 된다. 주주가 아닌 이들을 배려하는 기업 활동에 대해 부정적으로 보았다. 프리드먼의 관점에서 기업의 사회적 책임(CSR) 활동은 허튼 짓에 불과했다. 이러한 논지에 따르면 기업은 인권이나 노동, 윤리, 환경, 안전, 보건을 신경 쓰지 않아도 된다. 하지만 그것을 하지 않았을 때 어떤 피드백 효과가 있는지 간과한 것이다. 현대 기업은 더욱더 사회적 책임과 그로 인한 이미지관리에 더 집중하게 되었다.

프리드먼(1912년생)이 태어나기 16년 전인 1896년 당시 미국 뉴저지 주에는 '에이 피 스미스'라는 회사가 있었고, 이 회사는 '고압소화전 시리즈'로 이름을 날린 곳이었다. 이른바 '착한 기업'이었다. 1951년, 회사 이사회가 미 프린스턴 대학에 1,500달러를 기부하면서 문제가 되었다. 주주의 동의 없이 기부했기 때문이다. 당시 이 사건을 담당했던 판사 제이콥스는 유명한 말을 남겼다.

……역사적으로 기업이 등장한 이유는 공익 때문이다. 그러나 사회·경제적 변화를 거치면서 점차 사적 이익을 추구하게 됐다. 회사가 사회의 구성원으로서 의무를 인식하고 장기적 안목으로 추진하는 행위를 주주라고 해도 막아선 안 된다…….

여기에서 공익을 달성한다는 매우 윤리적이고 도덕적인 가치를 추구하는 것으로만 보인다. 공익이라는 것은 추상적이고 관념적인 사회적 가치로만 간주되기 쉽다. 하지만 공익은 개념이나 명칭일 뿐 공익의 가치 자체가 아니라 공익의 가치를 지키거나 배제하는 행위가 가져오는 피드백의 효과에 주목하는 것이 바로 2인자 리더십의 관점이다.

이를 풀어보면, 기업의 사회적 책임 CSR 활동을 인정받으면 많은 이들이 좋게 생각하는 기업 브랜드 이미지가 형성된다. 좋은 기업의 위치에 오르면 대외적으로 자부심을 갖게 되고 사회적인 홍보효과가 높아진다. 이 때문에 우수한 인재가 몰려든다. 고객과 소비자는 이런 기업을 먼저 기억하고 상품이나 서비스를 찾는다. 당연히 투자자는 이 기업을 우선한다. 또한 협력업체, 지역사회와 공존할 수 있고 함께 성장이 일어난다. 이런 과정에서 재무적 성과와 긍정적인 결과를 낳고 투자는 확대되고 연구에도 더 집중할 수 있으며, 이 때문에 사업의 확장이 일어날 수 있다. 이는 모두 피드백의 선순환고리라고 할 수 있다.

이타적 행위는 당장에는 별 효과를 나타내지 않는 것처럼 보이지만 일단 효과를 보일 수 있는 영역에서는 타의추종을 불허하는 효과를 나타낸다. 미국 일리노이 주 상원의원 선거에 출마한 한 정치 신인은 38%의 지지율을 얻었는데도 9%를 얻은 트럼블이라는 인물을 지지하며 중도하차했다. 이 정치 신인이 지지를 선언한 트럼블은 당선됐다.

중도 사퇴한 정치 신인은 어떻게 되었을까? 그는 6년 후, 미 대선에 출마했고 결국 최종 승리해서 대통령이 되었다. 그가 바로 에이브러햄 링컨이다. 링컨의 승리가 가능했던 것은 다른 이에게 양보하는 등 장기적으로 쌓은 대중적 호감도와 신뢰가 한몫했기 때문이다. 링컨의 이타적 행동이 없었다면, 그가 대통령선거에서 당선되는 일은 없었을지 모른다. 작은 것을 주고 큰 것을 얻은 셈이다. 1인자들은 당장 눈앞에 보이는 자신의 이익에 충실한다. 자신이 이길 수 있는데 다른 이에게 몰아주는 것은 있을 수 없다. 이타적 행동은 단기적으로 자신에게 손해가 된 것으로 보이지만 장기적으로는 오히려 이익이 될 수 있어서 대통령이라는 더 큰 이익을 얻은 셈이다. 링컨은 트럼블을 밀어주어 당장에는 상원의원에 당선되지 못했지만 장기적으로 지지자를 늘린 것이다.

링컨은 정치적 양보가 피드백으로 되돌아와 긍정의 효과를 낳을 것임을 예견하고 있었다.

양보, 나눔, 베풂 같은 이타적 행동은 언젠가 강력한 힘을 발휘하는데 그것은 피드백 효과의 힘이다. 하지만 무작정 베풀기만 한다고 성공하지 않는다. 피드백은 반드시 자신이 원하는 대로, 계산한 대로 돌아오는 것은 아니기 때문이다. 꼭 결과로 돌아오지 않아도 실망하지 않는 것이 2인자들의 태도이다. 1인자 리더들이 피드백 사고를 한다고 해도 반드시 자신의 행동이 이익으로 이어져야 한다고 생각하는 것이 1인자들의 사고법이다. 그들은 반드시 성공하고 결과를 내야 한다고 생각하기 때문이다. 그렇게 생각할수록 원하는 성과가 나오지 않는 법이다. 자신이 투여한 대로 결과가 나와야 한다는 1인자의 생각에 비해 2인자들은 돌아오지 않을 수 있다는 가능성을 항상 염두에 두기 때문에 좀 더 여유롭고 결과에 덜 실망한다. 하지만 1인자들은 꼭 돌아올 성공을 보고 행동하기 때문에 안달복달하고 부정적인 결과에 분노하면서 자신의 몸을 해치는가 하면 그로 인해 주변사람들에게 폐를 끼치기도 한다.

《기브 앤드 테이크》의 저자인 와튼스쿨 조직심리학과의 애덤 그랜트 교수는 기버와 테이커로 나누어 설명했다. '기버(giver)'는 자신의 이익 못지않게 상대방의 이익을 존중해 베풀고 나눠주는 사람으로, 말하자면 이타적인 인간형이다. '테이커(taker)'는 자신이 준 것보다 더 많이 갖기를 바라며, 성공하려면 남을 넘어서야 한다고 보는 이들이다. 테이커는 리더십을 강하게 부리는 인물들이다. 1인자 리더십을 구사하는 이들인 것이다. 2인자 리더십을 취하는 기버가 직업적 성취도가 높고 성공할 확률도 높다.

수련의 집단을 몇 년간 추적 조사한 내용을 보면, 기버 수련의는 처음에 능력 없고 물러터진 사람으로 평가받아 밑바닥 점수를 얻었다. 하지만 시간이 흐를수록 높은 성적을 받았다. 원인은 기버의 이타적 행동이었다. 기버는 테이커보다 환자, 동료와 소통을 중시하는 경향이 강했는데, 이런 행동이 쌓이고 쌓여 성공의 대가로 돌아왔던 것이다. 즉, 피드백 효과이다. 기버는 상대방의 공감을 이끌어내 동질감을 느끼게 하고 차츰 유대감을 쌓는 데 익숙해졌고, 그것이 피드백을 통해 장기적으로 성공의 밑거름이 된 것이다.

피드백은 소비자와도 이루어진다. 소비자의 니즈를 파악하고 그것을 즉시 반영할 때 장기적으로 어떤 결과가 도출될 수 있을지 인식할 때 가능하다.

> 야후의 시대가 가고 구글의 시대가 왔죠. 그럼 구글 다음엔 어느 업체가 패권을 쥘까요? 사용자 피드백(feedback)을 가장 잘 활용하는 업체가 그 자리를 차지할 겁니다.

치 루(Qi Lu) 마이크로소프트(MS) 수석 부사장의 말이다. 그는 "구글 · 아마존 · 페이스북 · 트위터 등 거대 IT업체들의 공통점은 사용자의 피드백을 받아 서비스를 창출해냈다는 점"이라고 말했다. 그는 또한 사용자들의 피드백을 반영해낸 것이 디지털 기업의 성공 비결이라고 말한다. 사실 디지털 공간은 피드백이 즉시 이루어질 수 있는 장점이 있다. 아울러 루 부사장은 "야후는 필요한 정보를 일방적으로 정리한 디렉토리 진열방식(curated web directory)을 고집했지만, 구글은 사용자가 원하는 결과나 광고를 보여주는 검색엔진을 도입하면서 인기를 끌었다."면서 "구글이 수많은 검색 서비스 사용자들의 피드백을 모아서 '웹의 경제화'에 성공했기 때문"이라고 했다. 당연히 리더십의 관점에서 보면 일방향적인 리더십의 행사는 있을 수 없다. 하버드 케네디스쿨의 리더십 수업 담당 로널드 A. 하이페츠는 "리더가 팔로워에게 영향력을 행사할 수 있지만, 팔로워 또한 영향력을 행사할 수 있다. 그러나 대부분의 사람들은 위기에 처했을 때 이 사실을 잊는다."라고 했다. 리더와 팔로워가 상호 영향을 주고받는 관계임을 말하는 것이다.

최고의 리더는 가르치면서 배우는 리더라는 말도 있다. 무엇을 배우는 가장 좋은 방법은 그것을 다른 사람에게 가르치는 것이다. 가르치는 사람과 배우는 사람이 따로 정해져 있지 않는 곳이 일선 조직 현장이며, 이는 복잡하고 돌발적인 상황이 많을수록 더욱 그렇다.

피드백은 자기 교정을 하도록 만들어 더 좋은 결과를 낳는다. 쓴소리나 비판은 듣기 싫고 자존심이나 존재적 가치에 상처를 줄 수 있다. 하지만 애플의 스티브 잡스의 사례에서 나타나듯이 솔직한 표현은 오히려 도움이 된다. 다만 목적이 분명한 솔직한 비판과 교정이어야 한다.《최고의 리더》를 저술한 제임스 쿠제스와 배리 포스너는 다음과 같이 피드백의 중요성을 말했다. "현명한 리더는 비판자를 사랑할 줄 아는 리더"라고 했다. 또한 그는 조기 경보에 주의를 기울이면 앞날의 심각한 문제를 예방할 수 있다면서 일상적으로 피드백을 얻고, 그 내용에 주의를 기울인다면 조직이 더욱 효과적으로 나아가는 데 도움이 된다고 했다. 또한 그 사람을 위해 쓴소리를 하거나 비록 쓴소리를 했어도 차후에 그에 상응하는 배려를 해주어야 한다. 왜냐하면 인간은 감성의 존재이자 자존감의 동물이기 때문이다. 식당에서 혼자 온 손님을 내보내거나 불친절하게 대하면 당장에는 몇 사람을 그 자리에 더 앉힐 수 있겠지만, 내몰렸거나 불친절을 당한 사람이 미래에 끌어올 사람들을 차버린 것과 같다. 한 사람 한 사람을 소중하게 대하는 것은 부메랑 효과 때문이다. 손님에게 직접적인 기대를 하고 바로 결과를 바라는 사람은 비즈니스를 할 수 없다.

마지막으로 한 가지 사례를 보자. 전기 자재와 설비를 만드는 일본의 중견 기업인 '미라이공업'의 연간 매출은 2,300억 원, 경상이익은 360억 원 선이었다. 이는 일본 내 경쟁업체에 비해 다섯 배나 많은 것이다. 그런데 중요한 것은 이 기업의 후생복지이다. 미라이공업은 잔업은 없고 정년은 70세, 휴무일수는 연간 143일이었다. 여기에 일본에서 근무시간이 가장 짧다. 5년마다 전 직원이 가족 동반 해외여행을 하고, 국내여행은 매년 다녀올 수 있다. 이러한 후생복지에는 예산이 들어가는데 어떻게 마련하는 것일까?

그것 가운데 하나는 근검절약이다. 미라이공업에서는 서류 봉투를 50회 이상 사용해야 버린다. 사무실의 전기 스위치에는 경고 문구가 붙어 있다. 경고 문구에 있는 말은 이 회사의 창업자이며 최고경영자인 야마다 사장이 붙인 '불을 켜지 말 것'이다. 이렇게 절약된 돈은 다른 곳으로 가는 것이 아니라 직원들의 후생복지비용으로 쌓인다. 회사의 이익을 위해 근검절약하라는 것이 아니라 자신에게 돌아올 이익을 위해 절약하라는 것이기 때문에 구성원들이 동참하게 되는 것이다. 물론 기업의 구성원들은 실제 그 이익의 혜택을 보았기 때문에 지속적으로 근검절약에 참여하게 되는 것이다.

TIP

"어떻게 하면 좋은 보스(boss)가 될 수 있을까?"라는 질문에 대해 리더십 학자 린다 힐(Linda Hill) 교수는 "직원들과 솔직한 피드백(feedback)을 주고받는 것이 가장 중요하다."고 했다.

리더는 부하들의 피드백 덕분에 자신을 '성찰'하게 되고, 부하는 리더의 피드백 덕분에 '성장'할 수 있다는 것. 이처럼 리더와 부하의 관계에서 피드백은 서로를 발전시키는 핵심 요소다. 동시에 부하를 향한 리더의 피드백을 보면 리더의 품격을 네 가지 레벨(level)로 구분할 수 있다. 우선 최하급의 리더는 부하가 무엇을 하든 어떠한 피드백도 하지 않는다. 한마디로 '방관자형' 리더다. 부하가 잘하든, 못하든, 힘들어하든, 행복해하든 어떤 상황에서도 리더 자신에게 피해만 주지 않는다면 침묵을 지킨다. 방관자형 리더는 왜 부하에게 어떠한 피드백도 하지 않을까? 관심이 없어서다. 왜 관심이 없을까? '애정'이 없어서다. 부하에게 애정이 없는 리더는 리더의 품격을 논할 가치도 없으며 결국 부하들의 평가로 인해 1인자의 리더 지위에서 내려와야 한다. 21세기는 더욱 그럴 가능성이 높아졌다.

남의 말을 잘 듣고 말을 아낀다

경청하는 리더의 요건

제나라 희공(僖公, 재위 B.C. 730~B.C. 698)에게는 세 아들, 즉 맏아들 양공(襄公), 둘째아들 규(糾)와 셋째아들 소백(小白)이 있었다. 관중(管仲)과 포숙아(鮑叔牙)는 죽마고우(竹馬故友)였지만 관중은 규를, 포숙아는 소백을 모셨다. 제나라 밖에 있던 규와 소백은 제나라에 정변이 일어나 왕의 자리가 비자, 재빨리 귀국을 서두른다. 규와 소백은 빨리 도착하기 위해 서두른다. 소백과 포숙아가 좀 더 일찍 도착할 듯싶었다. 관중이 생각하기에 소백을 제거해야 자신의 주군인 규가 왕위에 오를 수 있었다. 그래서 소백을 겨냥해 화살을 날린다. 소백이 아랫배에 화살을 맞고 피를 토하는 장면까지 본 관중은 안심하고 느긋하게 제나라로 들어온다.

하지만 이미 먼저 도착한 소백은 왕이 되어 있었다. 그가 환공(桓公, B.C. 685~643 42년간 재위)이다. 어떻게 된 일일까? 소백은 화살이 혁대에 맞아 목숨을 건졌고 순간적으로 혀를 깨물어 피를 토하는 연기를 했다. 이에 관중과 규는 다시 노(盧)나라로 피하고, 군사를 모아 소백,

즉 환공과 전투를 벌인다. 하지만 끝내 패배하고 만다. 포숙아는 노나라와 화친을 도모하는 자리에서 공자 규는 죽이고 관중은 포박해 넘기라고 했다. 관중이 제나라로 오자 환공이 지난날의 일을 생각하며 관중을 자신의 손으로 능지처참하겠다고 했다. 이에 포숙아는 환공에게 "죽이려고 데려온 것이 아닙니다."라고 했다.

관중과 포숙아의 우정도 대단하지만, 환공의 포용 리더십은 더 대단하다.

환공이 놀라며 그 이유를 물었다. 그러자 포숙아가 대답했다. "이 나라의 재상으로 삼기 위해 데려오는 것입니다." 환공을 비롯해 문무백관도 놀랐다. 포숙아는 이렇게 아뢴다. "주군께서 제나라 하나만을 다스리신다면 저 하나로 충분합니다. 그러나 중원의 패자가 되시려 한다면 이에 맞는 재상은 관중뿐입니다. 천하를 얻으려 하시면 신보다 월등히 뛰어난 '관중'을 기용하십시오." 포숙아의 진심 어린 충언이었다. 자신을 죽이려 했던 관중을 환공은 받아들였을까? 환공은 포숙아의 말을 들었다. 환공은 자신을 죽이려 했던 관중을 재상으로 삼았고, 관중의 도움으로 제후와 종종 회맹(會盟)해 신뢰를 얻었으며, 특히 규구(葵丘: 河南省)의 회맹을 계기로 춘추시대의 첫 패자(覇者)가 되었다.

관중은 대정치가로서의 수완을 유감없이 발휘하여 제나라를 부강하게 만들었다. 포숙아는 자신보다 뛰어난 관중을 천거했고, 환공은 이를 들었다. 물론 관중도 자신의 아집과 독선에 빠지지 않고 자신의 능력을 발휘해 제나라와 환공에 이바지했다. 만약 환공이 포숙아의 말을 경청하지 않는 1인자의 태도를 보였다면 그는 곧 붕괴되었을 것이다. 환공은 평범한 사람에 불과했지만 그에게는 상대방의 말을 들어줄 줄 아는 경청의 아량이 있었다. 물론 그것은 포숙아를 신뢰했기 때문이다.

기원전 204년(漢 3년) 4월 항우(項羽)가 형양 땅을 점령하려고 했는데, 이미 유방이 점령하고 있었다. 항우는 막강한 무력을 앞세워 유방을 위협했다. 군사 수는 항우 40만 명 대 유방 10만 명이었다. 이를 간파한 유방은 이내 몸을 낮췄다. 화친을 내세우며 유방은 항우에게 셴양 땅을 내주고 군대를 철수시켰다. 그러자 항우는 거만해졌다. 따라서 유방을 대수롭지 않게 여겨 살려두려 했다.

그러자 항우의 군사(軍師) 범증(范增)은 깜짝 놀랐다. 다급해진 범증은 곧 "유방을 죽여야 한다."고 항우에게 고했다. 하지만 항우는 그 말을 흘려들었다. 항우는 왜 이런 태도를 보였을까. 유방의 태도가 워낙 공손했기 때문이다. 하지만 범증은 유방이 큰 뜻을 품고 있는 것을 알았기 때문에 유방이 항우에게 큰 장애가 될 것을 예견하고 있었다. 범증은 오히려 유방과 내통한다는 오해를 받았다. 그것은 유방의 계략 때문이었다. 초나라 항우가 한나라 유방에게 사자(使者)를 보냈는데 유방은 사자를 마치 왕후 귀족처럼 대접했다. 그러고는 직접 만나 "아, 범증(范增)님이 보낸 사자가 아닌가. 편지를 가져왔는가?" 했다. 그 사신은 항우에게 돌아와 이 같은 사실을 전했다. 항우는 범증이 유방과 내통하고 있는 것으로 오해하고 범증의 제언을 일체 듣지 않았다. 이에 범증은 항우 곁을 떠나게 되었다. 범증은 고향으로 돌아갔으며 실의에 빠져 그만 죽고 말았다. 항우는 범증과 이간시키는 유방의 계책에 걸려든 것이다. 유방은 일단 자신을 보존하기 위해 항우에게 꼬리를 내렸던 것이고, 나중에 유방은 결국 항우를 무너뜨렸다. 항우와 유방의 태도는 부하들을 이끄는 언행에서도 드러났다.

항우는 싸워 이길 때마다 부하들을 향해 "어떠냐!(何如)"라고 자랑스레 외쳤다고 한다. 반면, 유방은 항상 부하들에게 "어떻게 하지?(如何)"라고 물었다는 것이다. 신하들의 말을 많이 듣고 이를 바탕으로 조조는 판단을 내리려 했다. 위나라 조조의 참모였던 유소는《인물지(人物志)》라는 책을 통해 "신하는 말을 잘하는 것을 재능으로 삼지만, 군주는 잘 듣는 것을 재능으로 삼는다."라고 했다. 이 군주는 조조였다. 천하를 통일한 진시황은 이 점에서 약했다.

《진시황 강의》의 왕리췬은 진시황에 대해 이렇게 말했다.

> 차디찬 법가사상에 몰입한 불인(不仁)의 정치와 신하들의 침묵을 만들었다. 특히 천하통일 후 자신감이 넘쳐 쓴소리에 귀를 닫은 것을 몰락의 결정적 요인으로 지목한다. 조고(趙高) 같은 간신과 이사(李斯) 같은 기회주의자가 설치게 되었다.

천하통일의 성과에 취해 다른 이들의 말에 귀를 듣지 않은 것이 결정적인 패망 원인이었다는 것이다. 결국, 시황의 진나라는 15년 만에 멸망하고 만다.

1인자 지향의 리더는 말을 많이 하려 한다. 자신의 뛰어난 점을 상대방에게 알리거나 인식시켜야 한다. 또한 말을 많이 하는 사람이 뛰어난 사람이라고 생각한다. 말을 많이 하여 상대방이 자신의 말을 잘 듣거나 자신의 말에 설득되면 매우 흡족하게 생각한다. 2인자 지향의 리더들은 말을 많이 하는 것이 아니라 말을 많이 들으려 한다. 말을 많이 들어 그 사람이 어떤 생각을 하고 있는지 파악한다. 다양하게 정보를 수집하고 그 안에서 해법이 없는지 모색한다. 중요한 것은 자신의 뛰어남이 아니라 문제해결이 우선이며 그것이 최종 목적이기 때문에 이를 달성할 수 있는 방법을 찾는 것이다. 자기 말을 많이 하는 사람은 자기 말만 하다가 돌아오므로 발전이 없고 계속 자기 생각과 말 속에 갇혀 산다. 그렇기 때문에 더 이상 발전이 없다. 그럴수록 더 초조해지고 자신이 뛰어남을 드러내려 한다. 그러면 강요의 화법이 일상화된다. 잘 듣는 사람들은 그 앞에서 많은 사람들이 다양하게 이야기를 하기 때문에 자연히 지식과 혜안의 폭이 넓어진다. 따라서 사안을 종합적으로 판단하고 분석하고 결정할 수 있어서 실패의 위험을 줄일 수 있다. 이런 과정이 반복되면 2인자 지향의 사람들은 여유로움을 갖게 된다. 하지만 말을 아예 하지 않으면 상대방이 재미가 없으므로 다음부터는 그와 대화를 나누려 하지 않을 것이다. 여기에서 중요한 것은 단순히 들어주기만 하는 것이 아니라 그들에 대한 인정이고 가치의 존중이다.

유대인의 교육 지침서《탈무드》에도 이와 관련한 말이 있다. "인간에게는 하나의 입과 두 개의 귀가 있다. 말하는 것보다 듣는 것에 2배 더 힘써야 한다.", "당신의 혀에게 나는 잘 모른다는 말을 제대로 가르쳐라."라는 대목이 그것이다. 말을 많이 하기보다는 많이 들으라는 것이다. 좀 더 구체적인 에피소드를 보자.

어느 날 랍비가 하인에게 시장에 가서 맛있는 음식을 사오라고 했다. 그런데 그는 혀를 사가지고 돌아왔다. 며칠 후 가장 싼 음식을 장만하라고 지시했는데, 역시 그 하인은 또다시 혀를 사와 주인에게 내놓았다. 참으로 이상한 일이었다. 이상하게 여긴 랍비가 그에게 물었다.

"지난번에 맛있는 것을 사오라고 했을 때도 혀를 들고 왔고, 이번엔 싼 것을 가져오라고 했는데도 똑같은 걸 사왔다. 그 이유가 뭔가?"

주인의 말에 하인이 대답했다.

"혀는 좋을 때는 그 이상 좋은 것이 없지만, 나쁠 때는 그보다 더 나쁜 것이 없기 때문입니다."

혀는 침묵을 내포하고 있어야 한다. 슈테판 코르넬리우스는《위기의 시대 메르켈의 시대》에서 "메르켈의 또 다른 특징은 침묵이다. 그녀는 한 방송 인터뷰에서 '우리 사회는 침묵이 좀 부족하다'며 침묵을 예찬했다."라고 말한 바 있다. 이는 혀가 가진 단점을 잘 알고 있는 독일 총리 메르켈의 철학이다.

외교에서도 이런 경청은 중요한데,《존 F. 케네디의 위대한 협상》에서 제프리 삭스는 "케네디는 누구보다 공산주의에 반대했지만 대통령 취임 직후부터 세계평화를 위해 공산권과의 대화를 시도했다. 대화를 하는 것은 자기의 이야기를 하려는 것이 아니라 듣기 위해서였다."라고 밝혔다. 또한 그는 "방어를 위한 무기경쟁은 더 큰 위기를 불러오기 때문에 양국 간의 적개심을 해소하고 상대방의 입장을 이해하며 서로의 말에 귀를 기울여야 한다."고 했다. 프란치스코 교황도 경청의 미학을 말했다.

2014년 8월 14일 프란치스코 교황은 청와대에서 박근혜 대통령을 면담한 뒤 공동연설 중에 "외교는 가능성의 예술이고 평화란 상호

비방과 무익한 비판이나 무력시위가 아니라, 상대방의 말을 참을성 있게 들어주는 대화를 통해 이뤄질 수 있다는 확고부동한 믿음에 그 바탕을 두고 있다."라고 말했다. 세계의 리더일수록 이런 경청의 대화 자세가 요구된다.

리더십의 관점에서 볼 때《무엇이 임원의 성패를 결정하는가》에서 스콧 에블린은 "직원들이 부담 없이 의견을 말할 수 있도록 친절하게 대하고, 직원들 앞에 자주 모습을 보이되 자신이 말하기보다 그들의 이야기를 많이 듣는 자세가 필요하다."라고 했다. 이처럼 경청의 자세는 인정의 태도이다. 가치 있는 일을 하고 있다는 심리적 충족감을 주는 것이다. 듣지 않는다는 것은 그 말이 의미가 없는 것으로 평가되는 것만이 아니라 그 말을 하고 있는 사람의 존재감 자체를 무시하는 일이다.

세계적인 기업 고어텍스의 테리 켈리 CEO도 "많은 사람은 자신의 이야기가 주의 깊게 받아들여지고, 자신이 가치 있는 일에 이바지하고 있으며, 동료가 그것을 인정해준다는 사실에서 보상받는다."고 했으며, "인간은 자기를 알아봐주는 사람에게 충성한다."는 고전 명언도 마찬가지 맥락에서 경청의 휴머니즘을 내포하고 있다. 그만큼 인간은 가치 있는 일을 하고 가치 있는 존재로 평가받고 싶어 한다. 듣는 것은 그의 존재적 가치 그리고 자아실현의 충족을 가능하게 한다. 듣는 것은 상대방의 존중을 통해 적극적인 참여와 협력의 동기부여를 이루는 것이며, 듣는 이에게는 다양한 견해들을 종합하여 최적의 대안을 찾는 것이다. 무엇보다 판단과 의사결정의 오류를 최대한 줄이는 과정이기도 하다. 이를 위해서 오류를 줄일 수 있는 채널의 확보가 중요하다.

루스벨트 미국 대통령은 정보를 얻는 통로를 다양하게 만들어 판단의 오류를 줄였다고 한다. 연방정부 바깥의 기업가들, 지인들, 친척들로 구성된 네트워크를 구축했다. 국민의 목소리를 듣기 위해 여론조사를 많이 활용하고 하루 평균 8,000통의 편지 요약본을 읽었다. 최선을 다해 확률을 줄이는 것이다.

무엇보다 경청의 상황에서 주의해야 할 점이 있다. 스스로 남의 말을 잘 듣는다고 생각해도 그것에 대한 적절한 반응이 있어야 한다. 사실 리스닝(listening)이 아닌 히어링(hearing)에 그치는 사람들이 많다. 상대방의 이야기를 자신이 제대로 이해했는지 피드백을 통해 확인해 주어야 한다. 메아리가 없는 대화는 위험하다. 오히려 이야기하기 싫고 부담과 스트레스만 쌓인다. 자신에게 필요한 정보만을 가져가는 정보수집 차원이거나 형식적으로 경청하는 태도에 머물러버린다면 하지 않느니만도 못한 일이 되어버린다. 반응이 있는 리스닝의 경청 리더십이 2인자형 리더의 특징이다.

루스벨트 대통령은
다양한 의견 수렴 채널을
가지고 있었다.

TIP

칭기즈칸은 '내 귀가 나를 가르친다'는 원칙을 지켰다. 예전보다 말이 많아졌다는 걸 느끼면 '내가 남의 말을 많이 듣지 않았구나.' 하고 생각했다. 자기 혼자만의 일방적인 커뮤니케이션은 오해나 갈등을 불러일으키기 마련이라는 것을 잘 알았다. 그의 신조는 "우선 적게 말하라. 그러면 들린다."였다.

—

오바마가 미국인의 마음을 움직인 리더십의 핵심은 경청인데, 오바마는 참모들과 회의를 할 때 아무 말도 하지 않는 사람이 있으면 반드시 질문을 던진다. "당신은 정말 조용하게 있네요." 가만있는 사람의 말까지 항상 들으려 했다. 그는 다른 의견을 제시하는 사람들의 말을 듣고자 했다. 또한 그 가운데에서 반대하는 사람의 말을 더 듣고 싶어 했다. 자신의 주장을 강하게 떠들썩하게 주장하는 참모보다는 반대 의견을 갖고 있으면서도 침묵을 지키는 참모의 이야기를 더 듣고 싶어 했다. 바로 조용한 반대자의 목소리에 귀를 기울이는 것이다.

부드럽지만 강단 있다

부드러운 카리스마, 확고한 세계관과 경영

기원전 11세기경 삼손(Samson)은 성경에 나오는 사람 가운데서 가장 힘센 사람이었다. 삼손은 이스라엘 사람이었지만 블레셋 여인을 아내로 선택했다. 자신의 결혼 피로연에 삼손은 블레셋인들을 초대했다. 그들에게 삼손은 수수께끼를 냈다. "먹는 자에게서 먹는 것이 나오고 강한 자에게서 단것이 나왔는데 이것은 무엇인가?"(답은 사자에게서 꿀이 나온 것) 블레셋인들은 답을 알 수 없었다. 그들은 삼손의 아내 들릴라를 통해 남편에게서 수수께끼의 답을 얻어달라고 부탁했다. 그녀는 삼손 앞에서 흐느껴 울기 시작했다. 자기에게만 그 답을 알려달라고 하면서. 여자의 눈물, 그것도 아내의 눈물을 본 삼손은 아내에게 그 답을 알려주고 말았다. 블레셋인들이 질문에 답을 말하자 삼손은 버럭 화를 내었다. 아내를 시켜 그 답을 알아낸 것에 분노가 치민 삼손은 무려 서른 명을 그 자리에서 때려죽였다. 또한 그들의 밭에 불을 질렀는데, 여우의 꼬리에 횃불을 매달아 모두 태워버렸다. 나귀 턱뼈로 수많은 블레셋인들을 죽이고, 블레셋의 도시 가자의 거대한 성문을 떼어버리기도 한다. 이 때문에 많은 블레셋인들의 원한을 사게 된다. 그들은 삼손에 대한 복수를 모색한다.

블레셋인들은 들릴라를 이용해 삼손의 약점을 찾으려 했다. 그녀가 약점이 무엇인지 물을 때마다 삼손은 매번 거짓으로 대답했다. 하지만 사랑하는 여인이 자꾸 조르니 결국 자신의 약점을 털어놓았다. 그의 약점은 긴 머리털을 자르면 힘을 잃게 된다는 것. 들릴라의 무릎을 베고 잠들어 있을 때, 삼손의 머리털이 잘려나갔고 그는 힘을 잃었다. 힘이 없어지자 블레셋인들은 그의 눈을 안 보이게 하고 방아를 돌리는 노예로 부려먹었다.

그러나 머리털이 자라면 그의 힘이 다시 생긴다는 사실을 그들은 몰랐다. 그들은 그런 것도 모르고 한데 모여 삼손을 다곤 신전으로 끌고 가서는 한껏 조롱했다. 삼손은 기둥에 손을 가져갔다. 마침내 삼손은 신전의 기둥을 무너뜨렸다. 곧 신전 전체가 무너졌고 삼손은 그들과 함께 무너진 신전더미에 깔렸다. 스스로 목숨을 버려 복수를 한 것이다. 사사기 16장 30절에 따르면 그가 죽을 때 죽인 자가 살았을 때 죽인 자보다 더 많았다고 한다.

삼손이 블레셋 사람을 죽이지 않았다면, 블레셋 사람도 그를 죽이려 하지 않았을 것이다. 머리털을 잘린 그를 도와주는 사람이 하나도 없었다. 자신의 힘에만 의존했고 그것으로 충분하다고 보았기 때문이다. 그는 부드러우면서 유연한 태도를 전혀 갖추지 못했다. 또한 자신의 내적인 충동, 욕망, 분노들을 절제하지 못하고 그것을 외부로 발산했다. 결과적으로 그는 스스로 목숨을 끊으며 많은 사람들을 죽이는 복수에 몰입하고 말았다. 삼손을 통해 우회적으로 알 수 있는 것은 겉으로 강한 사람은 내적으로 약하다는 점이다. 왜 그럴까. 자기 통제력에 주의를 덜 기울이기 때문이다. 여자의 눈물과 부탁에 약하고, 충동이나 분노조절에도 서투르다. 삼손은 힘이 강해 다른 이들은 우습게 여겨 조력자를 두지 않았다. 그러니 머리칼이 잘려 노예로 전락하기까지 그를 구해주거나 위험에서 꺼내주는 이들은 찾을 수 없었다. 모두들 그를 무서워할 뿐이었다.

삼손은 1인자 리더십으로 인해 스스로 붕괴되었다.

외유내강(外柔內剛)은 말 그대로 겉은 부드러워 보이지만 속은 더없이 강하다는 뜻이다. 삼손은 외강내유였다. 《후한서(後漢書)》는 "부드러움은 굳셈을, 약한 것은 강함을 제어한다(柔能制剛 弱能制强). 부드러움은 덕(德), 굳셈은 적(賊)이다(柔者德也 剛者賊也)."라고 했다.

노자는 《도덕경》에서 "약한 것이 강한 것을 이기고, 부드러운 것이 억셈을 이긴다. 천하에 모르는 사람이 없지만, 실천할 줄 모른다(弱之勝强 柔之勝剛 天下莫不知 莫能行)."라고 했다. 부드러운 것이 억세고 강한 것을 이긴다는 말은 매우 많이 쓰이는 노자의 말이다. 그때도 그렇고 지금도 이를 잘 알고 있음에도 우린 잘 실천을 하지 않는다. 옛날이나 지금이나 다 마찬가지인 셈이다. 또한 부드러운 것은 살아 있는 것이고 생명성을 의미한다. 생명은 창조를 내포한다. 노자는 "딱딱하고 뻣뻣함은 죽음의 무리이고(故堅强者死之徒), 부드럽고 말랑말랑함은 삶의 무리이다(柔弱者生之徒)."라고 했다. 바위는 단단하지만 죽어 있다. 나무는 바위보다 부드럽다. 나무는 바위를 깨고 뿌리를 내리며 산다. 나무의 물성(物性)은 물에 기초한다. 생명의 핵심은 물이다. 물기가 있으면 살아 있고 없으면 죽는다. 물은 바위를 뚫는다. 노자는 물을 '상선약수(上善若水)', 즉 세상에서 가장 선(善)하다고 했다. 물은 높은 데서 낮은 곳으로 흐른다. 큰 바위에 가로 막히면 몸을 나누어 앞으로 나아간다. 가파른 계곡에서는 빨리 달리고, 평평한 강물에서는 유장하게 흐른다. 깊은 웅덩이를 차근차근 밑에서부터 채운 다음 뒤에 흘러넘쳐 나아간다. 물은 부드럽지만 결코 뒤로 가지 않으며 항상 앞으로 나아간다. 약하고 부드러운 물이야말로 강하고 세며 단단하지만, 죽은 땅에서 피어나는 생명 탄생의 근간이다. 지구의 생명체가 바다에서 나온 것은 이 때문이다. 부드럽고 약한 것은 오히려 힘을 얻지만, 강하고 억센 것은 오히려 힘을 앗는 대상이 된다. 《후한서》는 "약함은 사람의 도움을 받고 강함은 사람의 공격을 받는다(弱者人之所助 强者怨之所攻)."라고도 했다. 삼손이 강하게만 행동하지 않았더라면 그는 그렇게까지 위기에 몰리지 않았을지도 모른다. 그렇기 때문에 2인자 리더십에서는 자기 힘을 보존하고 오히려 더 힘을 얻을 수 있는 방식을 취하는 것이다. 1인자 리더십은 힘을 얻는 것이 아니라 드러내는 데 치중하다가 오히려 자기의 힘을 빼앗기는 것은 물론 자신의 붕괴를 재촉하게 된다.

1인자들은 단단하지만 부러지기 쉽다. 2인자들은 물렁물렁하거나 흔들거리는 것 같지만 쉽게 부러지지 않는다. 그들은 풀이다. 풀은 자연의 원칙에 충실하다. 뿌리를 확고하게 뻗고 하늘거린다. 2인자 리더들은 원칙을 알고 있고 기본에 충실하다. 그리고 자신의 일이 있으며 그에 대해 확고하게 입지를 다지고 있거나 경험, 전문적인 식견이 쌓여 있기 때문에 여유가 있다. 또한 잘 알고 있기 때문에 한결 부드럽다. 힘이 없는 것이 아니라 강하다. 진리를 본 사람이 가능한 것이다. 자신의 세계관이나 가치관은 확고하게 유지하면서 상황에 맞는 태도를 자유자재로 구사한다. "자기 자신을 믿어야 함과 동시에 관대하고 유연하고 언제라도 생각을 바꿀 준비가 되어 있어야 한다." 아우렐리우스의 《명상록》에 나오는 말이다. 강함은 바로 그 유연한 변화를 수용하는 태도에서 나온다. 풀은 바람에 눕지만 결코 꺾이지 않는다. 낙락장송은 폭풍우에 맞서지만 고고하면 결국 꺾이고 만다. 낙락장송은 혼자서 있어야 멋있지만 동료가 없을수록 점차 가지가 하나둘 꺾이고 만다. 그리고 나중에는 몽둥이만 남는다. 혼자 고고하지만 그 주변에는 아무도 없다. 그러나 풀은 홀로 있을 수 있으랴. 어디든 돋아난다. 다른 사람들과 같이 있을 때 더 번성한다.

카리스마는 1인자 리더십의 특징을 담아왔다. 그런데 카리스마는 1인자들을 가리키는 단어인 것처럼 보이지만 그 원래 의미는 2인자 리더십에 가깝다. '카리스마'라는 단어는 고대 그리스어에서 비롯했는데, 애초의 뜻은 '하나님의 은총의 선물'이었다. 예언과 치료, 말하는 능력 등을 포함하는 기적과도 같은 영적인 능력을 의미했던 것이다. 이 때문에 '카리스마'의 사전적 정의는 '예언이나 기적을 나타낼 수 있는 초능력이나 절대적인 권위' 혹은 '사람들이 따르도록 하는 능력이나 자질'이다. '카리스마' 하면 많은 사람이 강렬하고 압도적인 특징이나 능력을 연상하는 이유가 되겠다. 기원후 50년경 사도 바울의 서신에서 처음 사용됐다. 현대의 '카리스마'의 의미는 20세기 초 독일의 사회학자 막스 베버(Max Weber, 1864~1920)의 저작에서 비롯했다. 베버에게 카리스마는 특별히 타고난 재능을 의미한다. 어떤 사람을 비범하다고 여기게 만드는 개인의 특징으로 봤다. 그는 니체의 영향을 받아 카리스마적 지도자가 이끄는 민족주의를 좋아했다. 여하간 사람들을 따르게 하는 데 가장 강력한 것은 바로 영적인 능력으로 이끄는 것이다. 영적인 능력은 정신적인 영역에 해당한다. 즉, 마음을 압도하는 무엇인가이다. 물리적인 힘을 가지고 강압적으로 한다고 마음을 움직일 수 있는 것은 아니다.

《카리스마의 역사》에서 존 포츠는 "카리스마는 하나의 개념으로서 이성과 신앙 사이의 공간에서 맴돌며, 신비롭고 설명하기 힘든 무언가의 특징을 가지고 있다."라고 했다. 그는 1960년대에 카리스마는 특히 정치인에게서 나타나는 강한 개인적 매력이나 자력을 의미하게 됐다고 했다. 이런 변화를 일으킨 중요한 계기는 존 F. 케네디(1917~1963) 전 미국 대통령이었다. TV에 등장하여 자신감과 에너지를 발산해 많은 사람들을 사로잡은 케네디를 많은 미디어들은 "카리스마가 있다."라고 했다. 올리비아 폭스 카반은《카리스마, 상대를 따뜻하게 사로잡는 힘》에서 '힘'뿐만 아니라 '정(情)'이라는 요소가 카리스마를 구성하는 핵심이라고 했다. 힘은 있지만 정이 없는 사람은 인상적일 수는 있겠지만 카리스마 있는 사람으로 생각되지 않는다. 클린턴 전 대통령과 대화를 나누다 보면 힘을 갖고 있으면서도 나를 참 좋아해준다는 인상을 받는다고 한다. 빌 클린턴 전 미국 대통령과 만난 사람들은 곧잘 "클린턴과 얘기를 하고 있으면, 그 사람에겐 세상에 나밖에 없는 것 같은 기분이 들어요."라고 말했다.

이런 사람에게 쉽게 매력을 느낀다는 것. 반면, 정은 있어도 힘이 없는 사람은 타인의 호감을 쉽게 사지만 카리스마는 없다. 좋은 사람이지만 따르고 싶은 사람은 되지 못한다. 힘과 정을 모두 갖춰야 존재감과 매력 있는 사람이다. 정이라는 것은 다른 말로 하면 다른 누군가를 사랑하고 좋아한다는 말이다.

"사랑이 결여된 힘은 무모하고 독단적이다. 그러나 힘이 결여된 사랑은 유약하다."라는 말을 떠올릴 수 있다. 강하기만 하고 누군가를 좋아하는 마음을 가지지 않는다면 그를 따를 사람은 없다. 자기를 좋아하고 사랑해주기만을 바라고 누군가를 좋아하고 사랑해주지 않으면 그에게 리더십을 느낄 수 없는 것이다. 중요한 것은 마음을 담는 것이다. 올리비아 폭스 카반은 "일상의 상호작용에 선의가 개입하면 보디랭귀지에 정, 친절, 배려, 연민 같은 카리스마와 관련된 자질들이 훨씬 더 많이 배어든다."라고 했다. 마음이 겉으로 드러나고 그것이 사람들을 이끈다는 것이다. 또한 그 마음은 도덕적, 윤리적 그리고 사회적인 가치들이 내재되어 있을수록 좋다. 베버의 카리스마의 원천에도 도덕적 실천의 모범이 포함되어 있다. 정이나 사랑을 말한다고 해서 그들은 감정에 쉽게 경도되지 않는다.

'서번트 리더십'을 처음 말한 로버트 K. 그린리프는 "유능한 리더들은 보통 예민하게 깨어 있고 사리분별에 고심한다. 그들은 위안을 구하지 않으며, 내면의 평온을 유지한다."라고 했다. 그들은 무엇보다 내적으로 평안함을 가지고 있기 때문에 그런 감정에 흔들리지 않고 사리분별에 맞게 정확히 행동한다. 그들은 유연하지만 쉽게 흔들리지는 않는다.

베버에 따르면 카리스마 권력은 사회적 위기 때 등장했다가 그 사회가 일상의 질서를 되찾으면 서서히 사라져 전통적 권력이나 합리적 · 법적 권력에 그 자리를 내준다고 봤다. 그렇다면 지금은 어떤 시대인가 묻는다면 어떤 리더십이 필요한지 알 수 있다. 평온하지 않고 사회적 위기가 겹쳐 있다면 부드러운 카리스마가 필요하다. 물론 근본을 보았을 때, 카리스마 리더십 자체가 사람들을 마음과 영적으로 사로잡는 것이라면 2인자 리더십에 더 가깝지만 말이다.

막스 베버의 강력한 카리스마론이
21세기에는 본래의 부드러운
카리스마론으로 회귀하고 있다.

최고의 리더라면 오늘도 스스로에게 먼저 이렇게 물어봐야 한다. "나는 나에 대한 공격에도 화내지 않을 수 있는가? 근본적인 목적을 위해 무엇이든 받아들일 여유와 유연함이 있는가?"

TIP

말레이시아는 인구의 60% 이상이 무슬림인 이슬람 국가이자 말레이계, 중국계, 인도계, 기타 소수민족으로 이루어진 다민족 국가다. '과격파' 이슬람 종교 정당도 버젓이 존재한다. 그럼에도 마하티르가 통치하는 22년간 단 한 건의 테러나 소요 사태도 발생하지 않았다. 마하티르는 코란의 가르침을 바탕으로 비폭력을 강조했다. 극단적 이슬람주의자들을 대할 때 경제 · 정치 논리를 내세우지 않고 종교적 가르침으로 설득했다. 중국계에 비해 경제력이 떨어지는 말레이계의 폭동을 방지하기 위해 말레이 우대정책을 펴기도 했다. 《마하티르와의 대화》에서 이런 내용을 분석한 톰 플레이트는 다음과 같이 말했다. "'테러와의 전쟁'에 급급한 미국은 종교적이고 평화적인 방법으로 이슬람 극단주의자들을 통제하는 마하티르의 리더십에 주목해야 한다." 테러와의 전쟁은 1인자 리더십이라는 말이 된다.

—

성경에 나오는 에스겔 골짜기의 마른 뼈 이야기는 리더십 차원에서도 중요한 사실을 내포하고 있다. 골짜기에 흩어진 뼈와 뼈들이 서로 연결되었고, 연결된 뼈에 힘줄이 형성되고, 살이 생기며, 가죽이 그 위에 있었다. 마지막에 마침내 생기가 들어갔고, 살아 있는 거대한 군대가 되었다. 마른 뼈가 강한 군대가 될 때 가장 연한 피부는 겉에, 가장 강한 뼈는 속에 있었다.

옆에 있으면 성장한다

인큐베이터

아무것도 안 보이는 칠흑 같은 밤에 앞을 못 보는 사람이 물동이를 머리에 이고는 한손에는 등불을 들고 길을 걷고 있었다.

앞을 못 보는 그가 등불을 들고 있으니 이를 본 사람들이 우습게 여겼다.

그와 마주친 사람이 한심하다며 물었다.

"정말 어리석군요. 앞을 보지도 못하면서 등불이 뭐란 말이오?"

이 말을 들은 소경이 말했다.

"네, 그렇지요. 저는 등불이 없어도 됩니다."

"아니 필요도 없는데 왜 들고 다닙니까?"

"나에게는 필요가 없지만 그렇기 때문에 쓸모가 있습니다."

"아니, 도대체 그게 무슨 말이오?"

앞이 안 보이는 사람은 그때서야 자신이 등불을 들고 다니는 이유를 말하기 시작했다.

"당신이 나와 부딪치지 않게 하려는 것입니다. 만약 이 등불이 없다면 당신과 나는 부딪히겠지요. 이 등불은 나를 위한 것이 아니라 바로 당신을 위한 것입니다."

이 말을 들은 사람은 얼굴이 붉어졌다. 만약 앞을 보지 못하는 사람이 등불을 들지 않았다면, 물동이는 남아나지 않았을 것이다. 다른 사람들이 등불을 통해 앞길을 볼 수 있도록 하는 것이 결국 자신에게도 도움이 되는 것이다.

2인자 리더십을 취하는 사람 옆에 있으면 그 옆에 있는 사람도 성장한다. 이는 상생이나 서번트 리더십과 다른 개념이다. 상생은 서로 산다는 개념이고, 서번트 리더십은 인위적으로 섬기고 봉사하는 점에 힘이 실린다. 상생은 서로 산다는 생존적인 의미이고, 서번트는 누구를 위해 뒷받침을 한다는 말이다. 더 잘되고 성장하며 발전하는 것과는 거리가 있다. 1인자 지향의 사람들은 상대방이 무슨 말을 하면 그 말이 담고 있는 내용보다는 없는 내용, 결핍을 지적한다. 부족하거나 미흡한 점 혹은 잘못된 점을 말한다. 그렇게 말하는 것은 진정으로 그 사람을 위하기보다는 자신을 위한 것이다. 그렇게 부족함, 미흡함, 잘못된 점을 지적한 사람일수록 뛰어나고 능력이 있는 것으로 간주하기 때문이다. 중요한 것은 없는 것을 지적해내는 것이 아니라 그 일을 하는 사람이 잘하는가이다. 그 사람이 잘하려면 그 사람에게도 도움이 되고 그 사람 스스로의 성장을 돕도록 해야 한다. 그 하나의 방편은 칭찬일 수도 있다.

데일 카네기는 우리가 흔히 알고 있는 "칭찬은 무쇠도 녹인다."는 말을 했다. 2인자들은 칭찬에 인색하지 않지만 1인자들은 칭찬에 인색하다. 자신의 기준에 맞지 않다고 생각하기 때문이다. 그렇다고 해서 1

인자들이 칭찬을 하지 않는 것은 아니다. 칭찬의 효과에 대해 알고 있기 때문이다. 하지만 2인자 리더십의 사람들은 그 사람의 단계에 맞게 성장 가능성을 더 고려하고 칭찬한다. 1인자가 구사할 수 있는 칭찬은 형식적인 칭찬이다. 결과를 바라는 칭찬이다. 결과가 나오지 않으면 칭찬을 그만둔다. 이런 칭찬은 역효과를 내기 쉽다. 오히려 그들은 화를 내거나 질책을 하고 책임을 물으려 한다. 이는 칭찬을 하지 않은 것보다 못하다.

하지만 2인자들의 칭찬은 그렇지 않다. 칭찬을 받는 사람을 중심으로 생각하기 때문이다. 즉, 절대적인 기준이 아니라 성장의 과정이라는 상대적인 관점을 생각하기 때문에 자연스러운 칭찬이 나오게 된다. 세계적인 베스트셀러《성공하는 리더들의 7가지 습관》의 스티븐 코비 박사는 "새로운 시대의 리더십은 통제가 아니라 전인적인 인간의 능력을 발휘하게 하는 것"이라고 말한 바 있다. 사람이 가지고 있는 능력을 스스로 잘 발휘할 수 있도록 하는 것이다. 어떤 수단이나 방편으로만 활용하는 것에서 벗어나라는 말이겠다. 칭찬은 이러한 맥락에서 사용되어야 한다.

다음으로 살펴볼 수 있는 것은 다른 사람의 언행이나 결과물에 대해 가치부여를 하고 더 잘할 수 있도록 만드는 능력이 2인자 지향 리더들에게 내재하는 점이다. 박명수는 매체 인터뷰를 통해 유재석의 이러한 경향을 지적한 바가 있다. 즉, "유재석이야말로 작은 애드리브까지도 더 재미있게 포장하고 표현해줄 수 있는 능력을 가진 진정한 1인자 MC"라고 말한 바 있다. 유재석은 다른 사람들의 말을 더 재미있고 의미 있게 만든다. 자신이 앞에 나서서 다른 사람의 우위에 서려고 하지 않는다. 정말 중요한 것은 프로그램 자체가 재미있어서 시청률이 많이 나오는 것이다. 재미는 바로 서로서로를 북돋워주기 때문에 자연발산하는 재능과 끼 때문에 가능하다. 그 프로그램에서 누가 더 주목을 받는가는 별로 중요하지 않다. 오히려 서로 다투다가 시청률이 나오지 않으면 둘 다 활동토대를 잃어버리게 된다. 프로그램 전체의 질을 높여주기 위해서는 다른 출연자의 언행을 더욱 의미 있고, 가치 있게 만드는 것이 필요하다. 심지어 유재석은 자신이 망가질 지점에서는 확실하게 망가진다. 이를 통해 상대방을 돋보이게 하거나 웃음 코드를 제공하여 충실히 자신의 본분을 다한다.

이 대목에서 로마 시인 베르길리우스의 명언도 생각난다. "사람은 악기와도 같아서 누가 다루는가에 따라 소리가 달라진다." 어떻게 그것을 연주하는가에 따라 음악이 달라지거나 제대로 된 음악이 나올 수 있다. 그것은 사람을 누가 어떻게 다루는가에 따라 많이 달라질 수 있음을 말한다.

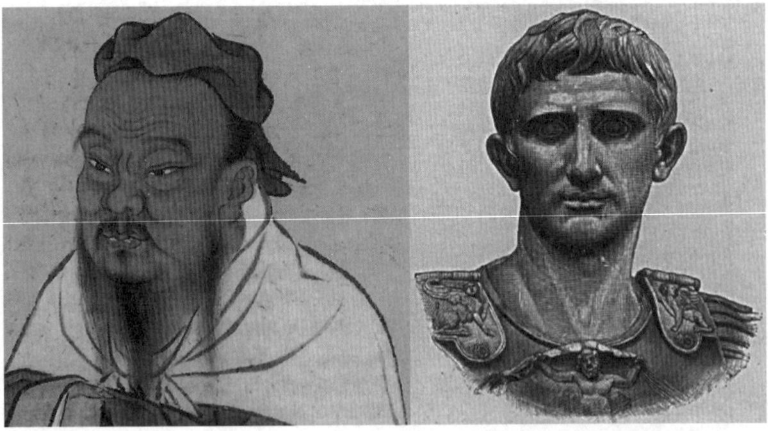

공자와 베르길리우스는 모두 인재의 잠재성 발현을 우선했다.

공자도 "군자가 사람을 부릴 때에는 각자의 재능과 기량에 맞게 쓴다."고 말했다. 단지 그냥 쓰는 데 그치는 것이 아니라 좀 더 낫게 한다. 이런 점은 공자가 "군자는 남의 아름다운 점을 키워주고, 남의 단점은 이뤄지지 않게 한다."고 말한 대목에서 알 수 있다. 그 결과는 어떨까? 그 사람에게만 머무는 것이 아니라 더 많은 사람들을 불러 모으는 힘으로 작용한다, 예컨대 공자는 "가까운 인재를 기쁘게 하면 멀리 있는 인재는 알아서 찾아온다(近者悅 遠者來)."라고 했다. 성장을 시켜주는 스승은 그만큼 따르는 사람이 많아지고 그것이 바로 리더십의 시작이 된다. 이는 단지 기능적인 성장이나 재능 중심의 발전 개념이 아니다. 아무도 예측할 수 없는 창조적인 일들을 일으켜낸다. 그것은 혼자의 힘이 아니라 여러 사람이 같이하는 가운데 만들어지는 것이다.

프란치스코 교황은 "내가 만일 단 한 사람이라도 보다 나은 삶을 살도록 도울 수 있다면, 그것만으로도 이미 내 인생이란 선물이 이유 있음을 충분히 증명한 것입니다."라고 말한 바 있다. 이렇게 다른 사람의 삶을 더 낫게 하는 삶은 더욱 가치가 있다고 말한다. 이런 태도야말로 2인자 지향의 리더의 모습으로 혼자가 아니라 여러 사람을 통해 그 여러 사람, 나아가 공동체의 사람들에게 복으로 되돌아올 수 있게 하려는 마음자세이다.

이런 맥락에서 조직 안의 리더십을 보자. 미국 와튼스쿨 마이클 유심 교수는 먼저 리더십이라는 용어에 대한 정의를 내려 달라는 질문에 "지역사회, 기업, 국가 등 여러 사람이 모인 집단에서 다른 사람의 인생에 변화를 만드는 행동을 하는 자질이 바로 리더십이다."라고 했다. 여기에서 변화는 좀 더 나은 긍정적인 발전을 말하는 것이다. 인생의 변화는 삶을 좋게 변화시키는 것이고 그것은 질적인 성장을 의미한다. 단지 회사나 조직에 도움이 되고, 안 되고의 차원을 벗어나는 것이다. 삶이 좋게 변화하면 기업이나 조직에도 도움이 되기 때문이다. 또한 그는 "타인의 리더십을 길러줄 수 있는 것이 사실 진짜 리더십이다. 이제 막 리더 단계로 올라가려는 사람들에 대한 개별 멘토링과 코칭을 장려하고 동료나 후배가 잘 아는 분야에서 벗어나 낯선 분야에서도 일할 수 있는 기회를 적극적으로 제공하라."고 말했다.

국가적인 리더십도 마찬가지다. 특히 하지 말아야 할 말과 할 말이 있다. 톰 플레이트가《리콴유와의 대화》에서 적은 내용을 보면, 카터에 대해서는 혹평한 것을 확인할 수 있다. 리콴유는 왜 그를 혹평했을까? "대통령 별장에서 오래 고민을 하고 나서 한다는 말이 고작 미국인들이 심각한 위기에 빠져 있다는 말이었습니다. 리더란 사람들을 격려하고 자극하는 자리이지, 자신의 복잡한 생각을 공유하는 자리가 아니죠. 카터의 그 연설(1979년 연설)은 미국인들을 낙담하게 만들었을 뿐입니다."

카터는 자신이 얼마나 복잡한 상황, 즉 어려운 처지에 있는지를 국민에게 알리는 데 치중했던 것이다. 중요한 것은 국민에게 좀 더 희망과 힘을 줄 수 있는 연설을 했어야 하고, 국민이 어려운 상황을 극복해가는 데 촉매 역할을 했어야 한다는 것이다.

즉, 희망과 비전을 통해 긍정적인 방향을 제시하는 게 리더이다. 맥스웰 박사는《리더십의 법칙》,《리더십 101》 등의 책으로 한국에도 널리 알려져 있는데, "특히 사람을 만날 때 항상 'HOPE'를 가지고 사람들과 의사소통을 하라고 권하고 싶다."라고 말했다. 'HOPE'란 희망(Hope), 사랑(Love), 상대에 대한 가치부여(Personal values), 격려(Encouragement)의 글자를 딴 것이다. 그의 말은 "사람들을 만나고 이야기를 나눌 때 비관적인 이야기보다는 희망적인 말을 하며, 그 사람의 가치를 인정하고 격려하라는 것"이다. 또한 사랑으로 헌신한다면 그를 따르게 되고 소기의 목적을 이루게 된다는 것이다. 또한 그는 "사람들은 당신이 그들을 위해 행한 일로 인해 당신을 따르게 된다."라고 하면서 "당신은 다른 사람이 성장할 수 있도록 도와주어야 한다."라고 강조했다. 물론 리더를 양성하는 상황이라면 더욱 이러한 활동을 활발하게 해야 한다. 만약 1인자의 태도로 일관한다면 리더를 길러낼 수 없다. 이 단계에서는 장기적인 성장이 일어난다.

세계적 경영 구루 C. K. 프라할라드 교수는 리더의 역할은 알고, 지시하고, 가르치는 것에서 더 나아가 보고, 자극하고, 질문하여 다른 사람의 역량을 일깨우는 데 있다고 했다. 이를 잘하는 리더를 '멀티플라이어(multiplier)'라고 했다. 이런 리더는 주위 사람들을 더 나은 사람으로, 더 똑똑한 사람으로 만든다. 개인의 역량을 끌어내 최대로 만들고 다른 이들에게 영감을 주기 때문에 애초에 생각했거나 기대 이상의 결과도 낳게 하는 것이다. 멀티플라이어 리더는 자신의 재능에 국한하지 않고 다른 사람의 재능을 이끌어내 전체로 확장시킨다. 사람들에게서 끌어내는 브레인 파워가 워낙 커 비용을 들이지 않고서도 직원을 두 배 더 거느리는 것과 같다고 했다. 이를 '멀티플라이어 효과(multiplier effect: 배가 효과)'라고 한다.

똑똑한 리더는 다른 이들의 똑똑한 면을 이끌어내는 데 별로 관심이 없다. 이는 1인자 리더십의 특징과 같다. 왜냐하면 그들은 자기가 제일 똑똑하다는 것을 항상 보여줘야 한다고 생각하기 때문이며, 다른 사람의 똑똑함이 자신의 똑똑함을 가린다고 생각한다. 이런 생각에 끊임없이 시달려 스스로를 피곤하게 만든다. 그리고 결국에는 다른 사람들의 신뢰와 협력도 잃고 만다. 이렇게 혼자 자신을 드러내는 사이 다른 사람들의 역량 발휘가 줄어들거나 위축되는 것을 '디미니셔(diminisher)'라고 한다. 디미니셔는 보통 20~50%, 평균 40%를 끄집어냈다. 멀티플라이어는 70~100%, 평균 88%였다. 즉, 멀티플라이어가 디미니셔의 2.3배에 이르는 배가 효과(multiplier effect)를 이끌었다.

무엇보다 서로를 성장시키는 '문화'의 형성이 중요하다. 이는 선순환의 문화가 확립될 때 더욱 가능해진다. 선순환의 문화는 상생을 포함해서 '상성(相成)', 나아가 '상성(相盛)'을 구가해야 한다. 다른 사람의 성장을 이루어주면 그 성장이 다시 성장을 이뤄준 사람을 성장시켜주는 인큐베이팅의 선순환이 이루어져야 한다. 그것은 서로 상성을 이뤄준다는 신뢰에 기반을 두고 있어야 한다.

그런데 기업의 목적은 이윤 추구인데, 이러한 지적은 뜬구름 잡기가 아닐까. 다음 말을 마지막으로 언급하고 싶다. 《나는 왜 이 일을 하는가》를 쓴 사이먼 사이넥은 《리더는 마지막에 먹는다(*Leaders eat last*)》에서 기업문화를 자연스럽게 만들어가는 리더의 역할을 강조하는데, 그 첫 출발이 돈을 벌기 위해 직원을 이용하는 게 아니라 직원을 성장시키기 위해 돈을 들여 기업 성장의 선순환을 이뤄야 한다고 말했다. 직원의 성장을 위해 돈을 들일 때, 그것이 선순환으로 기업의 성장과 이윤창출로 이어진다는 말이다.

TIP

"인간과 인간 사이에 존재하는 진실 속에 모든 게 이어진다. 진실만 있으면 어떤 경우, 어떤 사람하고도 보이지 않는 실로 이어지게 된다. 나는 리더로서 선수들을 챙길 수 있는 위치에 있다는 게 행복하다. 선수들에게 힘을 줄 수 있는 위치에 있다는 것이 역으로 절실하게 고마운 것이다. 절실한 순간을 끌어안는 사람은 영원한 순간을 차지할 수 있다. 리더는 사람을 살려야 한다. 리더는 절대 사람을 버리지 않는다."

— 김성근, 《리더는 사람을 버리지 않는다》

—

위험을 기꺼이 감수하는 기업가적 리더, "안트러리더(Entreleader)가 되려면 시중을 드는 사람이 돼라. 부모 노릇을 함으로써 자녀에게 봉사하는 것과 마찬가지로 팀을 통솔함으로써 팀에 봉사한다는 뜻이다. 팀원을 가르치고 멘토링하는 것도 봉사하는 것이고, 팀원을 질책하거나 이직을 권고하는 것도 그 팀원에게 봉사하는 것일 수 있다."

— 데이브 램지, 《안트러리더십》

—

"리더가 사람의 마음을 얻는 것은 퍼주기식 자비가 아니라 제대로 된 용인술을 발휘할 때 가능하다. 사람을 존중하고 사랑하되 곧은 인재와 그렇지 않은 인재를 분별해 활용하는 안목을 갖춰야 한다."

— 김성회, 《용인술, 사람을 쓰는 법》

비워야 쓴다

허(虛)의 리더십

TV 다큐멘터리에 등장한 물총새 새끼들이 화제가 된 적이 있었다. 물총새 어미가 물어다주는 먹이를 받아먹는 새끼들의 모습은 다른 새들과 같아 보였다. 하지만 물총새들의 행동은 많은 사람들을 놀라게 했다. 대체로 서로 달라고 다투는 데 비해 물총새 새끼들은 반대의 모습을 보였기 때문이다.

먹이를 먼저 받아먹은 새끼는 뒤로 물러났다. 다른 형제를 위해 자리를 양보하는 것이었다. 그것도 맨 뒤로 가서 줄을 섰다. 그리고 다시 자신이 먹이를 얻을 차례를 기다렸다. 인간과 다를 바 없는 모습이었다. 어떻게 보면 인간보다 나은 측면이 있다. 물총새 새끼들은 미물일지라도 자신이 앞자리를 비우니 다시 다른 이들이 그 자리를 채우고 다시 그 자리를 비울 때 결국 자신의 차례도 오는 법칙을 너무도 자명하게 알고 있었다. 만물의 영장이라는 인간을 다시 한 번 되돌아볼 수밖에 없는 장면이었다.

2005년 이탈리아 마스터스 대회에서 테니스 챔피언 앤디 로딕은 스페인 출신의 페르난도 베르다스코와 경기를 벌였다. 로딕에게 유리한 매치 포인트의 순간이었다. 베르다스코가 두 번째 서브를 했는데 선심은 아웃을 선언했다. 관중은 로딕에게 환호를 보냈다. 베르다스코는 경기가 끝났다고 생각했다. 그리고 네트로 다가섰다. 그런데 로딕이 "잠깐이요."라고 말했다. 그는 제 잘못이라고 했다. 그 점수를 받아들이지 않았다. 그는 공이 선 안에 들어왔다고 말했다. 그 증거로 주심에게 코트 위의 희미한 자국을 가리켰다. 주심은 로딕의 이의를 받아들여 판정을 번복했고, 포인트는 베르다스코에게 주어졌다. 사람들은 로딕의 이 같은 모습에 깜짝 놀랐다. 로딕은 자신에게 불리한 이의 신청을 했다. 결국 경기는 로딕의 패배로 끝났다. 만약 가만히 있었다면 승리하고 마는 게임이었다. 하지만 그는 그러지 않았다. 그런데 그는 승리보다 더 큰 것을 얻었다. 그것은 바로 신뢰였다.

마음을 내려놓는다는 것은 마음을 비우는 것이다. 노자는 이렇게 말했다. "비워야 더 많은 것을 채울 수 있다. 가득 채우면 더 이상 쓸모

2인자 리더십의 정수를 담은 《도덕경》은 노자가 저술한 것으로 알려져 있다.

가 없다." 노자는 《도덕경》에서 "끝까지 지키고 정을 독실하게 지켜라(致虛極 守精篤)."라고 했다. 석가모니는 방하착(放下着)을 말했다. 방(放)은 '놓다', 착(着)은 '집착'을 의미하기 때문에 방하착은 집착을 내려놓는다는 말이다. 이 세상 모든 것이 본래 공(空), 즉 비어 있다는 것을 전제로 한다. 그러므로 '나' 그리고 '내 것'이나 '자기 고집'에서 벗어나라는 것이다.

케노시스(Kenosis)는 그리스어로 '비움'을 뜻한다. 예수가 자신을 비우고 '아무런 명성 없는 존재'로 만든 것을 가리킨다. 욕심을 너무 많이 부리지 않으니 더 욕심을 부릴 일이 많다. 그것을 채울 수 있는 여력도 많아진다.

집단생활을 하는 개미 중 80%가량은 별다른 일을 하지 않는다고 한다. 즉, 20%는 항상 일을 한다. 이를 80/20법칙이라고 한다. 하지만 항상 그 개미들만 일하는 것은 아니다. 80%는 비워주는 것이고, 20%는 앞에 나서는 것이다. 모두 일만 하면 모두 일을 할 수 없다. 그것은 돌아가면서 이루어지는 비움의 법칙인 셈이다. 항상 일하는 개미만 일하는 것도, 노는 개미만 항상 노는 것도 아닌 것이다. 개미 이야기가 나온 김에 개미귀신에 대해 말하면, 개미귀신은 땅에 깔때기 모양의 구멍을 파서 개미가 미끄러지게 하는 전략으로 먹이를 잡는다. 하지만 아무리 힘들게 판 구멍이라도 일정 시간 이상 개미가 걸려들지 않으면 과감히 장소를 옮긴다. 이는 과감하게 자신의 욕심을 버려야 얻을 수 있음을 말해준다.

불경에 '진공묘유(眞空妙有)'라는 말이 있다. 마음을 비우면 오묘한 일이 일어난다는 뜻이다. '비어 있다[眞空]는 것'은 무한한 창조의 가능성[妙有]을 가지고 있다는 뜻이다. 진공(眞空)은 비공(非空)의 공(空)이 진정한 비어 있음을 말한다. 묘유(妙有)는 비유(非有)의 유(有)가 진정으로 있음을 의미한다. 가득 차 있음이 비어 있음이고 없음이 있음인 것이다.

《예기》에 나오는 '직이물유(直而勿有)'는 자신의 의견을 정직하게 개진할 뿐이고 자신의 견해를 고집해서는 안 된다는 말이다. 《주역》의 '군자이허수인(君子以虛受人)'은 마음을 비워 남의 의견을 받아들인다는 뜻이다. 아무런 악한 마음 없이 열린 마음으로 남의 말과 행동을 잘 받아들인다는 뜻이다. 마음을 비우면 남의 가르침이나 일깨움이 들어오지만 그렇지 않으면, 즉 마음을 비우지 않으면 진리의 말은 들어오지 않는다는 뜻이기도 하다. 자신의 주장만 가득 채우고 있으면 다른 사람들의 아이디어나 생각이 들어올 틈이 없다. 그러면 문제가 해결되지 않고 부족한 점은 채워질 수 없다. 또한 새로운 창조가 일어날 수 없다. 새로운 창조는 비어야 있을 수 있다. 가을걷이를 통해 밭을 비워주어야 새로 밭을 갈고 씨를 뿌려 농작물을 심을 수 있다. 그릇은 비어야 그 안에 채울 수 있다. 솥은 항상 다른 것을 넣어 끓이고 밥을 만들어낸다. 사람들은 솥보다는 솥 안의 음식을 열렬하게 원한다. 음식은 항상 사람들이 찾는 것이지만 끊임없이 갈려나간다. 그렇지만 솥은 항상 그 자리에 있다. 솥은 열을 견디고 증기를 버티어낼수록 좋은 음식을 맛있게 만들어낸다. 솥이 비어 있지 않으면, 무엇인가로 채워져 있으면 뜨끈하고 맛있는 음식과 밥은 있을 수 없다. 이 대목에서 컵 안의 물에 대한 화두도 다시금 한 번 생각해보자.

한 사람이 말했다. "물이 반밖에 남지 않았습니다." 다른 사람이 말했다. "물이 반이나 남았습니다." 이를 지켜보던 또 다른 사람이 말했다. "반이나 비어 물을 부을 수 있겠구나." 두 사람이 그를 쳐다보자 다시 그는 지나치며 말했다. "갈수록 더 많이 부을 수 있겠구나. 점점 줄어드는 것이 이치일 테니."

비우는 것은 그 허허로움에 관한 두려움의 대상이 아니라 오히려 채움의 가능성을 의미하는 것이겠다. 지식이 많이 들어 있지 않으면 앞으로 채울 가능성이 더 많아지는 것을 의미한다. 경험이 없다면 오히려 앞으로 경험할 것이 더 많다. 어설프게 채워진 종이보다 순백의 하얀 도화지가 더 멋진 그림을 담을 수 있을 것이다. 어린아이는 어설프고 약해 보이지만 무궁한 가능성을 배태하고 있다. 어른은 아이보다 완전해 보이지만 그것으로 그친다.

물이 얼마나 남았는가?
아니면 더 채울 수 있는가?

빔의 원칙은 사람에게 휴식이나 휴가가 필요한 이유이며, 잠을 자는 까닭은 비워냄으로써 새롭게 무엇인가를 넣기 위함이다. 사람에게 멍하니 있는 것만큼 머리에 좋은 것도 없다는 말이 있다. 그러나 우리는 쉬는 시간에도 스마트폰을 하고 모바일에 접속한다. 그렇기 때문에 뇌는 쉴 틈이 없다. 심지어 잘 때도 스마트폰에 연연해한다. 잠시라도 멍하니 있는 것이야말로 좀 더 일을 낫게 성취하는 좋은 방법이 된다. 우리가 곧잘 빠지는 멍때림, 그것은 비워내는 과정이다.

"임원의 다이어리는 너무 빼곡해선 안 된다."는 말이 있다. 《무엇이 임원의 성패를 결정하는가》에서 스콧 에블린이 언급한 말이다. 왜 일까? 그는 "임원으로서 수많은 요구에 적절하게 대응하려면 에너지를 자주 재충전하고, 관점을 늘 새롭게 바꾸는 습관을 들이고, 나가떨어질 때까지 전력질주하는 버릇을 버려야 하기 때문이다."라고 한다. 이는 열정적인 리더들이 빠지기 쉬운 오류를 지적한 말이다. 보통 때 너무 전력질주를 해버리면 꼭 필요한 때에 대응할 수 없는 상황이 된다. 또한 많은 상황과 선택 과정에 대응하려면 전력질주하지 않고 좀 덜어내고 비워내면서 충전의 시간도 가지는 것은 바로 2인자 리더들의 지향점이기도 하다. 그러나 1인자 지향의 리더들은 항상 쾌속질주한다. 그렇기 때문에 항상 바쁘고 그 바쁨을 즐기려 한다. 하지만 바쁨 자체는 생산적인 것과 거리가 있다. 그것은 자기만족이나 과시를 위한 수단이 되기 쉽다. 다른 사람이 보기에 전력을 다하지 않는다고 평가해도 자기 스스로 이러한 비움과 덜함의 원리를 체득 실현하는 것이 개인 자신이나 조직 전체에 도움이 된다.

전문가들은 이를 따르기 어려운 데는 체면, 창피함과 관련이 있다고 말한다. 움직이지 않으면 무기력하고 무능한 사람으로 비칠 수 있다는 인식이 행동 과잉을 불러온다는 것이다. 항상 어딘가에 집중해야 한다고 생각하기 때문에 멍 때리는 것 자체를 금기시한다.

《당신이 원하는 기회는 아직 오지 않았다》에서 홀름 프리베는 현대사회를 살아가는 사람들은 끊임없이 움직여야 한다는 강박관념에 사로잡혀 있다고 말한다. 그리고 이런 행동이 오히려 성공을 망친다고 지적한다.

휴식과 일의 균형이 깨진 것도 나폴레옹이 몰락한 한 가지 이유였다. 워털루 전투가 벌어질 무렵 나폴레옹의 체력과 정신력은 형편없었다. 과중한 업무 때문에 급격히 소진된 상태였다. 그 때문에 제리 마나스는 《나폴레옹 리더십》에서 "인생의 균형 없이는 장기적으로 능력을 유지할 수 없다."라고 했다. 만약 나폴레옹이 좀 덜 전력질주했다면 급격하게 붕괴되는 일은 없었을지도 모른다.

《만족을 모르는 리더》의 데이비드 도트리치는 "완벽주의 성향 때문에 고배를 마시는 임원들이 10년 전에 비해 많아졌다."고 지적했다. "모든 것을 완벽하게 하려는 사람은 디테일과 마감에 집착하는 경향이 있다."고 말했다. 이러한 집착은 결국 자기 스스로 옥죄는 결과가 되고 리더십 발휘에서도 발목을 잡히고 만다.

〈월스트리트저널〉(2014년 6월 20일)에서 조안 루블린(Joann S. Lublin)은 '더 나은 리더가 되고 싶은가? 완벽주의를 버려라'에서 전문가들이 완벽에 집착하는 것은 사실 실패를 두려워하기 때문이라고 말하며, 이런 습관으로 인해 조직에서 좌천되거나 해고될 수도 있다고 밝혔다. 대학 시절 올 A학점만 받았던 주디 머러 CIO는 직장에서도 모든 일에 완벽을 추구하려고 분투했다. 그녀는 모토로라 솔루션스에서 엔지니어로 일하던 2011년, 이런 완벽주의 성향이 승진에 크게 득이 되지 않는다는 뼈아픈 진실을 깨달았다고 한다. 당시 그녀의 상사였던 레슬리 존스 CIO는 완벽하게 일을 처리하려는 그녀의 스타일에 대해 이렇게 말했다.

> 모토로라에서 고위 관리자급으로 승진하고 싶으면, 실행에 옮기기 전에 사소한 디테일을 하나하나 완벽하게 챙기려는 강박에서 벗어나야 한다. 좋은 리더는 60%의 데이터를 가지고 결정을 내릴 수 있어야 한다.

TIP

한 연구(Review of General Psychology)에 따르면 완벽주의적인 성향이 '자살충동'과도 관련이 깊었다. 완벽주의적인 사람들은 다른 사람들과 비교해 불필요하게 높은 기준 때문에 벽에 부딪힌 느낌, 깊은 좌절, 희망이 없음 등을 자주 느꼈다. 또한 사소한 실수를 '나라는 인간, 내 삶의 전부가 쓸모없다는 증거'라고 생각하며 극도의 일반화를 했다. 완벽주의적인 사람들은 자살을 생각하게 되는데, 다른 사람들에게 감추는 것도 완벽하여 잘 드러나지 않는다. 자살도 완벽하게 수행하려 하기 때문에 성공률도 높다. 무엇보다 사회적으로 완벽주의를 장려하는 문화가 강할수록 모범생들은 이러한 완벽주의를 당연하게 체화한다. 미국의 심리학자이자 《아이와 완벽주의(부모가 반드시 찾아내 고쳐줘야 할 단 한 가지)》를 집필한 톰 그린스펀 박사는 "연구 결과를 보면 성공하는 완벽주의자는 완벽주의 때문이 아니라 완벽주의에도 불구하고 성공한다."라고 했다.

—

〈페이첵〉(감독 오우삼, 2003), 〈아이, 로봇〉(감독 알렉스 프로야스, 2004), 〈캣우먼〉(감독 피토프, 2004) 등의 영화에서 모든 문제는 CEO의 탐욕에서 비롯된다. 〈페이첵〉에서 알콤사의 CEO인 지미는 인류에게 파멸을 안겨줄 수 있는 미래 예측의 기계를 만들며, 〈아이, 로봇〉에서는 로봇의 결함을 알고도 리콜을 거부, 이를 숨기는 USR의 CEO 로버트슨이 있다. 〈캣우먼〉에서도 헤데어사의 CEO인 헤데어는 노화방지 화장품의 심각한 결함을 숨기기 위해 살인까지 자행한다. 이들 CEO의 공통점은 엄청난 야심가라는 것이다. 그리고 과신과 오만이 크다. 〈페이첵〉의 지미는 "내가 바로 미래다."라고 과신하며, 〈아이, 로봇〉의 로버트슨은 로봇을 이용해 새롭게 대형 도시를 건설하려는 야망을 불태운다. 〈캣우먼〉의 헤데어도 중독성 있는 혁신적인 화장품을 개발해 모든 여성들을 공략하겠다는 꿈을 꾼다. 그들은 성공에 대한 열정을 불태웠지만, 결국 지구 전체를 위험하게 만들었다. 혁신적인 제품을 만들겠다는 그들의 순수했던 소망이 어떻게 탐욕스런 부도덕함과 윤리적 행동으로 변하는 것일까? 모두 성공에 대한 지나친 집착이 원인이라는 결론에 도달했다. 즉, 많은 것을 채우고 소유하려는 태도가 그들의 뛰어난 능력에도 불구하고 실패하게 만들었던 것이다.

설득이 아니라 감화

머리가 아니라 심장을 움직인다

건안 2년(197년)에 반란 토벌을 맡았던 조조는 패한 전쟁터에서 전사자들을 위한 성대한 제를 올렸다. 그리고 조조는 비통한 눈물을 흘렸다. 부하들은 처음에 깜짝 놀랐다. 그런데 그가 보인 눈물은 부하들에 대한 그리움이 담겨 있었다. 이렇게 되니 살아남은 병사들을 감동케 했다. 죽은 동료 병사들에 대한 그리움이 일어나게 하면서 한편으로는 적군에 대한 적개심을 자극했다. 이 때문에 군의 사기와 전투력을 끌어올리게 되었다. 조조의 눈물이 병사들을 감화시켜 사기를 높이고 강력한 전투력으로 승승장구할 힘을 갖게 되었던 것이다.

소리 없이 강한 미국의 가구회사 허먼 밀러는 10년 연속 〈포춘(fortune)〉 선정 50대 기업에 선정됐고, 미국인들이 일하고 싶은 회사 4위에 오른 양질의 기업이다. 허먼 밀러에게는 독특한 경영철학이 있는데, 그의 경영철학을 말해주는 키워드가 '리더십은 예술'이었다. '성공한 리더는 자기 철학이 있다'는 허먼 밀러사의 리더십을 정리한 맥스 드프리는 "우선 리더도 눈물을 흘릴 줄 알아야 한다."는 점을 강조했다.

어느 날 맥스 드프리는 직원들 앞에서 장애인 사원의 어머니가 보내온 편지를 읽다가 눈물을 터뜨린다. 회의는 중단됐지만 그 눈물은 어떤 연설보다도 큰 힘을 발휘했다. 눈물은 감화를 통해 많은 사람들을 움직일 수 있는 것 가운데 하나이다.

1인자들은 상대방을 자신의 논지로 설득하려 한다. 그리고 변화시키려 한다. 이성에 호소하기 때문에 논리적인 언변을 구성한다. 논리적인 치밀함을 매만진다. 논리적으로 완벽한 구조를 만들어 상대방을 설득하려고 한다. 상대방을 꼼짝달싹 못하게 만들어 항복하도록 만든다. 정말 이런 논리적인 설득으로 변화를 이끌어낼 수 있을까. 변화가 있어도 겉으로만 드러나는 변화가 아닐까.

2인자들은 상대방을 설득하기보다는 그들이 스스로 선택하도록 만든다. 다만 감화를 주려고 한다. 감화는 상대방을 설득하려는 것이 아니라 그냥 전하기만 하면 된다. 중요한 것은 이성 논리가 아니라 마음 그리고 감성이라고 생각한다. 사람을 진정으로 움직이는 것은 이성보다는 마음 그리고 정감이라는 사실을 2인자들은 잘 알고 있다. 그들은 이성을 통해 논리를 완벽하게 구축하는 데 신경을 쓰지 않는다. 그 시간에 오히려 사람들의 마음을 어루만질 수 있는 일에 더 신경을 쓴다. 상대방의 마음의 변화에 따라 논리를 재구성하기도 하고, 자신의 논지를 유연하게 바꾸기도 한다. 하고자 하는 말을 다하지 않아도 된다. 논리에 빈틈이 있는 것보다 상대방의 마음을 상하게 만드는 것에 더 집중한다.

그러나 이렇게 마음이나 감성을 통해 전하는 것은 단지 그것만을 위해 노력하는 것이 아니다. 그런 말만 한다고 되는 것이 아니라 스스로 행동하고 실천해야 한다. 그 실천과 행동은 마음을 움직이고, 다른 이들이 스스로 영향을 받아 변화를 추구한다. 2인자 지향의 리더들은 겉으로 변화가 없어도 내면적으로 변화가 일어날 때까지 기다린다. 그러나 1인자 지향의 리더들은 겉으로 드러나지 않는 변화 때문에 초조해하고 자꾸 반복하고 채근하게 된다. 이런 경우, 변화에 대한 관심이 일다가도 사라진다.

2013년 12월, 남아프리카공화국의 만델라 전 대통령이 세상을 뜨자 반기문 유엔 사무총장은 성명을 통해 "만델라 전 대통령은 정의로운 거인이었고 우리에게 감화를 주는 소박한 사람이었다."면서 "인류의 존엄과 평등, 자유를 위한 그의 투쟁은 전 세계 많은 이들에게 영감을 주었다."고 강조했다. 감화를 주는 사람은 그렇게 거창하거나 화려하지 않다. 또한 그들은 몸소 스스로 움직이는데, 그것은 누구나 공통적으로 동의할 수 있지만 쉽게 할 수 없는 것들이기도 하다. 그것에 대한 일시적인 행위들은 얼마든지 있지만 믿음의 단계까지 실천하는 일은 드물다. 잘 드러나지 않을지라도 그것을 묵묵히 하는 모습에 사람들은 마음을 움직인다.

리더는 믿으라고 말하기보다는 믿음을 주어야 하는 존재이다. 느헤미야는 15년 동안 예루살렘 총독으로 일했는데, 100여 년이 넘도록 진척이 없던 예루살렘 성벽 중건을 불과 52일 만에 마무리했다. 바벨론 포로가 돼 수치심에 빠져 있던 유다 백성에게 선민의식을 고취시키고 부패와 타락에서 건져냈다. 어떻게 이런 일이 가능했을까. 느헤미야는 평신도 지도자였지만 인간에 대해 깊은 애정을 갖고 눈물로 공감할 수 있는 인물(느 1:4)이었다. 공감하는 마음에서 기도가 나오고 문제를 해결하기 위한 추진력이 생겼다. 《개혁지도자 느헤미야》(김홍규 저)라는 책을 보면 "개혁가는 '뜨거운 눈물'이 있어야 한다. 눈물을 흘릴 수 있는 인격에서부터 깊은 영성이 담긴 기도가 나오고 지혜도 나오고 대책도 나온다."라고 했다.

1인자 리더들은 리더십이 목표지점을 향해 끌고 가는 힘이 아니면 밀어붙이는 영향력이라는 생각이 강하다. 끌려가는 사람이 지쳐 있는데도 곧이곧대로 당근과 채찍으로 끌고 가는 리더가 많다. 당근과 채찍을 넘어서는 것이 감화이다. 조지 패튼(George Smith Patton Jr., 1885~1945)은 이런 감화의 사례를 남겼다. 제2차 세계대전 당시 패튼군단이 눈보라 속에서 진군할 때 사병들이 밤잠을 못 자고 진군하니 제대로 걷지를 못했다. 그 때문에 자동차는 수렁에 빠져서 밀고 가야 할 곤란한 상황에 처했다. 사병들은 지치고 전열은 흐트러지고 있었다. 그때 패튼 장군은 편하게 갈 수도 있었지만 일부러 지프차에서 내려 사병들과 같이 걸었다. 이를 본 병사들도 같이 걸어갈 수밖에 없었다.

감화를 주려면 다른 사람들의 처지와 감정 상태를 잘 파악해야 한다. 그러나 이러한 점이 1인자 리더십을 구사하는 이들에게는 부족할 수 있다. 스탠퍼드대 경영대학원 학술지에서 찰스 오라일리는 "자아도취적인 CEO는 감정이입 능력이 부족해 부하직원들 사이에서 호감도가 떨어진다. 그러나 그 같은 결함 때문에 죄책감을 덜 느끼기도 한다."고 말했다. 1인자형의 자아도취형 리더들은 자신의 능력이 뛰어난 점만 생각하기 때문에 다른 이들의 상태에 대해 둔감한 경우가 많다. 이 때문에 부하직원들 사이에서 호감도가 낮아 리더의 영향력을 행사하기가 쉽지 않을 것이다. 물론 감정이입 능력이 떨어지기 때문에 그에 대한 문제의식이나 잘못된 점을 생각하지 못하고 만다.

감화를 위해서는 마음을 열고 받아들이는 자세가 필요하며 진정한 대화를 나누어야 한다. 2014년 8월 17일, 해미 순교 성지 아시아 주교들과의 만남 연설 중에 프란치스코 교황은 다음과 같이 말했다.

> 대화를 위해서는 우리가 진정으로 마음을 열고 다른 이들을 받아들이는 사려 깊은 마음가짐을 가져야 합니다. 공감하는 능력은 진정한 대화를 가능하게 하며, 진정한 대화에서는 형제애와 인간애의 경험에서 나오는 말이나 생각 그리고 질문들이 생겨나게 됩니다. 진정한 대화는 마음과 마음이 소통하는 진정한 만남을 이끌어냅니다.

프란치스코 교황은 실천하는 행동으로 많은 감화를 주었다.

마음을 연다는 것은 상대방의 존재를 인정하고, 그 존재와 더불어 함께하려는 마음을 세우는 것이다. 그런 마음이 없다면 대화를 하거나 감화를 주려 해도 생각했던 대로 상황이 진전되지 않을 것이다. 또한 그도 나와 같은 존재론적 가치는 물론 능력과 경험을 가진 존재라는 인식이 전제되어야 한다. 인간애의 경험을 소통 · 공유하는 진정한 대화가 있어야 감화가 일어난다는 점을 말해주고 있는 것이다. 《카리스마, 상대를 따뜻하게 사로잡는 힘》에서 올리비아 폭스 카반은 "카리스마 있는 사람은 '자신의 매력을 발산하기보다는 함께 있는 상대방이 스스로를 매력적이라고 느끼게 하는 사람'"이라고 했다. 또한 힘은 있지만 정이 없는 사람은 리더로 인정받기 힘들다고 했다. 여기에서 정은 인간애라고 표현할 수 있을 것이다.

제이 엘리엇은 《왜 따르는가》에서 애플의 수많은 직원들이 자신에게 벼락같이 화를 내곤 하는 잡스의 모습에 굴욕감을 느끼면서도 그 때문에 회사를 떠난 사람은 아주 드물었던 이유를 밝히기도 했다. 왜일까? 굴욕감을 느낀다면 당장에 회사를 그만두는 것이 맞지 않을까? 저자는 이렇게 말했다.

> 스티브는 때때로 냉혹했지만, 사람들에게 감동을 안기며 자신이 감사하고 있음을 보여주는 방법을 확실히 알고 있었다.

비록 강력한 카리스마로 상대방을 압도하거나 적나라한 지적을 통해 수치심을 줄 수 있지만, 진실한 마음으로 감화시키면 그것은 별로 중요한 문제가 아니게 된다. 스티브 잡스의 리더십은 성취감과 안정에 대한 욕구를 이끌어내는 감화인 것이다.

TIP

《예기(禮記)》에 "입으로만 은혜로우면서 실제로 실천이 따르지 않는다면 원한에 의한 재난이 그 몸에 미친다. 또한 군자는 입에 의한 재난에 빠진다."고 했다. 《역경》에도 "선행이 쌓이지 않으면 명성을 이룰 수 없다."고 했다. 이러한 점은 모두 말만 하고 실제로 행동과 실천으로 사람들에게 감화를 주지 못하는 리더들을 경계하게 만드는 것이다.

—

교황 요한 바오로 2세는 기업인들이 본받을 만한 교훈들을 남겼는데, 일간지 〈USA투데이〉는 2005년 4월 5일 관련 보도를 통해 이를 다음과 같이 정리했다.
《영웅 심리학》의 저자인 샤리프 칸은 "가슴으로 솔직하게 말하는 지도자는 머리로 말하는 지도자보다 공감을 더 얻는다."며 "교황의 솔직함과 사랑은 일부 주제에 반대하는 사람들조차 반하게 만들었다."고 말했다. 스트록은 "교황은 대중에게 엄숙한 톤이 아닌 마음에서 우러나오는 말로 대화한다."며 "이를 통해 대중과 잘 교감할 수 있었다."고 분석했다. 터크 경영대학원의 폴 아젠티는 "조직원들에게 영감을 주지 못하거나 그들을 자신보다 큰 무엇인 것처럼 느끼게 만들지 못하는 지도자는 효과적일 수 없다."고 말했다.

말없이 움직인다

솔선수범의 전제

제2차 세계대전 초기 영국은 고립무원이었다. 유럽 대륙 전체가 독일의 히틀러와 이탈리아 무솔리니의 지배에 들어갔기 때문이다. 섬나라인지라 영국만 홀로 독일 나치와 대적해 남아 있을 뿐이었다. 독일의 나치 당수 히틀러는 영국을 공략하기 위해 연일 런던에 폭탄을 투하하고 있었다. 이때 폭탄은 영국 시내에 거침없이 떨어졌다. 런던 상공에 수시로 폭탄이 떨어진다면, 최고지도자들은 안전한 곳에 있어야 할 듯싶었다. 안전한 곳은 흔히 지하 벙커를 연상할 수 있다. 그러나 처칠은 그러지 않았다. 공습경보 사이렌이 울리면 지하 벙커로 들어가는 것이 아니라 오히려 밖으로 나왔다. 처칠은 대피는커녕 폭격 상황을 보려고 오히려 건물 위로 올라갔다. 더구나 그는 고령의 나이였다. 그럼에도 불구하고 시간만 있으면 상황을 직접 보고자 했던 것이다. 또한 그는 연기가 휘감고 있는 전투지역을 찾아 병사들과 함께 보냈다. 이런 처칠의 행동은 국민에게 어떤 영향을 주었을까.

당시 영국 국민은 폭격의 공포에 시달리고 있었지만, 처칠의 이 같은 행동 때문에 많은 안정감을 갖기에 이른다. 영국 국민은 폭탄이 쏟아지는 가운데에도 당당하게 지붕 위로 올라가는 처칠 수상을 보면서 위기상황임에도 평온함을 찾았다.

처칠의 외손녀인 실리아 샌디스는《우리는 결코 실패하지 않는다》에서 이렇게 말하고 있다.

> 어떤 상황에서든 기죽지 않고 정장 차림에 시가를 물고 회담장과 전쟁터를 누비고 다니는 그에게 찬사가 쏟아졌다. 외신을 타고 전 세계로 전해진 처칠의 당당한 표정은 수많은 사람을 안심시켰다.

다른 누군가에게 시킨 것이 아니라 스스로 지붕 위에 올라갔고, 병사들과 함께했다. 지도자가 시민이나 국민과 멀리 떨어져 있지 않고 항상 옆에 있다는 것은 안전을 의미하는 것이기도 했다. 만약 지도자가 도시를 버리거나 심지어 나라를 뜬다면 국민은 심각한 불안과 공포에 시달릴 수밖에 없다. 리더라고 해서 자신만의 안위를 생각하는 모습을 보인다면 리더십은 금이 간다. 그러한 리더십은 정말 내면적인 자신감이 없다면 보이기 어려운 것이다. 솔선수범은 바로 그 마음에서 나올 수 있다.

칭기즈칸은 자신을 낮추었다. 전쟁터에서 병사들과 똑같이 식사하고, 똑같은 모포를 덮고 잤다. 새벽이슬을 맞으며 병사들과 생사고락을 함께했다. 병사들에게 약속을 하면 반드시 지켰다. 자신의 옷을 입히고, 자신의 말에 그들을 태웠다. 병사들과 백성에게 '대칸'의 칭호로 부르게 하지 않았다. 그 대신 예전 자신의 이름을 부르게 했다. 이런 모습을 보고 순박하고 정직한 하층 유목민들은 감격해했다. 칭기즈칸은

'동지'들을 위해 귀족과 평민의 신분 제도를 철폐했다. 각자 능력만큼 대접받는 세상을 만들려고 했다. 칭기즈칸의 이런 개혁으로 늑대처럼 싸우던 사람들은 온순한 양처럼 바뀌었다. 사람들은 서로에 대한 믿음을 회복했고, 자신보다는 공동체를 더 생각했다. 이를 통해 사람들은 더욱 단단하게 뭉치게 되었다. 솔선수범을 보인 패튼은 해변에서 공급물자 싣는 것을 돕거나 진흙탕에 빠진 트럭을 병사들과 함께 밀어 올렸다. 병사들은 그를 '지도자'가 아니라 '운전사'라고도 말했다. 패튼은 적과 싸우는 만큼 자신들의 병사들을 위해 싸운 것이다.

칭기즈칸. 그는 솔선수범의 낮은 자세로 동서양을 아우르는 거대한 나라를 이끌었다.

《반기문과의 대화》는 반기문 유엔 사무총장이 "내가 직접 누군가에게 나의 이야기를 하는 것은 이 책이 처음이다."라고 공식 인정한 책인데, 이 책에서 저자는 반 총장이 "임기 초반, 기존 유엔 직원들과의 조화도 어려웠다. 그러나 말보다 성과가 우선이고 솔선수범이 중요하다고 여겼다."라고 말했다. 솔선수범을 통해 직원들과의 조화를 이루어냈다는 것이다.

2011년 MBC 스페셜 〈안철수와 박경철 2〉에서 김제동은 안경을 벗기는 방식을 통해 강호동, 이경규, 유재석의 리더십 스타일을 언급한 바 있다. ① 강호동은 안경을 벗지 않으면 안 될 것 같은 강요적인 상황을 만든다. ② 이경규는 나이와 지위를 이용해 벗으라고 한다. ③ 유재석은 먼저 안경을 벗어서 상대방이 안경을 벗지 않을 수 없게 한다. 만약 유재석이 연장자나 지위가 높은 사람이라고 한다면 다른 이들은 반드시 안경을 벗어야 하는 상황이 된다. 유재석은 솔선수범으로 다른 사람들이 스스로 안경을 벗어야 하는 상황을 만든다. 강압적이지 않기 때문에 불만이나 이의제기가 있을 수 없다. 또한 유재석은 상대방을 깎아내리기보다는 자신을 낮추고 무너뜨려 스스로를 웃음의 소재로 삼는 진행 스타일, 즉 리더십을 보였던 것이다.

솔선수범은 2인자 리더십을 보이는 사람들만이 가능하다. 왜냐하면 1인자들은 자신이 할 일을 다른 사람에게 시킬 수 있다고 판단하기 때문이다. 다른 사람을 움직이는 것을 성공의 징표로 생각하기도 한다. 높은 지위에 있는 사람일수록, 나아가 남을 부리거나 대리할 수 있는 힘이 있을수록 그것을 자제해야 한다. 그렇게 2인자의 태도를 보이거나 자신이 직접 행동한다면 존경과 신뢰를 얻는다.

퇴계는 제자들에게 3품 이상의 벼슬을 하지 말라고 한 바 있다. 그만큼 그도 2인자 리더십을 보여준 사람이다. 또한 일상생활에서는 솔선수범의 2인자 리더십을 보여주었다. 《퇴계처럼》(김병일 저)을 보면 이렇게 적혀 있다. "퇴계는 살림이 넉넉지 않았지만, 부역이나 세금을 백성보다 먼저 냈다. 체납한 적도 없었다." 이는 당시 관행과는 다른 것이었다. 벼슬아치일수록 세금을 낼 때 늑장을 부리는 게 일반적이었다. 곽항이 예안현감으로 왔을 때 이런 말을 했다고 한다.

> 고을의 조세나 공부에 걱정이 없다. 이 선생(퇴계)이 앞서 납부하니 백성이 선생의 의리가 두려워 앞 다투어 스스로 와서 내되 오히려 남보다 늦을까 걱정한다.

단양군수에서 물러날 때도 마찬가지였다고 한다. 당시 관행이었던 전별품을 받지 않았다. 그는 가난한 백성에게 전별품을 모두 나누어주도록 했다. 옆집 밤나무에서 자신의 마당으로 떨어진 열매도 그대로 돌려주고는 했다. 국왕의 하사품도 책은 받고 말이나 가죽옷은 반환했다.

권철과 퇴계의 일화는 퇴계가 보통 때 어떤 생각을 가지고 직접 실천하고 있는지 잘 보여주는 사례였다. 권철은 후일 영의정의 자리에 오르기도 했던 인물이다.

권철은 도산서당에 머물던 퇴계를 만나러 갔다. 퇴계는 정성껏 대접했지만, 몇 가지 나물 반찬이 전부였다. 한양에서 좋은 음식으로 길이 든 권철의 입에는 맞지 않는 밥상이었다. 그래서인지 권철은 일정을 앞당겨 올라가게 되었다. 이때 권철은 퇴계에게 조언을 청한다. 그러자 퇴계가 이렇게 말했다.

"융숭한 대접을 못해 드려 송구스러울 따름입니다. 그러나 제가 대감께 올린 식사는 우리 백성이 먹는 것에 비하면 더할 나위 없는 성찬입니다. 그럼에도 대감께서는 음식이 입에 맞지 않아 제대로 잡수시지 못했습니다. 이를 보고 저는 이 나라의 장래가 좀 염려되었습니다. 무릇 정치의 요체는 여민동락에 있습니다. 관과 민의 생활이 이렇게 동떨어져 있으면 어느 백성이 관의 행정에 충심으로 따르겠습니까?"

이황의 지적은 백성과 관이 떨어져 있으면, 백성이 관을 따르지 않음을 말한다. 물론 솔선수범하여 백성과 같은 삶을 공유하는 것이 무엇보다 중요할 것이다. 하지만 1인자 리더십을 추구하는 이들은 백성과 같은 존재라는 것을 되도록이면 분리하거나 차별화시키려고 노력한다. 그들보다 우월한 지위에 있거나 더 뛰어난 사람이라는 점을 부각시키려 한다. 이 때문에 말로는 백성을 위한다고는 하지만 실제는 그렇지 못하게 된다.

퇴계 이황은 제자들에게 3품 이상의 벼슬을 하지 말라 했다.

프란치스코 교황이 고귀한 지위에 올라갔음에도 가난한 삶을 산 것은 많은 이들에게 지지를 받는 이유 가운데 하나이기도 했다. 예컨대, 교황은 바티칸 궁이 아닌 게스트하우스에서 지내며, 20년 된 중고 차를 타고 다니고, 밤에 몰래 노숙자들은 만나러 갔다. 교황청 미사 때 청소부, 정원사, 경비원, 노숙자들을 차례로 초대하고 식사를 같이했다. 교황은 이주민들의 섬인 람페두사를 방문해서 그들을 위로하고 이탈리아에서 경제적으로 가장 어려운 지역인 사르디니아를 방문해서 노동자들을 격려했다. 난민수용소, 소아병원 등 아픔이 있는 곳을 찾아갔다. 백 마디 말보다 스스로 이렇게 검소한 행동을 하는 교황은 많은 감화를 주고 다른 사람들을 이끄는 힘으로 작용하였다.

창업 초기 또는 위기 상황에서 무보수 경영을 선언한 CEO들이 있었는데, 맥도널드의 레이 크록이 그 효시라고 할 수 있다. 그는 아이디어만 있었을 뿐 세계적 회사를 일굴 만큼 그릇이 크지 않았던 맥도널드 형제로부터 사업권을 인수한 이후 우선 야망 있고 유능한 인재를 뽑아 좋은 대우를 해줬다. 하지만 정작 자신은 8년간 한 푼도 받지 않고 일했다. 말로만 청결을 외치는 리더가 아니라 자신이 직접 점포를 돌며 화장실을 청소하기도 했다. 이러한 점은 많은 직원들에게 영향을 주었다. 자신이 더 악착같이 많은 돈을 가져가는 것이 아니라 직원들을 우선 챙겨주며, 회사의 점포를 스스로 청소하는 모습은 솔선수범의 리더십이라고 할 수 있다. 만약, 그가 1인자 리더십을 취했다고 하면 자신이 가장 높은 곳에 있으므로 많은 보상을 받고, 청소는 직급이 낮거나 임금수준이 형편없는 이들에게 시켰을 것이다. 결국 그의 2인자 리더십은 맥도널드를 큰 성공으로 이어지게 했다.

TIP

조직에서 상사가 존경받는지 여부는 '나부터 할게'인가, '너부터 하라'인가에서 단적으로 달라진다. 말은 그럴듯하게 하지만 행동이 따르지 않을 때 구성원들은 마음속으로 '말이나 못하면……', '너나 잘해'를 외치게 된다. 김성회는 조직에 변화를 주고 싶다면 백 번 말하는 것보다 리더가 먼저 행동해야 함을 명심하라고 《용인술, 사람을 쓰는 법》에서 강조했다. 공자가 이야기하는 리더십의 요체는 신뢰다. 군자가 신뢰를 확보하려면 솔선수범이 필수다. 공자는 "백성보다 앞서 수고로이 행하라."며 "(솔선수범을) 싫증내지 말라."고 했다.

—

부모의 좋은 습관만큼 좋은 본보기 교육은 없다. 톨스토이는 평생 일기 쓰는 습관을 본보기로 보여줬다. 톨스토이는 열아홉 살 때 시작해 죽는 날까지 60여 년 동안 일기를 썼다. 톨스토이는 러시아의 600년 명문가의 후손이었지만, 어릴 때 부모가 모두 죽어 고아나 다름없었다. 뒤늦게 대학에 들어갔지만 적응하지 못하고 고향에 내려와 독학했다. 평생 학교 졸업장이 한 장도 없던 톨스토이는 일기를 쓰면서 대문호가 되었다. 또한 톨스토이의 아내와 9명의 자녀들 또한 일기 쓰기를 계속했다. 나아가 사위를 비롯해 톨스토이 집안에 있는 모든 사람이 일기를 썼다. 이들은 특히 톨스토이와 관련한 모든 일상을 자신들의 일기에 기록했다. 톨스토이가 죽은 후 그에 관한 회고록이 많이 발간될 수 있었던 것은 그 때문이다. 결국 그의 일기 쓰기는 자신을 세상에 알리는 중요한 매개체가 되었다. 퀴리가는 퀴리 부인이 1903년 물리학상, 1911년 화학상을 수상해 노벨상 2관왕에 오른 '노벨상 명문가'다. 퀴리 부부는 평등 부부의 정신을 실천했다. 과학에 대한 열정과 함께 평등 부부 정신도 물려주어 그의 딸 이렌 부부도 1935년 노벨 화학상을 공동수상해 2대 부부 공동 노벨상을 수상했다. 또한 이렌의 딸 엘렌도 물리학자이고, 엘렌의 두

아들도 물리학자로 4대째 과학자를 배출했다. 이는 공동 연구자였던 부인과 이혼한 아인슈타인과는 달랐다. 아인슈타인의 아들은 부모의 이혼에 충격을 받고 평생 정신병원에 있었다.

어깨의 힘을 뺀다

혼연일체의 기초

나무꾼이 개울에서 목욕을 하고 있었다.

마침 하늘에서 내려온 선녀가 자신이 예전에 당했던 일이 억울해서 이번에는 나무꾼의 옷을 감춰버렸다. 나무꾼이 목욕을 하고 밖에 나와 보니 자신의 옷이 없었다. 대신 예쁜 선녀가 서 있지 않은가. 나무꾼은 엉겁결에 쪽박을 주워 그곳을 가렸다. 그러자 선녀가 말했다.

선녀: "손 빼!"

나무꾼이 한 손을 빼자,

선녀: "나머지 손도 빼!"

나무꾼이 두 손을 다 빼고 나도 쪽박은 떨어지지 않았다.

선녀: "야! 힘 빼!"(남성 성기의 힘도 빼라는 뜻임)

여기에서는 우스개로 언급했지만 힘을 뺀다는 것은 단순히 물리적인 힘을 빼는 것만이 아니라 대단히 은유적이면서 강력한 진실을 포함하고 있는 말이다. 예컨대, 가야금의 황병기 명인은 이렇게 말한 바 있다.

> 가야금을 탈 때는 몸에 힘을 빼야 한다, 대중가수 조용필도, 판소리꾼 안숙선도 그렇게 말했다. 자신의 감정부터 빼야 한다고. 그러면 힘이 손끝에 떨어진다. 그걸 '혼이 손끝에 떨어졌다'고 표현한다. 가야금이 진짜 잘될 적에는 나 자신이 그냥 신의 품에 안겨 있는 것 같다. 하나가 되는 것이다. 그럴 때가 제일 좋다.

몸에 힘을 빼는 것만이 아니라 감정의 힘을 빼며 이성의 힘도 덜어내야 함을 뜻한다. 힘을 뺀다는 것은 의식과 집착을 벗어나 흐름에 맡기고 하나가 되는 경지를 이른다. 또 힘을 뺀다는 것은 유연하게 대응할 수 있음을 말한다. 힘을 준 상태에서는 유연하게 반응하고 대처할 수 없다. 이는 무술 대련이나 스포츠경기에서 많이 볼 수 있는 현상이다.

골프의 예를 들어보면 다음과 같은 경험담에서 힘을 빼는 것이 무엇인지 생각할 수 있다.

> '무슨 놈의 스윙자세가 나무토막이에요? 골프는 어깨에 힘주고 뻣뻣하게 하는 것이 아닙니다. 어깨를 항아리같이 둥글게 말아서 회전하세요. 무슨 조폭도 아니고…….' 이 한마디가 그동안의 고생을 다 날려버렸다. 내가 모르는 건방짐의 원인이 드러났던 것이다. 아무리 찾으려 해도 숨어 있던 고질병이 프로의 눈에는 단박에 보였던 것이다. 아하, 이거였구나.
>
> — 일간지 칼럼 가운데서

이는 스윙자세가 힘을 빼고 유연하게 해야 한다는 점을 담고 있다. 힘을 주어 공을 잘 쳐야 한다는 생각에 경직되어버린 몸이 오히려 공이 잘 뻗어나가는 것을 방해하는 것이다. 또한 이렇게 힘을 빼는 것은 대인관계나 조직의 운영, 그리고 리더십에서도 항상 주목해야 할 점이다.

우선 힘을 준다는 표현은 신체부위 가운데 어깨에 많이 견주어진다. '어깨에 힘을 주다'는 거만한 태도를 취한다는 의미를 지니고 있다. "어깨엔 잔뜩 힘이 들어가 있고 콧대는 하늘을 찌르리."라는 말에서 알 수 있다. "그의 어깨에는 힘이 들어가 있지 않다."는 말은 거만하지 않다는 의미로 해석할 수 있다. 겸손함도 포함한다. "어깨를 나란히 할 수 있는 사람"이라는 말은 일정한 상위 레벨에 올라왔다는 의미를 담고 있다. 혹은 대등하거나 수평하다는 의미도 포함한다. 어깨에 힘을 빼기는 해야 하지만 너무 빼도 좋지는 않다. "어깨를 움츠린다."는 말은 어깨에 힘을 준 사람에게 위축을 당한 상태를 말한다. 어깨에 힘을 더 준 사람에게 눌린 상태를 말해준다. 물론 어깨에 힘을 주어 짓누른 사람은 짓눌린 사람의 마음을 얻지 못한다.

가수의 경우를 보자. SBS 〈K팝스타〉에서 응시자에 대해 양현석은 "노래 부르는 사람이 안정적이어야 듣는 사람도 듣기 좋다."고 했다. 박진영은 어깨론을 들어 설명했다. "어깨 힘을 툭 빼봐라. 그렇게 노래를 하면 훨씬 잘할 것 같다. 어깨의 힘을 빼고 불러야 한다."고 했다. 거만해서 어깨에 힘이 들어가는 경우도 있지만, 지나치게 긴장하거나 부담감을 가질 때도 이렇게 어깨에 힘이 들어간다. 당연히 긴장하거나 부담을 느끼면 제대로 자신이 원하는 모습이나 행동을 하지 못하게 된다.

다음은 KBS 〈1박 2일〉에 대한 평가가 담긴 글이다.

> 어떤 운동이든 어깨에 힘이 들어가면 잘 못하게 된다. 부자연스러워지고, 온몸이 경직된 듯 되어 잘하던 것도 못하게 된다. 어깨에 힘이 들어가는 경우는 두 가지인데 하나는 너무 긴장한 탓도 있고, 또 하나는 거만해져서 그럴 수도 있다. 어찌되었든 어깨에 힘이 들어가면 잘하던 것도 못하게 된다. 그건 운동에만 국한된 것은 아닌 것 같다. 생각해보면 모든 일상에서 어깨에 힘이 들어간 사람치고 잘되는 사람을 못 보았던 것 같다.
>
> 이런 면에서 볼 때 엄태웅과 양준혁은 어깨에 힘을 빼고 있어서 자연스럽게 잘 융화된 반면, 김종민과 하하는 어깨에 힘이 너무 많이 들어가서 겉돌고 있는 것 같이 느껴진다.
>
> —출처: http://www.mediaus.co.kr/news/articleView.html?idxno=17111

예능 프로그램에서도 어깨에 힘을 빼야 자연스러운 리얼 버라이어티가 되는 것이다. 악단의 지휘자도 마찬가지다. 지휘자 금난새는 1997년 카라얀 콩쿠르의 3위에 입상해 화제가 되었고, 베를린 음대에서 라벤슈타인 교수를 사사하고 한국에 돌아와 KBS 교향악단의 전신인 국립교향악단에서 지휘를 맡은 이후 최고로 승승장구했다. 승승장구했다는 사실보다 그가 스승에게서 배운 점들이 더 인상 깊었다. 물론 그러한 점들이 그를 훌륭한 음악가로 만들었다고 생각된다.

그는 독일에서 직접 사사한 선생님들이 자신에게 음악가의 태도를 가르쳤다고 말했다.

"선생님이 아침마다 연습실에 들어오잖아요. 그럼 '헤이, 미스터 금. 굿 모닝' 하면서 악수를 해요. 보통 '안녕하세요?' 하면 '어, 왔냐.' 하는 식이잖아요. 그때 선생님들은 언제나 학생과 동등하게 악수를 했어요."

금난새 지휘자는 직접 일어서서 내게 악수를 청했다. 금난새 지휘자에게 손을 내미는데, 나도 모르게 어깨가 올라가고 힘이 들어간다. "아니아니, 동등한 친구끼리 악수한다고 생각하고 어깨에 힘을 빼요. 이렇게 손은 꽉 잡고. 어때요, 느낌이 다르죠?"

그는 이런 가르침이 가장 큰 교육이었다고 말한다.

"지휘자는 책임감이 있는 자리예요. 거만해서도 안 되고, 비겁해서도 안 되죠. 또 영리한 것만으로도 안 되고, 좋은 리더가 돼야 해요. 음악 교육만으로 만들어지는 건 아니거든요. 선생님이 저한테 알려준 것은 사람은 평등하다는 거예요. '너는 내가 가르치는 사람이다'라고 권위를 내세우기보다는 악수하면서 이미 나를 한 명의 지휘자로 인정해주는 거예요. 그 순간 그 사람이 나를 지휘자로 만들었어요. 그게 나에게 정말 중요했던 것 같아요. 그 당시 내가 나를 봐도 볼품없었는데, 악수를 할 때마다 자신감을 얻었고요. 뉴스에 나오는 사람들을 봐도 굽실대지 않는 태도를 배웠어요."

그 역시 배운 대로 연주자들을 대한다. 그는 매번 오케스트라 공연을 마치면 무대에서 가장 늦게 퇴장하는 지휘자다. 으레 지휘자가 퇴장하면 박수가 그치기 때문에 단원들에게 끝까지 박수를 받게 하고 마지막에 퇴장한다.

"늘 그렇게 배웠기 때문에 존중받아보는 경험, 그게 얼마나 중요한지 알아요."

— 출처: http://ch.yes24.com/Article/View/20400

그는 무엇보다 가르치는 사람과 가르침을 받는 사람이 모두 동등한 관계여야 한다는 점을 강조하고 있다. 지휘자는 책임감 있는 사람으로 거만해서도 안 되지만 너무 문약하여 비겁해서도 안 된다는 말이 인상적이다. 단원들은 항상 존중받아야 할 대상이고, 그들이 존중을 받을 수 있게 해주고 지휘자는 가장 나중에 퇴장해야 한다는 말도 2인자 리더십의 사례라고 할 수 있다. 그의 삶의 철학은 바로 "아니아니, 동등한 친구끼리 악수한다고 생각하고 어깨에 힘을 빼요. 이렇게 손은 꽉 잡고. 어때요, 느낌이 다르죠?"라는 말에 담겨 있음을 쉽게 알 수 있다.

힘이 들어가면 부러지고 만다. 힘이 들어가면 유연하지 못하기 때문에 힘을 분산시키지 못하고 파괴된다. 《손자병법》은 "적국을 온전하게 두고 이기는 것이 최상책의 용병이고, 적을 파괴하여 이기는 것은 차선의 용병(凡用兵之法 全國爲上 破國次之)"이라 했다. 적을 파괴하여 이기면 쓸모가 적기 때문이다. 또 "백전백승이 최상이 아니라 싸우지 않고 상대를 굴복시키는 것이 최상(百戰百勝 非善之善者也 不戰而屈人之兵 善之善者也)"이라고도 했다. 싸움에는 반드시 피해가 발생하기 때문에 스스로 행복하게 만드는 것이 최상책이다. 너무 강하게 상대방을 몰아치면 그로 인해 자신에게 피해가 되돌아오고, 승리한 것에 대한 의미가 퇴색할 수 있다. 이는 의미 차원만이 아니라 실제 효용에서도 그렇게 가치가 없을 수 있음을 내포한다. 또한 너무 이기려고 힘을 주면 스스로 부담이 되어 효과적인 전투를 하지 못한다.

《리더들이 알려주지 않는 리더십의 비밀》의 저자 앤서니 스미스는 "사람들은 자기에게 없는 장점을 지녔거나 신비감으로 자신을 사로잡는 상대에게 끌린다. 눈에 보이지는 않지만 묘하게 사람을 끌어들이는 힘과 내면의 에너지. 우리는 이를 카리스마라고 부른다."라고 했다. 힘을 뺀다는 것은 눈에 보이지 않는 힘으로 사람을 매혹시키는 것이다. 힘을 뺀 사람일수록 상대방에게 알 수 없는 매력을 줄 수 있다. 힘을 뺐다는 의미는 힘이 없다는 의미가 아니라 힘이 없음에도 불구하고 그 힘을 여유 있게 간직하고 있음을 말한다. 그 힘을 발휘할 순간이 아니기 때문에 드러내지 않을 뿐이다. 자기 스스로 여러 상황에서 능동적으로 움직일 수 없을뿐더러 힘을 주면 다른 이들이 억눌리고 위축되기도 한다. 힘을 주면 그 힘의 기가 발산되는 법이다. 따라서 리더십을 제대로 발휘할 수도 없다. 다른 이들과 제대로 융합하지 못하고 협력을 이끌어낼 수 없다.

힘을 뺀다는 것은 하나의 대안만 바라보고 있지 않다는 의미이다. 예측이 빗나갈 것에 대비해 "~할 가능성이 있다"거나 "차후 이러저러한 일이 발생할지도 모른다"는 여러 대안을 시나리오별로 준비하는 것은 좀 더 유연한 대응을 가능하게 한다. 몰빵은 한 곳에 힘이 잔뜩 들어가는 것이다. 분산 투자는 바로 힘을 빼는 것이다. 몰빵하는 사랑도 마

폼은 좋을지 모르지만 어깨에
힘이 잔뜩 들어가면 유연한
대처를 하지 못한다.

찬가지다. 또한 진지한 사랑의 감정은 상대방에게 부담을 주기 쉽다. 너무 힘이 들어가서 제대로 사랑을 이루지 못한다는 연애고수들의 충고는 이런 맥락에서 이해할 수 있다. 힘이 들어간 사랑은 그 후유증도 만만치 않다. 대중가요의 모든 노랫말이 자신의 이야기인 것처럼 들리지만, 성과 측면에서는 처참하다. 그것은 상대방에게도 같은 의미로 다가온다. 너무 힘이 들어간 사랑은 다른 사람, 즉 상대방을 부담스럽게 한다. 조직에서도 마찬가지다. 힘이 들어간 리더 앞에서 구성원들은 부담스러운 마음을 갖게 될 수 있다.

1인자들은 어깨에 힘을 준다. 어깨에 힘이 들어간 상태를 최고의 목표로 꿈꾼다. 그것은 개인의 목표이자 조직의 목표가 된다. 어깨를 나란히 한다는 말도 중요하게 생각한다. 1인자들과 같이 어깨를 나란히 겨눈다는 의미는 그들과 같은 반열에 올랐음을 뜻하기 때문이다. 또한 어깨에 힘을 주는 것은 당연한 일이라고 생각한다. 하지만 이를 보는 사람들은 거만하다고 생각하기 쉽다. 힘을 주게 되는 이유는 그렇게 하면 목적을 달성할 수 있을 것으로 생각하기 때문이다. 이렇게 1인자 리더십을 생각하는 사람들은 목표를 달성하기 위해 기계적으로 생각하고 움직인다.

2인자 리더십을 추구하는 사람은 어깨에 힘을 주는 것에 별로 관심이 없다. 어깨를 나란히 하는 점도 중요하게 고려할 사항이 아니다. 힘을 주는 것이 중요한 것이 아니라 자신의 목적을 실제로 어떻게 달성하는가가 중요할 뿐이다. 당장에 목표로 달려드는 것이 아니라 실제적인 효과가 중요하다. 그 내실이 어깨의 힘보다 우월하다. 즉, 내적인 충만감으로 상황을 타개한다. 어떤 외풍에도 흔들리지 않는 무게중심을 유지해준다. 당장에는 자신이 실력이 없어 보이거나 밀리는 듯 힘이 없는 모습으로 비쳐질 것 같지만, 그것이 결국 최종 목표를 달성할 수 있는 방법이라는 것을 알고 있다. 진정한 실력자는 몸에 긴장이 없고 기고만장하지 않는다는 것을 알고 있다. 고수일수록 오히려 더 유연하고 한층 유유자적하다는 것을 알 수 있다. 힘을 쓰지 않거나 힘을 크게 주지 않아도 목표를 달성하는 이들이 진정한 실력자이자 깨달은 자라는 점을 알 수 있다. 자신의 힘을 많이 사용하면서 목표를 달성하려는 사람은 1인자처럼 보이지만 진정한 승리자가 아니고, 자신의 힘을 많이 사용하지 않으니 2인자처럼 보이지만 그가 진정한 승리자인 것이다.

TIP

영화 〈캐리비안의 해적〉에서 잭 스패로우 선장은 자신을 이렇게 규정한다. "나는 정직하지 않아. 솔직히 정직하지 않은 사람은 항상 정직하지 않다고 말할 수 있지. 주의해야 할 사람은 바로 정직한 사람이야. 언제 어처구니없는 짓을 할지 예측할 수 없거든." 솔직하고 정직하다고 말하는 사람일수록 위험할 수 있다. 과시를 중요시하는 1인자 리더십의 특징을 갖고 있기 때문이다.

—

애덤 그랜트는《기브 앤 테이크》에서 전문직일수록 실수 효과 경향이 뚜렷하다고 했다. 여기에서 실수는 뭔가 결핍되어 있거나 미흡할 때 동정과 배려를 얻는 현상이다. 말더듬증 변호사가 배심원들의 호감을 얻어 소송에 이기고, 말이 어눌한 교수에게 청중이 더 잘 호응하는 경우가 그렇다. 달변에 단호한 어조가 특징인 테이커는 상대방을 논리적으로는 설득할지 몰라도 감정적으로는 저항감을 불러일으키기 쉽다.

—

메디치 가문의 세부 경영원칙은 '사람의 마음을 얻는 것'이다. '유약겸하(柔弱謙下)', '여민동락(與民同樂)'에 그 정신이 함축돼 있다. 약하고 부드러우며 겸손하게 자신을 낮추고, 항상 대중의 편에서 그들과 함께 즐긴다는 것이다. 《사람의 마음을 얻는 법》(김상근 저)을 보면 메디치 가문 사람들은 의리와 신용으로 한번 맺은 관계를 배신하지 않았다고 한다. 항상 온화하게 몸을 낮추고 때를 기다렸으며, 대중이 원하는 일이라면 손해도 볼 줄 알았다고 한다. '현자의 리더십'으로 사람들의 마음을 사로잡았다는 것. 그래서 자연스럽게 인재들이 몰려들었다.

—

모세의 온유함은 지면의 어느 누구보다도 승했다. 그는 하나님 앞에, 그리고 자신을 돌로 치려는 사람들 앞에 엎드렸기 때문이다.

과거의 1인자 위치를 잊고 2인자에 맞게 미래 준비

반(反)허세

한나라 추격군에 쫓긴 초왕 항우가 오강(烏江)에 이르렀을 때 오강정장(烏江亭長)은 "강동(江東)이 비록 작으나 땅이 사방 천 리요, 백성이 수십만에 이르니 족히 왕이 되실 만한 곳입니다. 원컨대 대왕께서는 얼른 건너오십시오."라고 권한다. 이에 항우는 "하늘이 나를 망하게 하려는데 피한들 무엇 하나? 내가 강동 젊은이 8,000명과 함께 강을 건너 서쪽으로 갔는데, 지금 한 사람도 돌아오지 못했거늘 내가 무슨 면목으로 그 부모를 대하겠는가?" 하고 스스로 목숨을 끊었다. 젊은이들의 희생에 대한 책임을 통감하는 비장하고 고결한 영웅의 모습이라고 후대 사람들에게 칭송을 받는 장면이다. 다만, 조직을 책임진 리더의 모습으로는 아쉬움이 남는다.

1인자 리더십을 취하는 이들은 몰락하거나 어려운 지경에서도 자신의 옛날의 행동방식 혹은 그동안 해온 대로 유지하려는 습성이 있다. 그러나 상황은 1인자의 태도를 계속 보였을 때 답이 없다. 따라서 2인자의 태도로 빨리 바꾸어야 한다. 그러한 변화는 1인자의 태도로 사멸해가는 것을 막고 부활의 기회를 잡을 수 있는 가능성을 뜻한다.

개인이나 조직이 나아갈 때 부침(浮沈)은 존재하는데, 그것은 본인의 뜻이나 잘못일 수도 있지만 외부적인 요인으로 인해 불가항력적일 수도 있다. 이러한 상황에서 중요한 것은 패자 부활이다. 패자의 부활을 잘하기 위해서는 2인자 리더십이 필요하다. 반드시 패자라는 용어를 쓸 필요는 없다. 열세이거나 불리한 상황에 처하여 전과 같은 형세가 아닐 경우에는 2인자의 태도를 취하는 것이 중요하다는 것이다.

2008년 12월, 코비 박사는 "역사학자인 토인비는 새로운 도전과제가 나오면 과거의 성공을 가져다준 방식은 성공이 아니라 실패를 가져다줄 것이라고 지적했으며, 토머스 쿤도 위기 돌파구는 기존과 단절하는 데서 왔다고 한 적이 있다."며 "현재의 경제위기도 산업화 시대에 성공했던 방식으로 풀어나가면 오히려 실패할 수 있다."고 경고했다. 여기에서 주목할 점은 기존 방식 탈피나 기존과의 단절이 새로운 도전을 극복하고 새로운 돌파구가 열린다는 점이다.

항우는 중국 최초의 대규모 농민봉기 바람을 타고 병사를 모아 원성의 대상이었던 진나라 통치체제를 뒤엎었다. 특히 그는 3만의 병

항우와 유방. 항우는 자신의 자리가 스러지고 있음에도 1인자라고 고집하는 행태를 보이다가 역전의 기회를 놓친다.

력으로 진나라 21만 대군을 격파한 '거록 전투'를 이끌었다. 극단적으로 어려운 상황일수록 사람들 사이에 강력한 힘이 형성되는 법이고, 항우는 이것을 잘 이끌었다. 《좌씨전(左氏傳)》에 나오는 '곤수유투(困獸猶鬪)'는 곤경에 빠진 짐승도 분투한다는 뜻인데, 어려움에 처한 사람이 더욱 적극적이라는 것을 이르는 말이다.

"죽지 않고 살아 있으면 언젠가는 또다시 기회가 찾아온다." 어니스트 섀클턴의 리더십을 다룬 캐롤라인 알렉산더의 《인듀어런스》에 나오는 한 대목이다. 배는 침몰하고 남극대륙의 정복이라는 꿈이 사라져버렸을 때, 섀클턴은 스스로 생을 포기할 충분한 이유가 있었다. 정말 막막한 상황이었다. 어느 방향으로 갈지 길은 알 수 없었고, 매서운 추위와 굶주림이 그를 괴롭혔다. 그러나 634일간의 사투 끝에 단 한 사람의 낙오자도 없이 탐험대원 27명이 전원 생환했다. 어떻게 이런 일이 가능했을까. 혹독한 시련에 직면한 섀클턴은 자신의 장기적 목표를 새롭게 정립한다. 그는 포기 대신에 신속하게 목표를 다시 세웠던 것이다. 그 목표는 남극대륙 횡단에서 대원 전원을 무사히 데리고 돌아간다는 것.

그는 이렇게 말했다. "인간은 새로운 목표에 자신을 적응시켜야 한다. 과거의 목표는 사라졌다. 자, 이제 집으로 돌아간다."

안정된 상황에서 예정된 길은 위기 상황에서는 아무리 찾아도 없다. 그 상황에 맞는 길을 빨리 열어갈수록 그 상황을 좀 더 일찍 타개할 수 있다. 아니 시간이 흘러갈수록 운명은 확연하게 달라지는 법이다. 그는 어려운 시기일수록 소극적이고 수동적이어서는 안 되며, 적극적으로 미래를 전망하고 발생 가능한 문제들을 차근차근 챙겨야 한다는 점을 강조했다. 그리고 이런 상황이 발생한다면, 저런 상황이 발생한다면 어떻게 대응할 것인가를 철저히 준비해야 한다.

우리 사회에서 불패신화 신드롬은 '하면 된다'로 요약되는, 개발독재 성공신화의 어두운 이면이다. 1971년에 개통된 경부고속도로는 그 영욕의 축소판이다. '한강의 기적'에서 빼놓을 수 없는 존재이면서 준공 첫날부터 보수공사를 하는 진기록도 세운다. 기술도, 돈도 없던 시절엔 예컨대 10cm 깊이로 쌓을 도로를 5cm로 줄이면 두 배를 건설할 수 있다는 '경제 도로' 개념이 통용됐다. 질(質)을 따질 겨를은 없었다. 웬만한 건 묵인해가면서 목표를 향해서만 질주한 귀결이 하드웨어의 부실이었고, 대가는 컸다. 이제 그런 경제모델의 시대는 유효기간이 다했다.

TIP

덩샤오핑은 다음과 같은 말을 남겼다.

"나이가 든다는 것은 경험이 많다는 장점도 있지만, 반대로 고집이 세지고 아첨에 귀 기울이는 단점도 있다. 그래서 늙으면 업무에서 물러나야 한다."

고집이 세지고 아첨에 귀를 기울이게 되니 그 경험의 장점을 살릴 수 있는 자리에 있어야 하는 것이다. 실버시대에 더욱 필요해지는 것이 2인자 리더십인 것이다.

—

리처드 보이애치스와 애니 맥키는 사우스웨스트 항공사 CEO 콜린 바렛 등 뛰어난 공감능력으로 조직을 이끈 최고 리더들의 사례를 소개한 바 있다. 그들은 리더란 긍정적인 에너지를 주변에 퍼뜨리고 증폭하는 사람들이며, 조직의 모든 구성원들이 발맞추어 나아갈 수 있도록 다른 사람들에게 귀를 기울이고 그들의 감정에 주파수를 맞추어야 할 의무가 있는 존재라는 것이다. 따라서 새롭게 시작하는 리더들은 이를 더욱더 주의 깊게 실현해야 한다.

부족한 것은 인정,
다른 사람에게서 구한다

한(漢)나라 고조 유방은 어느 날 한신에게 말했다.

"그대는 짐이 어느 정도의 군사를 거느릴 수 있다고 생각하오?"

한신은 조금의 망설임도 없이 말했다.

"폐하가 통솔할 수 있는 군사는 몇 십만입니다."

유방은 언짢은 표정을 지을 수밖에 없었다. 고작 자신의 능력이 그것밖에 안 되나 해서였다.

"그렇다면 그대는 어떠한가?"

한신은 자신 있게 말했다.

"저는 많을수록 좋습니다. 아무리 많은 병력도 모두 감당할 수 있습니다."

이제 유방은 상당히 기분이 나빠졌다. 한편으로 어이가 없었다. 한신은 항우의 신하로 있다가 자신에게 잡힌 사람이었으니 말이다. 불쾌감을 꾹 참고 다시 한신에게 물었다. 유방은 역시 인내의 달인이었다.

"그런 자네가 왜 내게 붙잡혔는가?"

한신은 막힘없이 대답했다.

"폐하께서는 병사를 잘 통솔하지 못하시지만, 장수를 다루는 데는 당할 자가 없습니다. 이게 바로 신이 폐하에게 사로잡힌 까닭입니다. 폐하의 능력은 하늘이 주신 것이고, 사람의 힘으로 어찌할 방법이 없습니다."

처음에 유방은 한신이 오만하여 자신을 무시하는 것으로 받아들여졌지만, 사실 한신은 유방을 극찬하고 있었다. 사람을 거느릴 때 그 사람이 어떤 사람인가도 중요하다. 유방이 장수들을 잘 거느린 것이 중요했다. 리더들을 거느리는 리더는 더 훌륭할 수 있다. 왜냐하면 리더들은 더욱더 자신이 더 잘난 리더라고 생각할 수 있기 때문이다. 아무리 부하라고 해도 그들 밑에는 다시 부하들이 있다. 유방은 자신에게 부족한 것을 상대방에게 구했는데 그들이 바로 부하 리더들이었다. 각 분야에 대한 능력 면에서 장수들이 1인자를 인정하는 것이다. 그런 1인자들을 많이 거느릴수록 1인자가 된다.

유방은 적이라도 자기 사람으로 만들면 한없는 믿음을 주었다. "사람을 쓸 때는 그 장점만 보고(用人所長), 일단 사람을 쓰면 의심하지 않는다(用人不疑)."를 반드시 지켜야 할 신칙으로 삼았다.

어느 날 유방이 한나라를 세운 뒤 축하연을 열었다. 이때 한 신하가 초나라를 이길 수 있었던 이유를 물었다. 신하의 물음에 유방이 답했다.

"나는 백전백승의 전략을 세우는 것은 '장량'만 못하다. 나라살림을 책임지고 군량을 공급하는 것은 '소하'에 미치지 못한다. 또한 군대를 끌고 적을 물리치는 것은 '한신'을 넘을 수 없다. 그러나 이 세 명의 인재를 모두 내 휘하에 뒀다. 이것이 바로 내가 천하를 얻은 이유이다."

유방은 스스로 부족함을 인정했다. 자신의 부족함을 알고 있었기에 자기 혼자서는 대업을 이룰 수 없다고 판단했다는 것도 밝혔다. 대업을 이루는 데 필요한 사람을 가리지 않고 자기 사람으로 얻으려 했다. 그는 실제로 적수인 초나라 황제 항우의 부하 한신, 개고기를 팔던 번쾌, 저잣거리 건달 왕릉, 마부 출신 하후영 등 출신을 따지지 않고 자기 사람으로 삼았다.

역발산기개세(力拔山氣蓋世), 즉 산을 뽑을 만큼 기력이 강성하여 세상을 덮을 만큼 기개가 웅대한 항우는 자신의 능력으로 초나라를 세웠지만, 유방은 다른 이들의 능력을 활용해 나라를 만들고 마침내 천하를 얻었다. 각 분야의 1인자인 사람들을 주변에 두고 각자의 자리에 걸맞은 책임과 권한을 부여했다.

이번에는 조조를 보자. 동탁 토벌을 위해 기병했을 때 원소가 조조에게 이같이 물은 적이 있다.

"만일 사정이 여의치 못하면 어느 쪽으로 나아가 근거지로 삼는 것이 가하겠소?"

"그대는 어떻게 하는 것이 좋다고 생각하오?"

"나는 남쪽으로 황하를 점거하고 북쪽으로 연(燕)과 대(代) 땅에 의지해 오랑캐를 병사로 불러들인 뒤 남쪽으로 내려가 천하를 다투겠소. 대략 이리 하면 성공할 것이오."

이에 조조가 말했다.

"나는 천하의 지모와 역량을 사용하여 그들을 제어할 생각이오. 그러니 어느 곳이든 안 될 곳이 없소."

조조도 인재를 구하는 데는 전혀 인색하지 않았다. 그는 탐욕적으로 인재를 가지려 했다. 《조조 사람혁명》(신동준 저)을 보면 조조도 인재를 적극적으로 찾아 나섰다. 인재 채용을 위한 구현령(求賢令)에까지 '인재는 스스로 찾아오지 않는다. 기다려서는 안 된다'고 했다. '유재시거(唯才是擧)'라고 해서 한 가지라도 특별한 재주가 있는 사람이면 누구도 가리지 않았다. 《조조의 용병술》(장야신 저)에서는 현명하고 능력 있는 인재를 등용한다는 의미의 '용현임능(用賢任能)'은 난세에서 태평성세로 발전할 수 있는 근본철학이었다고 했다. 특히, 주목해야 할 점은 조조 지략의 핵심이 재능 있는 인재를 곁에 두는 것만이 아니라 진심으로 대하려는 태도였다는 부분이다. 조조는 신분에 관계없이 다른 장수 밑의 인재도 등용했다. 정치 · 군사적인 인재만이 아니라 문학적으로 뛰어난 인재도 등용했다. 조조와 그의 아들들은 문인과 교류하며 전통적인 존비귀천(尊卑貴賤) 사상 대신 평등한 관계를 형성하였다. 예술적 창조성을 인정하고 꽃피우게 한 조조의 다양한 노력이 그를 제왕으로 만들었다. 그에게는 93명의 두뇌집단이 있었다. 순욱, 순유, 가후, 종요, 정욱, 곽가, 동소, 유엽, 장제의 9인이 있었고, 그 이외에 화흠, 왕랑, 모개, 하기, 서혁, 진군, 조엄, 원한, 양무, 사마랑, 양습 등도 포진하고 있었다.

건안 15년(210년)에 내린 영(令)에서 조조는 "지금은 현명한 사람을 구해야 할 급박한 시기다……. 오직 재능만이 추천의 기준이다. 나는 재능 있는 사람을 기용할 것이다."라고 했다. 그는 능력만 있으면 선발하겠다고 했다. 4년 후에 내린 영에서도 "재능 있는 인재가 버려지거나 누적되는 일이 없도록" 했다. 물론 너무 능력이나 재능만 중요하게 생각할 때 인덕(仁德)은 미흡할 수 있다. 이 점은 충분히 주의가 필요한 부분이다. 재능이나 능력이 뛰어난 사람을 인재로 활용하겠지만, 진정으로 마음을 주는 것은 위험하겠다.

다시 항우에게 돌아가서 그가 왜 그런 행태를 보였는지 살펴볼 필요가 있다. 항우는 일단 출신이 좋았다. 귀족이었고 승승장구했다. 뛰어난 지략에 우월한 신체 조건, 출중한 무예실력도 있었다. 집안배경은 물론 문무를 겸비하여 정말 부족한 것이 없었다. 그 때문에 자신감이 하늘을 찔렀다. 따라서 본심을 감추거나 다른 이의 능력을 필요로 하지 않았고, 물론 그렇게 할 생각도 없었다. 그의 장점이 단점으로 바뀐 것이다. 만약 장점이 적었다면 그는 오히려 유방에게 그렇게 무너지지 않았을 것이다. 그는 뛰어난 범증, 한신, 진평을 잃었고 종국에는 천하도 놓쳤다. 중국 CCTV의 〈백가강단(百家講壇)〉으로 유명한 왕리췬(王立群)은 결국 오만한 항우의 태도가 빚은 부하들의 '배신'이 그를 붕괴시켰다고 평가했다. 항우의 단점을 보완할 인물들이 모두 떠났다. 그의 1인자 리더십의 행태를 보완할 수 있는 사람들이 하나도 남지 않았으니 결국 유방에게 무너질 수밖에 없었다.

당(唐) 태종도 비록 적일지언정 자신의 부족함을 채워줄 수 있는 인재라면 적극적으로 수용했다. 당 태종의 이런 인재관은 《정관정요》 '공평'에도 나온다. 정관 초년 당 태종은 신하들에게 인재라면 친척과 원수를 피하지 말고 천거하라고 했다. 자신을 제거해야 한다고 건성에게 꾸준히 간했던 위징마저 측근으로 삼았다. 당 태종은 단지 능력만이 아니라 그의 인품이나 덕성을 더 높이 평가했다.

명신 위징은 본래 당 태종 이세민의 정치적 숙적인 형 이건성의 참모였다. 위징은 이건성에게 기회가 있을 때마다 온갖 구실로 이세민을 제거할 것을 건의했다. 현무문의 난 이후 패권을 쥔 당 태종에게 그 일이 알려졌다. 이 말을 듣고 태종은 위징을 불러 그때 일을 물었다.

"그대는 왜 우리 형제 사이를 이간질했는가?"

위징은 당 태종의 물음에 대답했다.

"당시 저는 태자의 참모였으니 당연히 그분을 위한 계책을 내놓아야 했습니다. 그러나 안타깝게도 태자는 저의 말을 듣지 않았습니다. 제 의견을 따랐다면 지금과 같은 말로에 이르지는 않았을 것입니다."

이세민은 위징의 정직함과 담력, 식견을 알아보고 이내 간의대부에 임명했다. 이는 당 태종의 과감한 인재등용을 보여주는 '정관지치(貞觀之治)'의 상징적 사건이다.

위징은 직언을 서슴지 않는 '충직한 신하'의 상징이 되었다. 당 태종은 최고통치자인 제왕의 잘못된 행동이 백성은 물론 나라 전체에 재앙을 초래한다는 것을 알았다. 그는 스스로 완벽하지 않음을 인정하고 부족함을 과감히 받아들여 위징, 방현령 등 자신을 비춰줄 거울 같은 스승과 신하를 곁에 두고 천하를 다스렸다. 이를테면 그는 잘 듣는 밝은 귀를 가진 사람이었다. 당 태종은 독선을 버리고 신하들과 함께 나라를 다스리는 '경청과 수용의 리더십'의 모범이 됐다.

당 태종과 조조는 2인자 리더십으로
인재를 등용해 천하를 제패했다.

현대 기업의 리더들의 말을 좀 들어보자. 잭 웰치는 매너리즘에 빠져 있던 거대한 공룡 기업인 GE를 과감한 변화와 혁신으로 회생시켰다. 그는 "내 시간의 75%는 핵심 인재를 찾고, 배치하고, 보상하는 데 썼다."고 말했다. 빌 게이츠도 "핵심인재 20명이 없었다면 오늘의 마이크로소프트는 없었다."라고 했다.

인재라는 것은 한 사람을 위해 일하는 것이 아니라 제품이나 서비스를 만들기 위해 필요하고, 그것을 추진하는 것은 프로젝트 방식으로 추진된다. 이때 프로젝트를 이끌고 있는 이들은 자신들의 능력이나 수준을 정확하게 파악하고 결핍되어 있는 것을 채울 수 있는 인재들을 즉각적으로 보충하여 리더십을 통해 성과를 내도록 만들어야 한다. 2003년 휴대폰시장을 강타한 제품이 있었는데, 모토로라의 레이저(RAZR)였다. 이 제품은 재능 있는 인재구성을 통한 즉각적인 협업체제 구축의 결과물이었다. 개발 총괄이었던 로저 젤리코는 프로젝트를 이끌면서 20명의 사내 엔지니어를 포진시킨 것만이 아니라 외부 전문가들을 섭외하기 위해 전 세계를 대상으로 인재를 찾기 위해 샅샅이 뒤졌다. 이들을 한데 모아 치열한 1년의 개발과정을 거친 다음 2004년 출시된 레이저폰은 4년간 1억 1,000만 대나 팔렸다. 이는 전무후무한 기록이었다.

인재들은 스스로 자신이 최고라고 생각한다. 그런 사람들을 이끌려면 리더는 그에 맞는 역량이 있어야 한다. 《왜 따르는가》에서 제이 엘리엇은 잡스의 독특한 인재 채용 비결을 말했다. "잡스가 퍼붓는 공격을 참아낼 수 있고, 그의 생각이 틀렸을 때는 강하게 맞설 수 있으며, 그가 지시하는 것뿐만 아니라 그의 헌신과 열정, 비전을 팀원들에게 전달할 수 있는 사람들을 곁에 둔 것도 그의 능력이었다." 그런 인재를 곁에 불러 모으기 위해 잡스는 수시로 눈을 매처럼 번득이고, 상대를 '레이저'처럼 노려보곤 했다고 한다. 잡스가 직원들에게 친절하고 부드럽게만 대한 것은 아니다. 중요한 것은 1인자라고 생각하는 사람들을 자신의 주변에 포진시키려면 어떻게 해야 하는지 파악하고 있는 사람들이 2인자 리더십을 구사하는 이들이다. 2인자 리더십을 가진 이들은 1인자들을 옆에 두고 있기를 마다하지 않고, 그들이 역량을 펼칠 수 있도록 만든다. 그들이 최고의 결과물을 만들어낼 수 있도록 자존감을 건드리거나 수치심을 주기도 하지만, 그것은 인간적인 존중이나 인정에 기반을 두어야 가능한 것이다. 무조건 인격적인 모독을 가하는 것은 1인자들의 오만이자 착각의 산물일 뿐이다. 싫은 소리를 전혀 하지 못하는 이들이 2인자 리더십을 보이는 것은 아니다. 싫은 소리를 했을 때, 되돌아올 부정적인 결과를 경계하기 때문이다. 2인자 리더십의 소유자들은 무엇이 옳고 그른지가 중요할 뿐, 자신들에게 돌아올 단기적·부정적인 반응은 크게 괘념치 않기 때문이다. 또한 2인자 리더십을 추구하는 이들은 자신의 자존감을 내세우지 않는다. 자존감을 겉에서 깎아 내린다고 해도 내적인 자신이 훼손된다고 생각하지 않는다. 그럴 만한 역량과 내실을 갖추고 있기 때문이다. 그들은 전체적인 시각에서 어떻게 언행을 취하는 것이 애초의 목적에 가장 부합한 것인지 잘 인식하고 있다.

TIP

에이미 에드먼슨 하버드대 교수는 "복잡하고 어려운 과제를 사전에 정해진 사람들로 달성하는 것은 불가능하다."면서 "필요하다면 기존에는 개입하지 않았던 그 어떤 외부의 전문가라도 영입해야 한다."고 했다. 또한 "평상시에도 다양한 국적과 전문 분야에 종사하는 사람들과의 관계를 잘 설정해놓고 이들과 어떻게 협업을 해나갈지, 어떻게 하면 문제에 대해 빠르게 배우고 대처할지에 대한 고민을 해야 한다."고 말했다. 한 분야의 전문가가 되는 것만큼 다른 분야와 함께 일할 수 있는 능력을 키우는 것이 21세기 성공의 핵심이라는 것. 2008년 베이징 올림픽의 워터큐브(베이징국제수영장)는 중국의 대회 진행 역량을 의심했던 사람들을 놀라게 했다. 거대한 물방울을 형상화한 이 수영장은 디자인과 에너지 효율성 측면 모두에서 뛰어나다는 평가를 받았다. 중국의 워터큐브에 대해 '즉각적인 팀 구성과 협동성 강화'가 낳은 가장 좋은 사례 중 하나라고 했다. 중국 문화를 보여줄 수 있는 아이코닉한 경기장을 만들면서도 에너지 효율을 극대화하자는 명확한 목표 아래 전 세계의 브레인을 모아 최고의 팀을 구성한 결과물이기 때문이다.

호주 시드니에 있는 애럽(Arup)의 트리스트럼 칼프레이가 총괄한 이 프로젝트에는 초반에만 20여 개 분야, 200명이 넘는 전문가가 모였다. 예상하지 못한 일이 터지거나 막히는 대목이 있으면 또 다른 전문가들을 끊임없이 영입했다. 이들의 국적은 다양했으며 전문 분야, 소속돼 있던 조직, 문화 등이 모두 달랐기 때문에 마찰이 있었고, 어려움도 많았다. 그러나 이들은 역사상 가장 기념할 만한 경기장을 지었다.

1인자가 되어서도 2인자의 태도

조조가 동시대의 다른 경쟁자와 눈에 띄게 다른 점은 '권력과 돈의 맛에 취하지 않았다'는 것이다. 당시 중원의 중심 되는 정권이 무너졌기 때문에 각지에서 힘을 갖게 된 영웅호걸들은 권력의 맛을 보게 된다. 그들은 각자 자신의 땅에서 웅거하면서 나라를 세우고 스스로 황제라 칭했다. 권력만이 아니라 쾌락에 맛을 들여 더욱더 영역을 확장하려 했다. 조조는 대의를 견지하고 자신이 가지고 있던 초심을 잃지 않으려 노력했다. 물론 조조도 거대한 나라의 황제가 되어 통치하려는 마음이 있었다. 하지만 나라와 민생 안정을 최우선시했다. 연이은 전란으로 식량이 귀해지고 백성의 삶도 같이 피폐해졌기 때문이다. 이에 조조는 둔전제(屯田制)를 시행해 농경지를 개간하면서 식량난과 군량미 문제를 해결하게 했다. 이로써 농민들의 살길은 일정하게 열어주게 되었다.

조조는 부정부패와 거리가 멀고 청렴했다. 그가 청렴한 삶을 보낸 것은 유언에서도 알 수 있다. 낙양에서 세상을 떠나면서 그는 이런 말을 남겼다.

천하가 안정되지 않았는데도 예부터 내려오는 규정에 따라 장례를 치를 수는 없는 일이다. 나를 묻고 나거든 모두 상복을 벗도록 하라. 병사를 통솔하며 수비지에 주둔하고 있는 책임자들은 부서를 떠나지 말도록 하라. 그 같은 일은 내가 허락지 않는다. 담당 관리는 각자 자신의 직무를 다하는 데 우선하라. 내 시신을 의복으로 쌀 때에는 평상복을 사용하며, 금은보화를 묘에 절대 넣지 말라.

조조는 충분히 쾌락과 호사를 누릴 수 있었음에도 불구하고 그렇게 하지 않았고, 세상을 떠날 때도 마찬가지였다. 그것이 그를 형식적인 1인자에서 실질적인 1인자로 만들어준 이유가 되었다.

고려 충렬왕 때 문신이었던 추적(秋適) 선생이 선현들의 글귀를 골라 책으로 만든《명심보감》에는 다음과 같은 문장이 있다.

군주가 교만하여 남에게 과시하기를 좋아한다면 신하들은 이 점을 이용하여 군주를 속이려 한다.

그의 일상은 어떠했을까.《고려사》에 따르면 실제로 그는 검소했다. 이렇게 말하기도 했다.

손님을 대접할 때에는 부드러운 흰 쌀밥에 생선을 썰어 국이나 끓이면 된다. 무엇 하러 많은 돈을 들여 산해진미를 차릴 필요가 있겠는가?

벼슬아치뿐만 아니라 군주도 마찬가지다. 만약 군주가 교만하고 과시하기를 좋아하면 아첨하는 신하들이 많아지고 진실을 말하지 않을 것이다. 또한 쾌락을 탐하면 쾌락을 조장하는 사람들이 몰려들 것이다. 사치하기 좋아하는 왕이 있다면 그 주변에는 사치를 권하는 사람들만 들끓을 것이다. 그렇다면, 비록 1인자가 되어도 오래가지 못했을 것이다. 1인자가 되어도 2인자 같이 권력을 덜 사용하고, 쾌락과 사치를 일삼지 않는다면 1인자의 위치를 유지할 것이며, 1인자가 아닌 자들이 다른 것을 들고 와서 1인자의 지위를 흔들지도 않을 것이다. 그렇다면 왜 1인자들은 사치와 교만에 빠질까? 자신의 능력과 그로 인한 성취를 드러내는 것이 사람들을 통솔하는 힘이 된다고 생각하기 때문이다. 그러나 자신의 능력과 업적을 강조해 사람들을 복종하게 하는 것은 필연적으로 업적과 능력을 과장하는 이들이 몰려들게 만든다.

진시황은 뛰어난 선견지명과 과감한 결단으로 천하를 얻었으나 지키지 못했다. 바로 1인자가 겸해야 할 2인자 리더십을 발휘하지 못했기 때문이다. 그는 자신이 천하를 통일했다는 스스로의 업적에 취해 있었다. 세상에 무서울 것이 없었기 때문에 권력과 쾌락에 빠져 있었다. 이 때문에 그가 세운 진나라는 불과 15년밖에 버티지 못했다. 권력과 쾌락에 취하니 그의 주변에는 그것을 이용하는 기회주의자들이 들끓기 시작했다. 진시황은 천하통일의 뒤에 올 위험과 분란을 경계했어야 한다.

《주역》 '계사하전'에 보면 "군자는 편안해도 위기를 잊지 않고 존재해도 망함을 잊지 않고 다스려져도 혼란해짐을 잊지 않는다(君子 安而不忘危 存而不忘亡 治而不忘亂)."라고 했다.

편안한 때 위험한 때가 올 것을 경계하고, 스스로 잘 있어도 그것이 무너질 수 있음을 생각하며, 화평해도 분란이 일어날 상황을 항상 주의해야 하는 태도가 리더가 가져야 할 점이다. 평안, 안정, 번영, 화평은 모두 1인자가 누릴 수 있는 것이다. 하지만 그것에 취해 있으면 위험, 분란, 멸망에 이르기 쉽다. 진시황은 천하를 통일한 호걸이었지만 군자는 아니었던 것이다.

세간의 인기는 사람을 오만하게 만들 수 있다. 세상의 리더로 떠오르는 이들의 출발은 이런 대중적인 인기에서 비롯한다. 1인자는 세상이 주목하는 자리이기 때문에 흔히 인기와도 연관이 된다. 프란치스코 교황이 자신의 세계적인 인기에 관해 질문을 받았을 때 그 본질을 적절하게 지적했다. 교황은 "(인기란) 2~3년 정도이며 오래 지속되지 않는다는 것을 알기 때문에 내 죄와 잘못을 생각하며 자만하지 않으려고 애쓴다."라고 했다. 인간에 대한 본질탐구는 물론 자신도 그에 걸맞게 실천하고 있었다.

리더들은 좋은 평가를 받아서 리더의 자리에 오르며, 나폴레옹도 그 혁혁한 성과 때문에 황제가 되기 전에는 매우 인기가 좋았다. 나폴레옹은 1804년 12월 인민투표로 황제에 즉위했고, 오스트리아와 러시아군을 격파한 1805년 12월의 아우스터리츠 전투로 최고의 정점에 이른다. 하지만 권력의 정점에 이르면서 그를 황제로 만든 장점과 매력에서 벗어나 점차 독선적이고 오만한 황제가 되어갔다.

엘바 섬으로 추방되는 나폴레옹.
1인자였지만 2인자 리더십을
버려 몰락했다.

"프랑스 국민이여! 평등, 자유, 대의정치에 기반을 둔 통합된 공화국에 충성할 것을 우리와 함께 맹세하라."라고 외쳤던 나폴레옹은 평등과 자유, 대의정치에 바탕을 둔 공화국의 리더십이 아니라 차츰 독재 리더십을 보였다. 나폴레옹도 자신의 과거 인기와 지지에 파묻혀 객관적인 판단과 선택을 하지 못하게 되고 말았다. 상황은 항상 변화하고 그 변화에 과거의 행태들은 적용될 수 없는 경우가 많다. 그럴수록 우선 새롭게 닥친 상황에 대한 인정이 필요하다.

조지프 S. 나이 하버드 케네디 행정대학원 교수의 《리더십 에센셜》을 보면 "어떤 리더라도 한때 잘나갔던 리더라고 늘 성공할 순 없다. 항상 겸손해야 할 이유는 바로 여기에 있다. 아무리 실력 좋은 말이라도 자신에게 익숙하지 않은 코스에서는 제대로 실력을 발휘할 수 없음을 명심해야 한다." 낯선 상황에서는 누구라도 2인자이다. 해럴드 힐먼의 '사기꾼 증후군(Impostor syndrome)'을 보면 새롭고 낯선 상황에서 뛰어난 사람으로 보여지기 위해 자신을 속이다 보면 오히려 자신의 장점을 살리지 못하고 일도 실패하고 조직의 인정도 받지 못한다고 말했다. 그렇기 때문에 항상 실패할 수 있으므로 상황에 따라 자만하지 않고 2인자의 태도로 진력해야 한다. 상황은 언제나 과거와 같지 않고, 과거의 사례와 경험대로 대응 · 처리할 수만은 없는 상황들도 많다. 1인자의 반열에 올라 그 1인자의 반열에 집착하기 시작하면 그 반열의 지위는 무너질 수 있다.

《리더십 바이러스》(김우형 · 조태현 저)에서는 리더십 RAV 바이러스라는 개념이 나온다. 정의를 보면, "리더가 되는 순간 자신에게 주어진 책임감(Responsibility)과 권한(Authority), 비전(Vision)에 대한 압박 때문에 책임감(R)을 부담감으로, 권한(A)을 권력으로, 비전(V)을 개인적인 야망으로 변질되게 하는 '리더십 RAV 바이러스'에 노출된다."고 했다. 리더십 RAV 바이러스의 증상은 다음과 같다. "갑자기 인기에 민감해진다, 직원들을 의심하기 시작한다, 듣기 좋은 말만 골라 듣는다, 감정기복이 심하고 상황에 따라 말을 쉽게 뒤집는다, 자신은 보기만 해도 다 안다고 믿는다, 고집이 세지고 반대의견이 나오면 상대방이 항복할 때까지 논쟁을 멈추지 않는다." 어떻게 보면 RAV 바이러스에 감염되기 쉬운 것이 1인자 리더들이다. 따라서 그 상황을 현명하게 헤쳐나가야 하는 것이다. 만약 2인자의 태도를 유지했다면 권력이나 야망으로 변질되지는 않을 것이다. 리 아이어코카의 사례에서는 지금까지 말한 요소들이 모두 응집되어 있다.

리 아이어코카는 자동차회사 크라이슬러를 파멸 직전에서 구해낸 위대한 최고경영자(CEO)로 평가받는다. 그러나 크라이슬러 CEO 재임(1978~1992) 후반기 평가는 크게 달라진다. 후반기에 아이어코카는 스스로 스타의 위치에 군림하려 했다. 그는 자신을 '빛나는 CEO'로 부각시키려 집중했다. 〈투데이 쇼〉, 〈래리킹 라이브〉 등에 단골로 출연했고, TV 광고도 80여 편이나 찍었다. 대중적 인기를 얻으며 미국 대통령 후보로 거론되기도 했다. 이 때문인지 크라이슬러의 기업가치가 곤두박질쳤다. 이미 그는 기업인으로서는 가치가 폭락하고 있었던 것이다. 하지만 아이어코카는 CEO 자리를 놓지 않았다. 이미 자신의 리더십으로 회사를 이끌어갈 수 없었음에도 말이다. 대중적 인기를 끌어올릴 시간에 끊임없이 상황에 대처하는 방안을 모색하는 데 주력했어야 했다. 그의 리더십이 역량을 발휘할 시점과 상황은 이미 끝나 있었다. 그럼에도 그는 그 자리에 탐닉하고 집착하였다. 직원들의 불만도 커졌다. 직원들은 'Iacocca'가 'I Am Chairman of Chrysler Corporation

Always(나는 항상 크라이슬러의 회장)'을 뜻한다고 비아냥댔다. 아이어코카는 은퇴 후 크라이슬러에 전용 제트기와 스톡옵션을 요구해 더욱 비난을 받았다. 그는 1인자가 되었지만 2인자 리더십을 제대로 보이지 못해서 결국에는 2인자 밖으로 밀려나게 되었다. 말년에는 돈만 밝히는 존재로 인식되어버렸다.

1인자가 되어 항상 조심해야 할 것은 경제적인 욕망으로 인한 모럴해저드(도덕적 해이)이다. 《명심보감》에 "큰 집이 천 칸이나 되어도 밤에 눕는 곳은 여덟 자뿐이요, 좋은 밭이 만 평이 있어도 하루에 먹는 것은 두 되뿐이니라(大廈天間 夜臥八尺 良田萬頃 日食二升)." 또한 "족함을 알고 즐기기를 항상 하면 평생 욕됨이 없고 부끄러울 것이 없다(知足常樂 終身不辱 終身不恥)."고 했다. 이러한 태도라면 1인자가 되어서도 2인자의 태도를 유지할 수 있으니 2인자의 위치를 지키는 데 문제가 없다. 진정한 부자들은 부자가 되고 나서도 부자가 되기 전의 생활태도를 유지하여 자신을 부자로 만들어준 재물을 지켜낸다.

CEO들은 거칠 것 없이 승승장구하지만 성공 이전에는 누구나 고생 스토리가 있기 마련이다. 이러한 과정을 겪은 이들 가운데는 2인자 리더십을 발휘하는 경우가 많다. 어려운 가정 형편 때문에 어린 나이부터 생계를 위해 돈을 벌어야 했던 홍콩의 대표적인 재벌기업 청쿵그룹의 회장 리카싱과 대만 경영의 신인 왕융칭, 더바디샵의 창업자 아니타 로딕 등은 크게 성공한 기업가의 반열에 올라선 뒤에도 검소함을 잃지 않기로 유명했다.

확실한 금전주머니가 있더라도 도덕적 해이, 즉 모럴해저드는 금방 자신을 붕괴시킨다는 것을 진정한 1인자들은 잘 알고 있다. 그렇기 때문에 2인자의 태도를 유지하며 1인자의 입지를 지켜내는 것이다.

TIP

무모한 선택이 낳은 참극이 워털루 전투였다. 황제에 오른 나폴레옹은 프랑스에게 말 그대로 '눈엣가시'인 영국을 고립시키려 했다. 이에 영국과의 모든 교역을 금지하는 대륙 봉쇄령을 명한다. 하지만 이 명령이 영국과의 교역에 크게 의존하고 있던 러시아에게는 자국의 생존권에 큰 위협이 되었다. 프랑스의 조치에도 러시아는 대륙 봉쇄령을 무시하고 영국과의 교역을 지속해 나간다. 이를 괘씸하게 여긴 프랑스는 1812년 60만 대군을 이끌고 러시아를 공격하지만, 러시아군은 싸우기는커녕 계속 후퇴에 후퇴만 거듭했다. 프랑스군은 모스크바까지 쉽게 점령했지만 러시아는 항복하지 않았다. 그 뒤 프랑스군은 러시아 군대보다 더 무서운, 러시아의 엄청난 혹한을 접하게 된다. 추위에 대한 준비가 전무했던 프랑스군은 도저히 모스크바에 주둔할 수 없었다. 결국 프랑스군은 추위 때문에 퇴각했다. 이때 타이밍을 놓치지 않고 러시아군은 퇴각하는 프랑스군을 추격해 궤멸시켰다. 천하무적이었던 프랑스가 러시아에 패배해서 수십만의 병사를 잃는 것을 본 여러 유럽 국가들은 대 프랑스 동맹을 결성해 프랑스를 압박했다. 이를 대수롭지 않게 생각한 나폴레옹은 당당히 라이프치히 전투에 나섰지만 대 프랑스 동맹에게 대패했고, 그 뒤 황제 자리에서 쫓겨나 엘바 섬으로 추방된다. 나폴레옹이 좀 더 상황을 객관적으로 보고 자신의 태도를 숙의하는 2인자 리더십을 보였다면, 그렇게 급속히 붕괴하지는 않았을 것이다.

겉으로 보이는 것에 둔감

하루는 소크라테스가 부유한 손님들을 집으로 초대했다. 이에 크산티페가 투덜거렸다.

"대접할 게 하나도 없는데 사람들에게 부끄럽기 한이 없어요."

소크라테스는 걱정할 것 없다는 듯이 아내에게 말했다.

"염려 마시오. 그들이 세상의 이치를 아는 사람들이라면 그런 점에 신경 쓰지 않을 것이며, 만약 그런 것을 탓하는 시시한 사람들이라면 앞으로 신경 쓰지 않으면 되오."

겉으로 드러나지 않은 무엇인가를 중요하게 여기는지를 통해 좋은 사람인지 아닌지, 제대로 된 사람인지 알아볼 수 있는 방법이다. 만약 거창한 식단과 맛 좋은 음식을 기대하고 소크라테스를 방문한다면 더 이상 같이 어울릴 필요가 없으니 고민할 이유가 없는 셈이다. 소크라테스는 자신이 1인자처럼 위대하고 대단한 것을 보여주려 하지 않으니 당연히 음식도 있는 그대로 내놓을 것이다. 만약 소크라테스가 겉으로 드러난 것만 좋아하는 사람이었다면 그런 사람들만 주변에 몰려들 것이다.

처칠은 소박했고, 늘 열려 있는 자세를 보였다. 격식에서 자유로웠던 것이다. 의회에서도 흡사 평의원처럼 행동했고, 일반 직원과 같은 흡연실을 썼다. 식당을 이용할 때도 마찬가지였다. 고급 식당보다는 평범한 식당을 애용했다. 이 같은 처칠의 평소 행동을 확인할 수 있는 일화가 하나 있다.

처칠이 한 군인식당에 들렀을 때였다. 술에 취한 병사 하나가 비틀거리면서 처칠에게 말을 걸었다.

"저기 뚱보아저씨, 화장실이 어디죠?"

병사가 처칠인지 알아보지 못하고 한 말이었다.

생각하지 못했던 병사의 말에 처칠과 같이 있던 수행원들은 순간 긴장했다. 처칠은 전혀 당황하지 않고 말했다.

"복도를 따라가서 왼쪽으로 돌면 오른쪽 두 번째 문입니다."

친절하게 화장실을 가르쳐주고는 이렇게 덧붙였다.

"문에 '신사'라고 쓰여 있는데 그 말 때문에 지체하지는 말아요."

이 같은 내용은 처칠의 외손녀인 실리아 샌디스가 쓴《우리는 결코 실패하지 않는다》에 나오는 일화이다. 그가 얼마나 겉으로 자신이 어떻게 보이는지에 대해 쓸데없이 신경 쓰는 일이 없었는지 잘 보여주는 이야기다. 만약에 병사를 꾸짖었다면 처칠은 오히려 자신의 권위와 신뢰를 모두 잃었을 것이다.

카르타고의 명장 한니발(B.C. 247~183) 역시 겉으로 보이는 것에 신경을 쓰지 않았다. 로마와 카르타고가 지중해 패권을 놓고 한바탕 대결을 펼치던 기원전 218년, 한니발은 4만여 명의 군인과 9,000명의 기사, 37마리의 코끼리를 이끌고 알프스 산맥을 넘었다. 다들 미친 짓이라고 했다. 하지만 그는 개의치 않았다. 그에게는 확신이 있었기 때문이다. 손자의 36계 병법 중 여섯 번째인 '성동격서(聲東擊西: 동쪽에서 소리 내고 서쪽으로 공격함)'였다. 해군의 나라였던 카르타고가 서지중해로 침입할 것이라는 로마의 예상을 미리 읽은 한니발은 피레네 산맥, 알프스 산맥을 넘어 이탈리아까지 가게 된다. 하지만 남은 병력은 4분의 1 정도밖에 되지 않았다. 더구나 한니발의 병력은 아프리카, 에스파냐 등에서 끌어 모은 오합지졸이었다. 이에 비해 로마는 70만 명의 보병과 7만 명의 기병이 있었다. 그러나 한니발의 군대는 말도 안 되는 결과로 크게 이겨버렸다.

악조건에서 한니발이 전과를 올린 것은 그의 천재적인 전술도 있지만, 살신성인의 리더십이었다. 한니발은 전쟁 중 최고 지휘관이었지만 병사들과 같이 맨땅에 외투를 깔고 자고, 빈약한 음식을 먹었으며, 병사들을 격려해주고 아껴주었다. 이 때문에 병사들은 한니발의 명령

명장 한니발. 어려운 조건 속에서 2인자 리더십으로 1인자를 표방했던 로마군을 대파했다.

이면 죽음을 마다하지 않고 임무를 수행했다. 죽음을 불사한 한니발의 병사들은 밀어붙였고 로마군은 결국 7만여 명의 전사자를 내며 패퇴했다. 한니발은 용맹을 과시하거나 명예를 높이고 이를 드러내는 것에 관심이 없었다. 전쟁은 목적이 아니라 수단에 불과했다. 그에게 필요한 것은 전쟁의 승리였고, 그것을 통해 나라를 지키는 것이었다. 이를 위해 그는 남들이 전혀 생각하지 못한 피레네와 알프스 산맥을 넘는 용단을 내릴 수 있었다. 로마군대는 자신들의 위용과 기개만 믿고 피레네와 알프스를 넘을 생각조차 없었고 그럴 필요도 없었을 것이다.

귀족 출신 항우는 명분과 대의, 위신에 집착했다. 그런 반면 저잣거리 건달 출신 유방은 겉으로 드러나는 형식에서 거리를 두었다. 자신의 체면이나 위신보다는 궁극의 목적을 생각했다. 때로는 비굴해 보이기도 했다. 하지만 마음에 품은 큰 뜻은 잃지 않으려 했다. 목적을 위해서라면 자신에게 창을 겨누었던 적들도 자신의 부하로 받아들였다. 그는 겉으로 드러나는 것을 별로 중요하게 생각하지 않았다.

1인자들은 겉으로 드러나는 것을 중요하게 생각한다. 자신이 최고이기 때문에 그에 걸맞은 명예와 위신 그리고 인정의 상징이 필요하다고 생각한다. 1인자로 비치지 않을 수 있는 언행을 하지 않으며, 그것을 겉으로 항상 내세우거나 적어도 유지하려고 노력한다. 그러다 보면 실제로 필요한 조치나 실천을 하지 못하고 만다.

하지만 2인자 리더십을 추구하는 사람들은 명예나 위신 그리고 인정의 상징에 대해서는 그렇게 큰 의미를 두지 않는다. 명예나 위신 인정의 상징이 토대로 삼고 있는 그 자체가 중요하다. 따라서 겉으로 보이는 것을 신경 쓰지 않는 것이 중요하다. 그런데 겉으로 보이는 것을 중요하게 생각하는 이들은 결국 자기 자부심과 존엄을 위해 그렇게 행동하는 것이다. 따라서 다른 구성원들에게 도움을 주지 못하며, 리더십이 제대로 작동할 수 없다. 하지만 2인자 리더십을 추구하는 이들은 당장에 자신에게 좋지 않게 작용한다고 해도 그것이 전체 조직, 구성원들에게 긍정적인 영향을 미친다는 사실을 알고 드러난 것에 대해 신경을 쓰지 않고 언행을 계속할 수 있다.

어느 연구 결과 중에는 산에서 길을 잃었을 때 건장한 성인 남자보다 어린아이들의 생존율이 더 높다는 내용이 있었다. 어린아이들은 제자리에 가만히 머물며 구조를 기다리고 어른들은 쉴 새 없이 길을 찾아 나서며 점점 구조되기 어려운 길로 빠져든다고 한다. 그렇다면 아이들은 왜 제자리에 있고 어른들은 계속 길을 찾는 것일까? 자신감의 차이일까? 그런데 결론은 의외였다. 건장한 남자는 길을 잃었을 때, 그 자리에 머물러 있는 것을 창피한 행동이라고 생각했다.

하지만 아이들은 그런 생각을 하지 않았다. 물론 겉으로 드러나는 자신의 모습을 중요하게 생각하는 아이들은 어른처럼 행동해 계속 돌아다녔을지 모른다. 조난 전문가들은 산에서 길을 잃었을 때, 한 자리에 머물며 구조를 기다리라고 한다. 생존율을 높일 수 있는 가장 확실한 방법인데, 많은 이들은 스스로 돌아다닌다고 한다. 가만히 있으면 무기력하고 무능한 사람으로 비칠까 봐 그것이 창피하다고 생각되어 더 어려운 지경에 빠지니 능력이 우월하다고 생각하는 사람일수록 이러한 수렁에서 헤어나지 못할 가능성이 많은 것이다.

흔히 우리는 검소하게 살아야 한다고 생각하지만, 쉽게 그렇게 하지 못한다. 검소하게 옷을 입고 음식을 먹으면 자칫 다른 사람들이 자신을 무시할 것이라 생각해서 쉽게 소박한 음식이나 옷을 취하지 못하고 만다. 그렇기 때문에 내적으로 충만하고 내실 있는 이들이 소박한 생활을 할 수 있다.

어느 날 퇴계가 상가에 문상하려 도포를 꺼내보니 도포 자락이 너덜하게 낡아 있었다. 그래서 부인에게 이를 꿰매달라고 부탁했는데, 헝겊이 마땅한 게 없었다. 부인이 난처해하면서 상황이 그렇다고 하니 아무거나 덧대어 달라고 했다. 하는 수 없이 부인은 빨강 헝겊 조각으로 꿰매었다. 얼룩덜룩 보기에 흉했지만 퇴계는 이를 뭐라 하지 않고 누더기가 된 도포를 입고 밖으로 나갔다. 퇴계에게 중요한 것은 상가에 가서 문상을 하는 것이었다. 그는 제자들에게 3품 이상의 벼슬을 하지 말라고 했는데, 그 이유는 학문에서 멀어지기 때문이라고 했다. 퇴계처럼 목적을 분명하게 해야 한다. 학문을 할 것인지, 돈을 벌 것인지. 리더도 마찬가지이다. 자신의 명성인지 아니면 조직 전체인지 말이다. 근본목적을 달성하는 것은 결국 자신의 명성으로 환류되는 법이다.

세계 1위 면세점 DFS의 창업자인 척 피니는 1만 원짜리 시계와 가장 싼 이코노미석을 애용했다. 그가 돈이 없어서 그런 것은 아니었다. 그의 재산은 한때 8조 원이 넘었다. 나중에 21억 원을 제외하고 모든 재산을 기부했다. 그의 일상은 항상 검소했고 겉으로 드러나는 것에 대해 신경을 쓰지 않았으며, 실질적으로 많은 사람들에게 도움을 줄 수 있는 기부에 집중해 모아둔 재산을 썼다. 그는 기업의 리더만이 아니라 사회의 리더이기도 했다. 기업의 리더가 신뢰의 리더이며 신뢰의 리더가 기업의 리더라는 점을 보여주었다.

국가 리더 가운데 자신의 이미지에 대해 신경을 안 쓰고 다른 사람들을 위해 수모를 견딘 사람으로는 토니 블레어(Anthony Charles Lynton Blair)와 고이즈미 준히치로(小泉純一郎)가 있다. 토니 블레어 영국 총리는 부시 대통령의 이라크 전쟁을 지지하는 바람에 '부시의 푸들'이 됐다. 2004년 12월 미 · 영 정상회담 후 기자회견장. 영국 〈더 타임스〉 기자가 부시 대통령을 향해 "블레어가 당신의 푸들이라고 하는데 어떻습니까?"라고 직접적인 질문을 던졌다. 블레어 총리는 재빨리 "'예스'라고 하면 안 된다. 그러면 난 상황이 어려워진다."며 익살을 떨었다. 그는 그런 말을 들어도 여유가 있었고 당당했다. 2007년 5월, 부시와 가진 고별 정상회담에서 "푸들, 애완견이란 모욕까지 들어야 했지만 미국이 개입을 꺼리면 나머지 세계는 위험에 처할 수밖에 없다."라고 했다. 블레어는 자신의 소신과 비난 앞에 당당했다. 2007년 5년 임기 10년에 먹칠을 하며 6월 27일 퇴임하면서도 당당했고 언론을 원망하지 않았다.

고이즈미 준이치로는 임기 중 미국에 가서 부시의 이라크 전쟁 결정을 "지당하신 말씀입니다."라고 했다. 이를 두고 언론들에게서 애교를 떨었다는 평가를 들었고 당시 블레어 영국 총리와 함께 '부시의 푸들'이라는 소리를 들었다. 일본인들 눈에 굴욕적으로 비칠 만한 장면들도 TV에 나왔다.

워싱턴 DC에서 한 일본 기자는 "고이즈미 총리는 부시 대통령이 뭘 제안하면 0.1초도 생각해보지 않고 '예스'라고 한다."고 말했으며, 나아가 "고이즈미는 아시아에 있는 부시 대통령의 푸들"이라고 힐난했다. 하지만 당시 조지 W. 부시 미국 대통령은 고이즈미 준이치로 일본 총리를 가리켜 '굿맨(Good Man)'이라고 불렀다. 중국에서도 부정적이었다. 고이즈미 총리에 대해 중국의 한 언론은 "일본이 드디어 미국의 첩에서 애인으로 승격했다."고 비꼬았다. '일본 외교는 미국의 자동인출기(ATM)'라는 말이 나올 정도였다. 그만큼 한국과 중국에서는 비호감 1위였다.

하지만 일본에서는 10년 장기불황을 전후(戰後) 두 번째로 긴 호황으로 이끌었고, 우정(郵政) 민영화, 공무원 감축 같은 개혁을 했다. 금융 부실을 뿌리부터 수술했고, '접대의 수괴'로 불리던 대장성을 개혁하고 이름까지 재무성으로 바꾸었다. 반발이 강했지만 국민은 그에게 박수를 보냈다. 무엇보다 미일 외교관계를 사상 최고 수준으로 올려놓았다. 블레어는 이라크 전후 재건사업에 가장 중요하게 참여할 수 있었고, 고이즈미는 일본을 미국의 아시아 최대 맹방의 위치에 올렸다. 일본은 아시아지역에서 미국이 가장 신뢰하는 동맹국으로서의 입지를 확실히 굳혔다. 1980년대 후반 미일 통상마찰이 심각했을 때 미국 내에서 일었던 이른바 '일본 때리기(Japan Bashing)'는 사라졌다. 두 총리가 개인적인 자존심이 없어서 그런 것이 아니라 나라를 지키고 국민의 삶을 편하게 하는 확실하고 옳은 길이라고 믿었기 때문이다.

그들의 행동이 모두 전적으로 맞는 것만은 아닐 것이다. 다만, 나라를 위해서라면 때론 모욕도 참고, 개인적인 감정도 억제해야 하는 것이 국가 지도자, 리더라는 점을 생각할 수 있다. 그들 개인이 비아냥의 대상이 되었지만 국가 전체에 해를 준 것은 없었다. 리더는 악역을 맡아야 하기도 하지만 조롱의 캐릭터도 맡아야 한다. 언론은 당연히 그들에게 비판을 가하는 것이 그 역할을 수행하는 것이다.

《춘추좌전》에 "심미필유심악(甚美必有甚惡)"이라고 했다. 아름다운 것은 반드시 그만큼 악한 것이 숨어 있다. 겉으로 아름다운 것도 속을 보면 오히려 악한 것이 있으며 아름다움 때문에 그 악한 것을 제대로 보지 못할 수 있다. 또한 겉으로 아름답게 보이려고만 하다가 안에 있는 악을 제거하지 못하고 결국 겉의 아름다움까지 해칠 수도 있다. 《도덕경》 45장을 보면 "뛰어난 솜씨는 서툰 듯하고, 빼어난 언변은 더듬는 듯하다."라고 했다. 리더가 스스로 겉으로 드러나는 좋은 것만을 찾을 때 자칫 그를 따르는 사람들의 고통은 커질 수 있다.

멜린다 데이비스는 《욕망의 진화》에서 "지금까지 원초적인 욕망은 몸과 연결된 것이었지만, 앞으로의 새로운 욕망은 '내 마음을 잃지 않는 것', '내면의 기쁨', '안전하고 행복한 가정', '마음의 평화' 같은 것으로 급격하게 옮겨갈 것"이라고 내다보았다. 2인자 리더십을 취하는 이들은 바로 이런 자신의 마음을 잃지 않고 마음의 안정과 평화를 이루고 있는 이들이다. 그렇게 할 때 웬만한 외풍에도 흔들리지 않고 나아갈 수 있기 때문이다.

TIP

흔히 조직 내 인재라면 풍부한 지식과 경험, 긍정적 자세, 빠른 행동, 명랑하면서도 뛰어난 언변, 사교성 넘치는 태도 같은 것을 갖춘 사람이라고 생각한다. 그런데 《스펙이라는 거짓말》의 저자 오쿠야마 노리아키와 이노우에 겐이치로는 10여 년간 1만 명 정도의 조직원들을 관찰, 평가한 결과 전혀 그렇지 않았다고 결론 내렸다. 그들의 결론은 인재는 업무의 완성도 그 자체에 집중하는 사람이다. 이들은 다른 외향적인 것에 신경 쓰지 않는다. 일 그 자체에 매몰되어 있다. 자신이 세운 그 나름의 기준에 맞춰 책임감 있게 일을 완수하려다 보니 다른 것에는 신경 쓰지 않는다. 이런저런 공짜 표나 공짜 책을 챙겨다 바치고 휴가 정보나 공유하면서 남들에게 잘 보일 생각도 없을뿐더러 남에게 어떻게 비칠까, 나에게 오해가 있는 건 아닐까 하는 걱정 자체를 하지 않는다. 조직의 성패는 이런 이들을 지켜주고 발굴해 적재적소에 배치하는 데 달렸다. 이들에게 적당한 지위와 역할을 주지 않는다면, 입만 살아있는 바보들 사이에서 익사할 가능성이 높다는 것이다.

하찮은 곳에서도 미래의 꿈을

1970년대 후반의 저녁 무렵, 하와이 호놀룰루의 푸나호우 학교 농구장에 흑인 학생 두 명이 있었다. 흑인 가운데 한 명은 '배리 오바마'였고, 다른 한 명은 '케이스 카쿠가와'였다. 배리가 형처럼 그를 따랐다. 이 흑인 소년들을 보고 사람들은 어떻게 생각했을까? 이렇게 말하지 않았을까.

"백인의 나라 미국에서 저 두 흑인 아이들의 인생에 무슨 희망이 있을까?"

세상 사람들이 보기에 흑인 소년들에게는 희망이 없는 것으로 생각되었다. 그들도 희망이 없음을 알았던 것일까. 그들은 자신들을 무시하는 세상에 대해 분노했다. 한편으로 사회에 반항했다. 술을 마시고 마리화나, 심지어 코카인을 했다. 한 줌의 위안을 찾던 두 흑인 학생에게 사실 희망은 먼 나라 얘기였다.

시간은 흘러 30년 후가 되었다. 그런데 두 사람의 행보는 완전히 달랐다. 카쿠가와는 마약 소지 혐의, 차량 절도죄로 7년이 넘는 시간을 감옥에서 보냈고 노숙자 생활을 하고 있었다. 하지만 오바마는 40대 초반의 나이에 미 상원의원에 올랐다. 그리고 '세계에서 가장 강한 자의 자리'라는 미국 대통령에 당선됐다. 희망이 없어 보였던 흑인 소년 두 명 가운데 한 명은 절망의 공간에서 희망을 피워 올리고 자신의 꿈을 본인만이 아니라 세계의 모든 어려운 사람의 꿈을 실현시키는 자리에 오르기 위해 부단하게 노력했다. 그것은 그에게 꿈이 있었기 때문이다. 비록 흑인이었지만 가난한 이들을 대변하는 리더가 되고자 했고 마침내 그 꿈을 이루었다.

연이은 실패와 부채 등으로 절망에 빠진 어느 기업가가 더 이상 방법이 없다고 판단하여 자살을 하기로 결심했다. 집에서 소주 한 병을 마시고, 옆에 있던 농약을 들어 마시려는 순간 초인종이 울렸다. 그리고 누군가 외치는 소리가 들렸다.

"택배 왔습니다."

택배가 왔다는 말에 그는 순간적으로 현관문을 열었다. 문을 열자 택배를 하는 사람은 흔히 볼 수 있는 젊은이나 중년의 사나이가 아니라 나이 많은 할아버지였다. 늙은 할아버지가 힘없이 겨우겨우 말했다.

"누구누구 맞으십니까?"

맞다고 말했다. 생각지도 못한 택배를 받아들고는 갑자기 궁금증이 일어 할아버지에게 물었다.

"할아버지, 그 연세에 어찌 이런 일을 하십니까?"

힘이 거의 실리지 않은 목소리로 할아버지는 말했다.

"움직일 수 있는 몸인데, 이렇게 뭔가 할 수 있다는 것 자체가 행복이라오."

할아버지의 말은 죽음으로 달려가던 기업가를 살려냈다. 이 말을 듣고 그는 새로운 희망을 찾았다.

칭기즈칸은 어려서 아버지를 잃고, 고향에서 쫓겨났다. 먹을 것이 없을 정도로 가난해 들쥐를 잡아먹으며 목숨을 이어야 했다. 그가 살던 땅에서는 농작물을 재배할 수도 없었고, 가축을 기를 목초지도 넓지 않았다. 그는 글자를 몰라 이름도 쓸 수 없었지만 남의 말에 항상 귀를 기울였다. 그리고 사람들을 옆에 두고 모르는 것은 배우고 부족한 것은 채웠다. 마침내 동서양을 잇는 거대한 나라를 세웠다. 그가 바로 변변하지 않은 소수의 유목민 출신 칭기즈칸이었던 것이다. 그는 중원은 물론 아시아와 유럽, 이슬람과 기독교 문명을 연결시키는 위업을 이뤘다.

천하를 통일한 유방은 사람을 보는 안목이 있었기 때문에 자신의 꿈을 이룰 수 있었다. 그가 사람을 보는 안목을 키운 곳은 바로 저잣거리, 즉 시장이었다. 그는 시장에서 주로 활동한 건달이었는데, 시장거리를 배회한 덕분에 많은 사람을 만났다. 많은 사람을 만난 경험이 쌓여 사람을 볼 줄 알았으며, 인간관계를 맺거나 푸는 기술을 익히고 배울 수 있었다. 시장에서 수많은 사람과 부딪히면서 직접 배운 인간관계의 기술, 무엇보다 자신의 목적을 위해 발휘할 수 있었던 탁월한 친화력은 천하를 통일하는 과정에서 큰 힘을 발휘한다. 예컨대 항우가 유방을 사로잡으려 마련한 잔치인 홍문연에서도 항우의 숙부 항백과 친해져 절체절명의 위험에서 벗어날 수 있었다. 대개 영웅호걸이나 문신들이 시장을 싫어하는 것과는 상반된 그의 태도는 결국 천하의 황제로 등극하는 데 매우 중요한 요인이 되었다.

소크라테스는 시장통에서 부랑배나 어린 청년들과 어울렸다. 소크라테스의 산파술은 시장에서 탄생하고 꽃을 피웠다. 아테네 최고 재

외모도 못생긴 소크라테스는 시장통의 철학자였지만,
플라톤을 제자로 두고 세계를 움직인 4대 성인이 되었다.

벌 칼리아스, 최고 인기 미소년 알키비아데스, 정치가 크리틸로스, 아테네 최고 지성 프로타고라스도 그와 함께 있었다. 무엇보다 좋은 집안에서 태어나 엘리트 코스를 밟은 플라톤은 시장통 속의 철학자 소크라테스를 스승으로 모셨다. 소크라테스는 저술을 하나도 남기지 않았지만, 그의 말과 사상은 플라톤의 손을 통해 더 좋은 텍스트로 후세에 전해지고 있다. 비록 시장통에 있었지만 소크라테스는 평소에 이런 말을 했다.

"나는 아테네인이나 그리스인이 아니다. 세계 시민이다."

그가 있는 곳은 비록 누추했고, 생계는 어린 청년들을 가르쳐 연명했으며, 악처의 잔소리에 시달렸지만, 그는 세계의 시민이었고 세계를 움직였다. 비천한 신분으로 태어나 평생을 하급관리로 살았던 장자

장자의 지위도 미천했지만, 그는
불멸의 사상적 리더가 되었다.

(莊子)도 높은 벼슬을 위해 노력한 것은 아니었다. 그러나 마침내 후세에 영향을 크게 떨친 노장 철학을 정립했다. 그리고 동서양의 사상사에 큰 획을 그었다. 만약 그가 높은 벼슬에 올랐다면, 노장사상과 같은 사유체계를 만들어내기 힘들었을 것이다.

1인자형 리더를 꿈꾸는 이들은 훌륭한 곳을 원한다. 1등 기업, 최고의 기업에 들어가려고 한다. 1위인 곳에 속하는 게 자신을 증명하는 방법으로 더 필요하다. 1인자들은 그런 곳이 아니면 아예 쳐다보지 않는다. 아니 발을 담그려 하지 않는다. 그리고 그런 곳에 들어가지 못할 때 열패감에 시달린다. 들어가면 좋을 수도 있지만, 들어가지 않아도 2인자 리더 지향의 사람들은 무기력과 패배감에 휩싸이지 않는다. 무엇보다 그들은 그 일을 사랑한다. 스스로 자신의 경력과 노하우를 쌓아나간다. 1인자들에게 성과가 크지 않은 작은 일들을 하는 것은 하찮은 것으로 느껴진다. 하지만 하찮은 일을 하면서 그 일을 하는 과정에서 남들은 하지 못하는 경험과 훈련을 하게 된다. 길게 보면 모든 것이 훈련과 경험을 쌓는 일이라고 할 수 있다. 중요한 것은 그 훈련과 경험이 자신의 진정한 꿈으로 가는 과정에 있어야 한다는 점이다.

하찮은 일을 하되 그것이 어떤 마음으로 이루어지는가에 따라 결론은 달라지기 마련이다. 테레사 수녀는 리더십의 본질이 무엇이냐는 질문에 "큰 사랑을 가지고 작은 일들을 하는 것"이라고 말한 바 있다. 작은 일이라도 그것이 사랑과 가치 부여를 통해 이루어진다면 전혀 생각하지 못한 일을 만들어낼 수도 있다.

세계적 신문인 〈뉴욕타임스(NYT)〉 편집국장의 자리에 올랐던 아서 겔브는 1944년 일주일에 16달러를 받으며 신문사 생활을 시작했다. 그는 처음에 원고 심부름꾼인 사동(使童, copy boy)으로 입사했다. 그 뒤에 신문사 내부 소식을 전하는 기사를 썼는데, 묵묵히 이를 해냈고 이 과정을 겪은 뒤에 본격적인 취재활동을 거쳐 1986년 '기자의 꽃'인 편집국장 자리에 올랐다. 정식 기자가 아니었기에 주변의 시선이나 월급 등에서 핸디캡이 컸다. 하지만 그는 이런 점에 아랑곳하지 않았다. 자신의 꿈인 언론인에 대한 사명감과 열정이 충만했고, 이를 통해 핸디캡을 극복했으며, 마침내 탁월한 능력을 인정받아 모든 기자들이 선망하는 편집국장에 올랐던 것이다. 그는 〈뉴욕타임스〉의 현재 섹션 편집의 기틀을 다졌다. 더구나 문화적인 소양과 지식도 풍부해 1950년대 뮤지컬의 본산인 뉴욕 브로드웨이에서 비평가로도 활동했다. 아서 설즈버거 〈뉴욕타임스〉 회장은 그를 가리켜 "대단한 에너지와 통찰력을 불어넣은 인물이었다."고 극찬했다.

전 세계 82개국에 7천 명의 직원을 고용하고 있는 사치&사치의 케빈 로버츠 회장은 1960년대에 좋지 않은 조건으로 입사했다. 그는 메리 퀸트에 입사할 때 스스로 이런 제의를 했다. "앞으로 6개월 동안 전임자 월급의 절반만 받고 일하겠습니다. 나중에 제가 가치 있다고 판단하시면 그때부터 제 능력에 맞게 월급을 주십시오." 그는 이미 가장 밑바닥부터 시작할 각오가 되어 있었기 때문에 이런 제안을 한 것이었다. 결국 입사에 성공했으며, 그가 최고의 자리에 오를 기회는 그렇게 시작되었다. 사실 이런 일화는 흔히 찾아볼 수 있다. 어느 기업에 다음과 같은 편지를 보낸 사람도 있었다.

> 38세의 실업자입니다. 대학을 중퇴했습니다. 요리사, 세일즈맨, 외교관을 거쳐 농사도 지어봤습니다. 마케팅에 대해서는 아무것도 모르고 카피는 써보지도 않았습니다. 광고가 재미있어서 업으로 삼겠다고 결심했으며, 연봉 5,000달러를 희망합니다.

입사지원서에 이런 문구를 썼던 남자는 어떻게 되었을까. 그는 3년 뒤 세상에서 가장 유명한 광고 카피라이터가 됐다. 이후 세계에서 열 번째로 큰 광고대행사를 설립해 현재 100여 개국에 359개의 지사를 가지고 있다. 이 편지를 썼던 인물은 바로 '현대 광고의 아버지'라 불리는 데이비드 오길비(David Ogilvy, 1911~1999)였다.

1950년대 패스트푸드 산업을 일으킨 경영의 귀재 레이 크록의 행보는 다른 사람들이 전혀 생각하지 못한 것에서 성장했다. 레이 크록은 사막 한가운데에 식당을 열었다. 누구도 생각하지 못한 '드라이브인 레스토랑'이었다. '드라이브인 레스토랑'은 자동차에서 바로 식사를 하는 식당이었다, 이런 레스토랑은 당시로선 그 누구도 생각하지 못한 혁명적인 발상이었다. 아니 세상에 누가 사막에서 레스토랑을 방문한다는 말인가. 그러나 그것은 전혀 엉터리가 아니었고, 대성공을 거뒀다.

2인자 리더십을 취하는 사람들은 그럴듯한 공간을 쫓아다니는 것이 아니라 자신의 공간을 마련하기 위해 경험과 과정의 축적, 수행을 매우 중요하게 생각한다. 또한 그 공간을 마련한다고 해도 자신만을 위한 공간으로 만드는 것은 아니다. 그는 어디에 있든 자신이 근본적으로 지향하는 가치와 목표를 잊지 않고 있다. 아무리 하찮은 곳이라도 그곳이 미래에 어떻게 변화하고, 긍정적인 방향으로 바뀔 수 있을지에 대해 더 관심이 많을 뿐이다.

터키의 풍자문학가 아지즈 네신(1915~1995)은《어느 무화과 씨의 꿈》에서 무화과의 힘을 말했다. 즉, 깨알보다 작은 무화과 씨 한 알을 통해 작은 힘이 위대할 수 있음을 말해주고 있다. 무화과 한 알이 엄마에게 물었다.

"우리는 왜 이렇게 수가 많아요?"

엄마는 위험으로 가득한 세상에서 무화과가 스스로 살아가고 종족을 보존하기 위해서라고 했다. 그리고 이어서 이보다 더 중요한 말을 했다.

"무엇보다 아주 작은 무화과 씨 하나에는 성이나 감옥의 벽을 무너뜨릴 만큼 강한 힘이 숨어 있단다."

그 말을 들으며 자란 무화과 씨는 세상에 나온 뒤 성벽 틈에 뿌리를 내려 마침내 거대한 성벽을 무너뜨렸다. 다시 무화과는 엄마가 되었다. 미미한 무화과가 거대한 성벽을 무너뜨릴 수 있는 것, 이는 2인자 리더십이 지향하는 가치이다.

TIP

슈테판 코르넬리우스에 따르면 메르켈은 독일 정계에서 철저한 아웃사이더였다. 흡수통일의 주체였던 서독이 아닌 흡수 대상 동독 출신이었다. 정계의 절대다수 세력인 남성이 아닌 여성이었고, 중도우파 기민당의 대세인 가톨릭 신자가 아니었다. 바로 개신교 출신이었다. 전공도 정치와는 매우 거리가 있었다. 정치와 관련성이 전혀 없었고, 법이나 제도와도 관련이 없는 물리학자였다. 버락 오바마 미국 대통령 같은 화려한 언변도 없었다. 블라디미르 푸틴 러시아 대통령 같은 절대 카리스마도 없었다. 그러나 이런 모든 악조건을 뛰어넘어 보란듯이 21세기 초 세계 최고의 여성 지도자 반열에 올랐다.

자신의 상황을 인정하니 도약

어느 날 철학자 쇼펜하우어(Schopenhauer Arthur, 1788~1860)는 뭔가 골똘히 생각하며 길을 걷고 있었다. 너무 몰입했던 탓인지 맞은편에서 사람이 오는 것을 알아채지 못하고 그만 부딪히고 말았다. 길을 걸어오다가 부딪힌 사람은 큰소리로 따졌다.

"당신 도대체 누구기에 앞도 안 보고 다니시오?"

쇼펜하우어는 말했다.

"나도 내가 누구인지 알았으면 좋겠소."

마르쿠스 아우렐리우스는 "다른 사람의 마음은 잘 몰라도 그렇게 불행하지는 않다. 하지만 자기 마음을 모르면 불행해진다."라고 말하기도 했다. 나를 아는 것은 비단 자신에게만 도움을 주는 것이 아니라 다른 사람들에게도 도움이 된다. 그가 여러 사람을 이끄는 사람이라고 할 때는 더욱 그러할 수밖에 없다. 자신의 가치적 지향 그리고 자신의 현재 상황을 정확하게 진단하고, 인식하는 것이 중요하다. 그럴 때 다른 이들과도 소통하고 같이 목적을 향해 나아갈 수 있다.

"자신을 경영할 수 없는 사람은 다른 사람을 경영하지 말라." 이는 거리의 철학자 소크라테스의 말이다. 자기 마음을 모르면, 아니 자기 상황을 파악하지 못하면 다른 사람을 리드할 수 없다.《마음으로 리드하라》(류지성 저)는 다음과 같은 맥락을 짚어내고 있다.

> 수백 명을 이끄는 경영자이건 서너 명으로 구성된 작은 조직의 팀장이건 간에 대부분의 리더는 공통된 고민을 가지고 있다. 바로 부하가 자기 마음대로 움직여주지 않는다는 것이다. 하지만 이는 모두 '마음'을 들여다보지 않은 탓이 크다. 사람의 마음은 결코 단순하지 않다. 그 복잡한 심리 프로세스를 파악하는 리더만이 자신의 부하들을 잘 움직여 좋은 결과를 창출할 수 있다. 이보다 더 심각한 문제는 리더 스스로도 자기 자신을 모른다는 것이다. 리더 대다수가 '나는 제법 괜찮은 리더'라고 생각한다. 하지만 실제로는 그렇지 않을 가능성이 더 높다. 리더는 자신의 리더십이 어떠한지를 판단할 수 있어야 하고, 가장 바람직한 리더 유형이 무엇인지도 알고 있어야 한다.

자기 자신의 상황을 아는 것도 중요하지만, 리더는 자신이 이끄는 조직에 대한 정확한 진단과 이를 공론화하는 역할을 제대로 해야 한다. 1994년 당시 삼성의 가전제품은 해외 시장에서 천덕꾸러기였다. 잘 팔리지 않는 제품 가운데 대표 주자였다. 당시 무선전화기 사업부의 시장불량률은 무려 11.8%에 이르렀다. 이건희 삼성그룹 회장은 이때 이렇게 말했다.

"소비자한테 돈 받고 물건을 파는데 불량품 내놓고 파는 게 미안하지도 않은가?"

이렇게 이건희 회장은 불량제품에 대해 임직원들을 혹독하게 질책했다. 이에 삼성전자는 소비자들에게 모두 새 제품으로 바꿔주었다. 그리고 수거한 15만 대, 150억여 원어치 제품을 모두 전 임직원들이 보는 앞에서 폐기했다. 이는 국내 최고라는 인식을 하던 삼성전자 구성원들이 크게 놀라고 각성하는 계기가 되었다. 당시 삼성은 국내에서만 1인자였을 뿐 세계에서는 2인자, 3인자 축에도 들지 못했다. 이듬해 3월, 다시는 불량제품을 만들지 않겠다는 결의대회가 경북 구미 사업장에서 열렸고, 그 뒤에 '품질의 삼성'으로 거듭나 세계에서 알아주는 기업으로 도약하기 위해 진력하기 시작했다. 이러한 것이 가능했던 것은 바로 현실에 대한 정확한 인식을 통해 좀 더 낫게 나아가려는 의지의 강력한 발현이었다.

미국의 '존슨 앤 존슨(Johnson & Johnson)'은 '타이레놀 독극물 사건'을 계기로 기업윤리를 최초로 주장한 기업이었다. 불순한 자가 의도적으로 독극물을 주입한 타이레놀을 복용한 후 사망자가 발생하자 미국 전역에 배포된 약 1억 달러어치의 약품 전량을 회수하고 "절대 복용하지 말라"라는 대대적인 홍보까지 했다. 물론 이를 통해 자사의 상당한 손해를 감수했다. 이런 노력으로 시장점유율을 회복하는 데 3년이 걸렸음에도 이미지가 더 좋아진 것은 물론이었다.

무굴 판댜와 로비 셸의 공저《세상을 변화시킨 리더들의 힘》을 보면, 인텔의 공동창업자 앤드루 그로브의 리더십 원형으로 현실을 있는 그대로 냉철하게 인식하는 점을 든다. 그것은 자신이 처한 상황을 명확하게 인식하는 것이다. 이 덕분에 인텔이 성장을 거듭해나가면서도 '매우 강력한 면역 시스템'을 갖게 됐다고 한다.

《주역》에 "관아생(觀我生)하야 진퇴(進退)로다."라고 했다. "내가 한 바를 보아서 나아가고 물러선다."라는 뜻이다. 내가 한 바를 생각하지 않고 높게 그리고 의미 깊게 평가하고 이를 다른 사람에게 과시하거나 강요하는 것이 1인자 리더십을 취하는 이들의 특징이다. 2인자 리더십을 보이는 이들은 이와는 다른 반대의 언행을 보인다. 자기가 한 일을 먼저 자랑하거나 다른 이들에게 과시하고 종국에는 강박하기보다는 스스로 진단하고 더 나아질 수 있는 방안을 모색하는 것이 2인자 리더십을 취하는 사람들의 특징이라고 할 수 있다. 당장에는 자신의 현실을 정확하게 인식하지 않는 것이 편할 수 있지만, 시간이 지날수록 진실은 드러나고 결과는 그에 맞게 나타날 수밖에 없다. 구성원들도 현실 진단을 하지 않는 것이 좋을 수 있지만, 곧 그 결과가 나타나면서 자신의 존립도 위태롭다는 것을 알게 된다. 그것을 사전에 인지하고 스스로 막는 역할을 하는 것이 리더들이다.

폭군으로 알려진 광해군(光海君, 1575~1641)은 신흥 강대국으로 떠오른 후금을 인정했다. 광해군은 중립외교를 통해 현명하게 상황을 피해가고 있었다. 하지만 친명 사대파들은 후금의 국력을 무시하려 했고 광해군의 외교정책을 인정하지 않았다. 후금(後金)을 조선을 부모의 나라로 섬기는 오랑캐, 미개한 여진족일 뿐이라고 말했다. 광해군의 밀명을 받은 강홍립의 조선군은 명나라의 요구대로 후금을 공격하기는 했지만 전력을 다하지 않고 공격하는 척하다가 투항했다. 이는 사대주의자들의 거대한 저항에 직면하게 했다. 객관적인 상황을 인정하기 싫었던 친명 사대파들은 명분론에 집착하여 결국 광해군을 몰아내는 인조반정(1623년)을 일으켰다. 그리고 호란(1627년 정묘호란, 1636년 병자호란)을 불러일으켰다. 그 호란으로 조선은 어떤 피해를 입었던가.

맬컴 글래드웰은 미국에 대응한 베트남과 이라크를 비교한 적이

만약 다윗이 칼을 들어 골리앗과 싸웠다면
결과는 뻔했을 것이다. 다윗으로 인해
전쟁은 순식간에 역전되었다.

있다. 글래드웰은 "두 나라 모두 미국이라는 골리앗과 맞붙었지만 한 나라는 이겼고 한 나라는 졌다."고 했다. 왜 베트남은 이기고 이라크는 졌는가? 이유는 무엇일까? 이에 대해 그는 이렇게 말했다.

"이라크는 당시 미국이 사용했던 전쟁의 법칙을 그대로 따라 싸웠지만, 베트남은 달랐다."

베트남은 어떤 방법을 취했는지 생각해보자. 베트남은 자신들의 한계를 알고 게릴라전을 펼쳤다. 전면전으로 맞붙어 싸운다면 필패하리라는 사실을 잘 알고 있었다. 자기 나라의 지형지물을 잘 알았기 때문에 이를 활용하여 지구전에 돌입하였고 결국 미국은 베트남에서 물러나야 했다. 자신의 전투능력을 파악하고 상대방이 약한 점을 잘 파악하여 대응한 결과였다. 맬컴 글래드웰은 말했다. "다윗이 골리앗을 이기려면 골리앗이 쓰는 방법을 그대로 쓰면 안 된다." 바로 자신의 상황에 맞는 방법을 사용해야 한다.

조지프 S. 나이는《리더십 에센셜》에서 "한 분야에서 탁월함을 자랑했던 리더가 많은 사람들의 기대를 저버리고 다른 분야에서 실패를 맞는 것은 바로 상황을 이해하는 능력이 뒤떨어져서이다."라고 말했다. 많은 연구자들은 "부하들의 욕구에 민감하지 못한 리더들은 성공적인 리더십을 발휘하기 힘들다."고 한다. 무엇보다 대부분의 리더들은 리더십에 고정적인 레퍼토리를 갖고 있고, 이 때문에 자연히 새로운 상황에 적응하는 데 어려움을 겪게 된다. 반면 존경을 받는 리더는 이와는 반대로 기존의 레퍼토리에 집착하지 않는다.

조지프 S. 나이는《리더십 에센셜》에서 뛰어난 리더는 상황에 맞게 자신이 가진 하드 파워와 소프트 파워를 적절히 결합할 수 있는 능력을 갖고 있어야 한다고 했다. 궁극적으로 뛰어난 리더는 상황을 제대로 이해한 다음에 하드 파워와 소프트 파워의 비중을 적절히 조합하고 강약을 조절할 수 있는 능력을 갖고 있어야 한다는 것. 소프트 파워 면에서의 세 가지 기술은 감성지능, 커뮤니케이션 그리고 비전, 하드 파워 면에서 중요한 것은 조직 기술과 마키아벨리식 정치 기술이다. 앞의 것을 결정적 소프트 파워 기술, 뒤의 것을 결정적 하드 파워 기술로 정의했다. 그의 논지대로라면 상황지능이 중요하다. 이런 상황지능이 없으면 리더로서는 치명적인 한계인 것이다. 상황지능이란 '다양한 상황에 맞는 스마트한 전략을 창출하기 위해 리더가 목표와 전술을 조율하는 것을 돕는 직관적인 진단 기술'을 말한다. 이를 두고 어떤 이는 "이는 주어진 상황에서 무엇은 가능하고 무엇은 불가능한지, 그들이 얼마나 알고 있는지를 설명할 필요 없이 어떤 수단이 어떤 상황에서 얼마나 먹혀들지, 그리고 무엇이 무엇과 잘 맞아떨어지는지 등과 관련한 사실을 잘 아는 것"이라고 말하기도 한다.

이런 상황지능에 뛰어난 사람 가운데 한 명이 케네디 대통령이었다. 세상을 떠난 지 수십 년이 지난 지금도 미국인들은 그를 위대한 대통령으로 꼽고 있고, 대중의 인물 호감도가 70%에 이른다. '자유세계의 영웅'이라고도 한다. 민주 · 공화당을 아울러서 미국의 정치인들에게 '케네디 같다(Kennedyesque)'는 말보다 듣기 좋은 칭찬이 없다고 한다.

1961년 당시 미국은 고율의 세금과 재정긴축 속에서 저성장에 허덕이고 있었다. 이때 대통령이 뜬금없이 기업인들을 향해 "개자식"이라고 했다. 이는 국민경제를 생각하지 않고 이기적으로 행동했기 때문이다.

인플레이션을 우려한 정부가 임금인상 요구를 완화해달라고 노조를 찾아다니고 있었다. 하나하나 힘들게 설득하는 와중에 최대 철강업체 US스틸이 제품가격을 올렸다. 자기만 살겠다고 제품가격 인상을 선언했던 것이다. 이 때문에 분노한 대통령이 폭언을 했던 것이다,

그런데 이 말이 언론을 통해 전해졌다. 그리고 법무부 직원, FBI 요원들이 일제히 US스틸 주변을 배회했다. 그러자 월스트리트에서 즉시 반응이 나타났다. 주가가 한 달여 만에 1백여 포인트 가까이 급속히 떨어졌다.

"반기업 정서에 사로잡힌 정부가 기업에 칼을 빼들었다."

이런 루머가 꼬리를 물었다. 언론에 이 말이 장식되었다. 자고 나면 하루 최대 하락 기록이 바뀌었다. '대통령으로 인한 붕괴'였다. 이 이야기의 주인공이 바로 케네디다.

17년 이상 저널리스트로 활동해온 존 바네스는 사람들을 끄는 'JFK의 비밀'을 잘못의 인정과 그것의 빠른 개선에 있다고 보았다. 케네디는 자신의 실수를 솔직하게 인정했고 재빨리 해결책을 찾으려고

노력했다. 존 바네스의《케네디 리더십》에 보면 '말실수'에 대한 대처는 '케네디의 학습능력'이 빛을 발하는 대표적 사례였다. 이전 정부들의 실정을 지켜본 그는 적자재정의 위험성을 이미 인식하고 있었다. 또 기업과 반대쪽에 있는 노조의 입장도 고려해야 했다. 하지만 케네디는 일단 자신이 오판했다고 생각하면, 서슴지 않고 태도를 바꿨다. 그의 연설에 대해 "대통령이 아닌 기업단체장의 연설 같다."는 주변의 야유가 있었다. 하지만 그는 아랑곳하지 않고, 대대적인 감세안을 발표해 주가를 단숨에 반등시킨다. 결국 케네디는 자신의 언행으로 일어난 주식폭락을 재빠른 실수 인정과 후속조치를 통해 주가호전으로 바꾸었다.

1인자 리더는 자신의 상황을 잘 인식하지 않거나 인정하지 않으려고 한다. 그런 행동이 자기의 지위에 해가 된다고 생각한다. 무엇보다 명예와 위신에 누가 된다고 여긴다. 2인자들은 그런 생각보다는 앞으로 어떻게 더 잘할 것인지 발전적인 시야 위에서 냉정하게 파악하고 빨리 행동한다. 시간이 흐르면 흐를수록 자신에게 불리한 것을 너무나 잘 알고 있기 때문이다. 특히 자명한 상황에서는 말이다.

TIP

《체인징 마인드》에서 하워드 가드너는 '사람들의 마음을 바뀌게 할 수 있을까?'에 대해 마지막으로 마음의 변화 같은 '심리수술'의 요령을 제시한다. 어차피 일어날 변화는 받아들이고, 어떤 변화는 불가능하다는 것을 인정해야 한다고 했다. 매우 중요하지만 저절로는 일어나지 않는 변화, 그러나 충분한 노력과 동기만 있으면 얼마든지 가능한 변화에는 노력을 집중하라고 했다.

—

《워렌 베니스의 리더》에서는 지금의 리더들에게 가장 필요한 자질 중 하나로 '적응능력'을 꼽았다. 적응능력이란 리더들이 부단히 변화하는 환경에 민첩하고 영리하게 대처하는 역량을 말한다. 뛰어난 리더는 상황에 맞게 자신이 가진 하드 파워와 소프트 파워를 적절히 결합할 수 있는 능력을 갖고 있어야 한다는 것이 조지프 S. 나이의《리더십 에센셜》요지다.

자신이 잘하는 것을 지속한다

제2차 세계대전 때 독일의 침공에서 영국을 지킨 윈스턴 처칠 수상은 학창시절 결단코 우등생에 들지 못했다. 특히 그는 수학을 무척 싫어했다. 사관학교도 두 번 떨어지고, 세 번째 응시한 끝에 붙었다. 그러나 그는 비록 수학을 싫어했지만 사람들을 끌어들이는 웅변술이 있었고, 글 쓰는 재능이 뛰어났다. 그는 영국의 역사를 치열하게 공부하고 수많은 문학작품을 읽었다. 무엇보다 목표를 향해 치열한 노력을 기울이는 끈기와 성실함이 있었다. 그는 남들에게 없는 점을 보완하거나 자신이 갖고 있는 장점을 살리기 위해 노력했다.

아우렐리우스는 이렇게 말했다. "네 기본 원칙들을 적용할 때는 '판크라티온(온몸으로 싸우는 격투기)' 선수처럼 해야지, 검투사처럼 해서는 안 된다. 검투사는 사용하던 칼을 잃으면 죽지만, 판크라티온 선수는 주먹을 항상 갖고 있어 그것을 꽉 쥐기만 하면 되기 때문이다." 이 말은 판크라티온의 장점을 설명하는 것이지만, 판크라티온을 흠모하여 무턱대고 나서는 것도 바람직하지 않다.

검투사가 칼을 놓고 대결에 나설 수 없듯이 격투기 선수가 칼을 들고 대결에 나서는 것도 위험하다. 검투사는 검투사처럼 하지 않으면 안 되듯이 격투기 선수가 검투사처럼 하면 존립을 보장받을 수 없다. 이는 각자 자신에게 유리한 점, 강점을 잘 살리는 것이 중요하다는 점을 말한다.

아우렐리우스는 검투사는 검투사에 맞는 방식을 취할 것을 말했다. 2인자 리더들은 자신의 능력과 재능을 앞에 두고 다른 것을 보지 않는다.

조 오웬의《리더십 스킬》은 스스로 최상의 리더가 되기 위해 노력하는 것이 다른 대안들에 비해 훨씬 유리하다고 말한다. 무엇보다 그는 위인이 아닌 자기 자신이 가진 조건으로 리더가 되기 위해 노력하는 것이 중요하다고 말한다. 흥미로운 점은 성공한 리더는 행운의 존재를 인정하고, 자기의 운을 만들기 위해 노력한다는 사실이다. 이는 1인자들과 다른 점이다. 그들은 합리적이고 객관적 · 통계적 · 과학적인 것을 선호하기 때문에 계산이나 예측에서 벗어나는 일을 하지 않는다. 하지만 2인자형 리더들은 열심히 하면서 스스로 강점을 만들어 애초에 생각하지 못했던 결과들을 만들어낸다. 운은 바로 행동하는 데서 나오는 것이며 피하거나 선택하지 않는다면 일어날 수 없다. 자신이 어쩔 수 없는 요인이 있다는 점을 그들은 잘 알고 최선을 다할 뿐이다.

마커스 버킹엄은《위대한 나의 발견 강점혁명》을 통해 개인이 가진 강점을 발견하고 스스로 인지하고 집중해야 한다고 본다. 이는 "약점을 보완하려 하지 말고, 강점에 집중하라."라는 말에 압축되어 있다. 부족한 것을 더 잘하기 위해 아무리 노력한다고 해도 최고의 자리에 오르긴 어렵고, 자신의 강점에 맞는 일을 할 때 비로소 탁월함에 이를 수 있다는 것이다. 무조건 열심히 하는 것이 아니라 같은 시간, 노력, 열정을 강점에 집중했을 때는 더 놀라운 성과를 얻을 수 있다는 의미다. 그들이 말하는 강점 발견 프로그램 '스트렝스파인더'는 개인이 가진 5가지 강점을 찾아주고 여기에 집중하도록 했다. 그들은 어떤 강점 조합을 가진 사람이 어떤 역할을 수행하느냐, 어떤 사람들과 함께 일하느냐에 따라 성과 역시 달라질 수 있다고 했다. 그는 직장 내 신입사원 가운데 상위 20%만 살아남는다고 보고, 10명 중 2명에 들기 위해서는 자신의 강점을 살리고 약점을 고치기 위해 부단히 노력하고, 학습을 통해 자신을 연마해야 한다고 했다.

앨프리드 슬론(1875~1966)이 제너럴모터스(GM)의 경영을 맡기 시작한 1920년대 초 회사의 재정은 엉망 그 자체였다. 당시 GM은 여러 회사를 인수 합병해 몸집을 키웠다. 하지만 효율적으로 운영하지 못했다. 슬론은 우선 자동차와 소비자라는 본질에 집중했다. 매년 자동차 모델에 변화를 줘 소비자들의 호기심과 기대감을 받았고, 쉽게 구매할 수 있도록 할부 개념도 도입했다. 물품 조달과 관리의 정확성을 기하기 위해 합리적인 매뉴얼을 만들었다. 또한 무엇보다 뛰어난 인재를 영입했다. 그 결과 GM은 매출액이 급성장했다. 수십 년간 미국 자동차 시장점유율에서 압도적인 우위를 차지했다. 《권력자들》에서 스티브 포브스와 존 프레바스는 아우구스투스와 닮은 경영 리더가 앨프리드 슬론이었다고 했다. 아우구스투스도 무분별하게 영토(사업)를 확장하지 않았으며 제국(기업)이 안정된 궤도에서 돌아갈 수 있도록 기본 토대를 확고하게 했다. 자신을 도와줄 유능한 인재를 등용했다. 신중하고 겸손했으며 분별 있고 사려 깊게 행동했다. 두 사람이 운영할 때 제국(기업)은 가장 큰 경제적 풍요를 누렸다.

2012년 '약자의 역설'이라는 주제로 강연에 나선 맬컴 글래드웰은 이렇게 말했다.

> 군사기술혁신에서 소련이 중앙집중식 천재를 모아 아이디어를 내고, 미국이 기술을 개발했지만 아이디어와 기술을 결합해 실전에 써먹은 이스라엘이 성공했다. 모두가 1 · 2위에 집착하지만 강점 없는 3위도 최고의 성공을 거둘 수 있다.

더 정확하게 말하면 강점이 없다기보다는 3위에 맞는 강점을 발휘하거나 그것에 집중했기 때문에 이스라엘이 성공할 수 있었던 것이다. 만약 이스라엘이 미국이나 러시아를 무턱대고 흉내 냈다면, 성과를 거두기가 힘들었을 것이다. 그는 한국에 대해서도 이 같은 맥락에서 언급했다. 그는 "힘없고 가장 가난한 나라 중 하나에서 크게 성장한 한국은 골리앗에게 맞선 다윗의 승리를 보여주는 전형적인 사례"라고 했다. 그는 스타가 없는 상황에서 한국 축구대표팀이 2002 월드컵 4강에 올라간 것은 이 때문이라고 했다. 물론 이때 히딩크라는 리더가 한국 팀의 장점을 잘 살려주었기 때문에 가능한 일이기도 했다.

히딩크를 언급했으니 다른 스포츠 지도자도 보자. 농구감독인 존 우든은 1910년 미국 인디애나 주에서 태어나 농구 선수와 감독으로 활약하며 경이적인 기록을 세웠다. 그의 UCLA 농구팀은 12년 동안 88연승, 4시즌 연속 우승, 전미대학농구선수권대회 10회 우승이라는 기록을 세웠다. 그는 세계적인 스포츠 채널 ESPN으로부터 '세기의 감독'이라는 칭호를 받았고, 선수와 코치 부문 모두에서 최초로 농구 '명예의 전당'에 올랐다. 미국 대통령이 수여하는 '대통령 자유의 메달(Presidential Medal of Freedom)'도 받았다. 그는 자신의 성과에 대해 어떻게 말했을까? 우든은 "성공에 특별한 비결은 없다. 다만 자신이 할 수 있는 최선의 노력을 다하는 가운데 승리와 성공은 저절로 따라오는 것"이라고 했다. 그는 진정한 성공이란 점수나 결과에 달려 있지 않고 자신의 잠재력을 얼마나 최대한 발휘했느냐에 달려 있다고 했다. 또한 타인과 비교하는 것이 아니라 어제의 나와 오늘의 나를 비교해 얼마나 성장했는가를 성공의 척도로 봐야 한다고 했다.

1인자들은 다른 사람과 자신을 비교한다. 남들에게 뒤지지 않기 위해서가 아니라 자신의 자리를 그들이 넘볼 수 있다고 생각하기 때문이다. 그래서 자기 스스로의 실력을 연마하기보다는 남이 자신을 위협할 수 있는가에 초점을 맞추어 정치적 역량을 키우는 데 더 집중한다. 그것은 지위의 성취로 나타난다. 더구나 지위에 맞는 리더십을 고민하기보다는 지위의 달성이 목적이 되어버린다. 그리고 더 나은 지위를 우선하기 때문에 자신이 그 지위를 유지하지 못하는 것을 용납하지 못한다. 그러다가 자신이 잘하는 것조차 잘 살리지 못하거나 유지하지도 못하는 함정에 빠지고 만다. 2인자들은 자신의 지위를 위협하는 사람들을 신경 쓰지 않는다. 자신이 가는 길, 실력을 키우는 것이 중요하기 때문이다. 또한 모든 것을 자기가 잘할 수 없다는 것을 인정하기 때문에 다른 사람들이 잘해내는 것을 두려워하거나 견제할 필요가 없다. 1인자가 아니기 때문에 자신의 강점을 최대한 살려서 그것에 집중해야 한다. 그것에 집중해야 하기 때문에 남들이 무엇을 하는지에 신경을 쓸 필요가 없다. 그들은 오로지 정신을 집중하고 그것에 진심과 진력을 다할 때 일이 이루어질 수 있다는 것을 머리가 아니라 몸과 마음으로 인식하고 있다. 그것이 그들의 강점이자 경쟁력의 원천이다. 그것을 잃으면 2인자인데 1인자를 흉내 내는 상황에 처할 뿐이다.

TIP

“능력 개발이란 약점을 무리하게 단련하는 것이 아니라 강점을 직시하고 그 강점이 발휘되지 못하게 방해하는 요인을 제거해주는 일”이다. 《스펙이라는 거짓말》에서 오쿠야마 노리아키와 이노우에 겐이치로가 말한 것으로, 리더라면 생각해봐야 할 명제다. 자신의 강점을 살려나갈 때 자신이 잘하는 일이 된다. 그렇다면 방해요인을 제거하는 것이 중요하다. 리더는 구성원들의 강점을 파악하고 이에 맞추어 독려하면서 그 방해요인을 제거해준다. 그들은 업무력을 ‘개념화 능력’, ‘외부수용 능력’, ‘내부강화 능력’, ‘성과관리 능력’으로 구분한 뒤 이를 ‘키 포텐셜 다이아몬드’라고 이름 붙였다. 키 포텐셜 다이아몬드는 2인자 리더십을 추구하는 이들이 중요하게 생각하는 능력들인 셈이다.

솔직함의 문화를 만드는 2인자들

좋은 리더가 이끄는 조직의 성적이 나쁘고, 나쁜 리더의 조직은 성적이 좋다는 말이 있다. 과연 그럴까. 하버드 경영대학원 교수 에이미 에드먼슨(Amy Edmondson)은 하버드 메디컬스쿨의 의사들과 함께 이런 맥락의 연구를 했다. 우선 리더십과 동료관계가 좋은 곳이 약품을 취급할 때 실수가 적을 것이라고 가정하고 조사를 했다. 실제 조사 결과는 애초의 가설을 벗어났다. 훌륭한 리더가 있는 부서가 가장 실수가 많았다. 최악의 리더가 있는 곳에서는 오히려 적었다. 좋은 리더가 엄하게 하지 않아서 실수가 많이 생기는 것일까? 정말 좋게 대해주면 안 된다는 말이 맞는 것일까? 결과만 보면 좋은 리더가 있는 조직은 성과가 좋지 않은 셈이 된다. 그런데 다시금 살펴보니 그 원인은 전혀 다른 의미를 내포하고 있었다. 좋은 리더가 있고 동료관계가 좋은 부서에서는 실수를 즉시 솔직하게 보고했다. 그에 따라 빨리 대응했다. 하지만 최악의 리더가 있는 곳에서는 두려움 때문에 실수가 있어도 숨겼다. 따라서 실수가 많음에도 은폐되었다. 두려움이 존재하고, 동료들이 자신에게 위해를 가할 존재로 보였기 때문에 전체 조직보다는 항상 자신의 안녕을 보전하기 위해 노력했다. 조직이 어떻게 되든 알 바가 아니었다. 이러한 은폐는 단기적 지표상으로는 성과가 좋은 것처럼 보였지만, 나중에 큰 문제를 일으켰다. 결국 단기적인 성과는 나쁜 리더에게서 나올지 모르지만 장기적이고 근원적인 성과는 좋은 리더의 손에서만 나올 수 있다.

미국의 마케팅 전문가 알 리스(Al Ries)와 잭 트라우트(Jack Trout)의 《마케팅 불변의 법칙》에 실린 마케팅 전략 가운데 '솔직성의 법칙(The Law of Candor)'이 있다. 이는 스스로 부정적인 사실을 솔직하게 밝힐 때, 사람들은 이를 진실이라고 받아들이고 그렇게 한 이들이나 기업, 조직, 단체를 긍정적으로 간주한다고 한다. 리더라면 그를 믿고 따를 만할 것이고, 기업이라면 소비자들에게 확실한 브랜드 파워를 갖게 될 만하다. 실제 실험을 하나 살펴보면 이 같은 내용을 확인할 수 있다. 주제는 '광고의 경고문구가 소비자들의 구매결정에 미치는 영향'이었다. 내용을 요약하면 경고문구가 있는 담배를 더 소비했다[〈Psychological Science〉 저널에 실린 연구 싱가포르 INSEAD상업대학(INSEAD Business School), 이스라엘의 텔아비브대학(Tel Aviv University), 미국 뉴욕대학(New York University) 연구진 참여].

실험 내용을 보면, 연구팀은 흡연자들을 두 그룹으로 나눈 후 한 그룹에는 흡연이 폐암, 심장질환, 폐기종을 일으킬 수 있다는 경고가 포함된 광고를 보여주었다. 다른 그룹에는 그런 경고가 없는 광고를 보여주었다. 그리고 두 광고가 구매자들에게 어떤 영향을 미치는지 광고 효과를 통해 관찰했다. 초기에는 경고 포함 광고를 본 흡연자 그룹의 담배 구매율이 상대적으로 낮았다. 하지만 광고에 노출되고 시간이 지나고 나자 놀라운 결과가 나타나기 시작했다. 경고가 포함된 광고에 노출됐던 흡연자들의 담배 구매율이 상승했기 때문이다. 왜 이런 현상이 일어난 것일까?

연구팀은 "소비자들에게 주의를 줄 목적으로 만든 해로운 부작용에 대한 경고가 아이러니하게도 정반대의 역효과를 냈다."고 했다. 이러한 결과는 담배에만 적용되는 것은 아니었다.

품목을 바꾸어 출시될 발모제가 심각한 부작용을 불러일으킬 수 있다는 경고 광고를 본 사람들이 오히려 구매욕을 느꼈다. 따라서 처음에는 경고가 부정적인 느낌을 주지만 정작 상품을 구매할 때는 그 제품을 산다는 것이다. 이러한 점은 당장에는 솔직한 말이 귀에 달갑지 않을 수 있지만, 장기적으로는 솔직한 말을 한 사람을 신뢰하게 된다는 말이다. 혹은 은폐했다가 밝혀지는 경우에는 신뢰를 잃게 되고 생각하지 못했던 심각한 상황에 직면할 수 있다.

솔직하지 못한 행동이 알려졌을 경우 소비자들에게 외면을 받기 쉽다. 몇 년 전 일본의 대형 호텔 레스토랑 체인업체가 메뉴판에 표기한 것과 다른 재료로 만든 음식을 내놨던 것이 들통이 났다. 나중에 대표이사의 사과는 물론이고 사임으로까지 이어졌다.

이제 2인자의 관점에서 기업의 마케팅을 살펴보자. AVIS렌터카는 "우리는 2등입니다."라고 홍보했다. 구강세척제 '리스테린'을 광고할 때는 "하루에 두 차례씩 싫어하는 맛을 냅니다."라고 했다. 자기 회사의 상품에 대한 장점이 아니라 단점을 홍보했다. 이른바 돌직구 광고였다.

그렇다면 이러한 홍보 내지 광고에서 소비자들에게 소구하려는 심리적 포인트는 무엇일까? 일단 1등이라고 하지 않고 2등이라고 말하는 점에서 솔직함을 느끼게 된다. 특히 소비자들이 진짜 1위 기업이 아니라고 생각하고 있는 기업이 1등이라고 주장하면 이미 그때부터 신뢰성을 잃게 된다. 더구나 디지털 모바일 시대에 소비자들은 현명하고 많은 정보를 취할 수 있기 때문에 누구보다도 실제 우수기업이나 상품 서비스를 잘 알고 있거나 파악할 수 있다. 자신의 약점을 솔직하게 말하며 다른 강점을 말하는 것은 인정한 약점 외에 다른 면에 대해서는 믿을만하다는 인식을 주게 된다. 싫어하는 맛을 내더라도 구강을 청결하게 만들 수 있다는 메시지는 그 회사 자체에 대해 믿음을 줄 수 있다. 구강세척제에서 제일 중요한 것은 냄새가 아니라 세척을 잘해주는 것임을 우리는 잘 알고 있다. 구강을 청결하게 할 수 있다면 냄새는 좀 참을 수 있는 것이 세척제를 많이 쓰는 소비자의 태도이다. 그만큼 구강 청결에 대한 갈망이 더 크고 우선적이면서 세척제를 사용하는 근본적인 목적이기 때문이다.

지난 2006년 하버드 · 스탠퍼드 등 미국의 주요 대학병원들이 '진실 말하기' 프로젝트를 도입했는데, 1년 만에 연간 의료소송비용을 절반으로 감소시키는 성과를 거뒀다. '진실 말하기 프로젝트'는 의료사고에서 있었던 실수나 잘못을 솔직히 투명하게 공개하는 것을 말한다. 그들은 솔직하게 사실을 밝히고 환자와 가족들에게 온전한 사과를 전하며 책임을 졌다. 이 때문에 병원의 투명성이 확립되었다. 무엇보다 병원의 의사들은 자신들이 저지른 실수나 잘못을 솔직하게 인정했다. 이러한 행동은 환자와 가족들에게 신뢰감을 주었고 입소문이 좋게 나도록 만들었다. 이 때문에 고객과의 관계는 좋아졌다. 나아가 비용 절감이라는 일석삼조의 효과를 얻었다. 우리가 여기에서 주목해야 할 점은 환자들이 분노하고 의료소송에 나서는 이유가 무엇인지 생각하는 것이다. 환자들이 의료소송을 거는 것은 보상금 때문이기도 하지만 병원의 오만하고 무책임한 행위에 대해 징벌을 주기 위해서이다. 즉, '법 감정'의 심리가 작용하기 때문이다. 보통 사람은 정의롭지 못하고 불합리한 일에 대해 사필귀정이 이루어져야 한다고 본다. 이 때문에 법적인 책임을 묻고자 하는 것이며, 이에 부가하여 배상금을 청구하려 한다.

의료계만이 아니라 우리나라에서는 이러한 솔직한 잘못의 인정과 사과가 없는 편이다. 이유는 무엇일까? 권위 있는 존재에 대한 자의식이 강하기 때문이다. 잘못을 인정하는 것은 권위에 대한 훼손이며 자신의 존재적 가치를 무너뜨린다고 생각한다. 체면이나 위신을 중요하게 생각하는 것이 여기에 해당한다. 또한 장유유서 문화 때문인 것으로 보인다. 장유유서는 어른과 아이의 차이와 구별을 두는 것이다. 이러한 장유유서와 체면, 위신, 권위에 대한 태도야말로 1인자 리더와 2인자를 가르는 말로 악용되어왔다. 장유유서의 경우 본래의 뜻은 연장자에 대한 존경심을 표현한 것이지만, 연장자의 권위를 차리는 것으로 잘못 굳어지기도 했다. 그렇기 때문에 연장자 혹은 높은 사람은 잘못이 없고, 다 잘하는 것으로 생각되어야 하며, 그렇게 대접받아야 한다는 사고가 굳어졌다. 농경시대나 산업시대에는 그럴 수 있지만 디지털 스마트 모바일 시대에는 그것은 유효하지 않다. 사물인터넷이 더 활발해지면 더욱 가속화될 것이다.

조직으로 가보자. 좋은 기관, 뛰어난 리더일수록 실수를 안 한다고 여겨져야 한다. 우수한 기관은 오류가 없어야 하고, 이 때문에 명성을 유지하는 데 해가 되는 흠은 감추려고 하는 경향이 있다. 사람이 신이 아닌 바에야 실수가 있으며 오류도 있을 수 있다. 그런데도 완전무

결함을 강조하고, 그것을 억지로 만들어내기 위해 분투한다. 그러나 실수나 오류가 없게 하는 것도 중요하지만, 그런 일이 일어났을 경우 어떻게 하는가도 매우 중요하다. 더구나 이제는 과거와 같이 일방통행의 사회가 아니라 쌍방향의 수평적 교호성의 시대이기 때문에 솔직하게 인정할 것은 인정하고 그 위에 문제를 해결하여 바로잡으면서 관계를 회복하는 노력이 더 중요해졌다. 그것 때문에 오히려 이미지가 좋아지고 사람들에게서 긍정적인 평가를 이끌어낼 수 있다.

그러나 솔직함이 무조건 좋은 것만은 아니다. 실수나 오류를 인정하고 그것에 대해 교정 · 보완하는 노력이 중요할 뿐이다. 실수나 오류를 줄이는 노력을 해야 한다. 실수나 오류의 반복은 역효과를 낸다. 만약 그런 잘못을 솔직히 인정하는 사례가 많이 나온다면 더 이상 미덕도 좋은 효과를 낼 수 없다. 최대한 솔직하게 밝힐 일을 많이 만들어내지 않는 것이 우선이다.

기업 리더십 사례에서 GE 전 회장 잭 웰치의 솔직함의 리더십을 살펴볼 필요가 있다. 웰치는 부하직원과의 관계에서 가장 중요한 덕목으로 '캔더(candor)'를 꼽은 적이 있다. 캔더는 우리말로 '절대적 솔직함'이다. 솔직하게 말하는 것이 절대적인 원칙이라는 게 웰치의 리더십론이었다. 껄끄럽거나 불편하더라도 이를 악물고 솔직해야 한다는 것이다. 이렇게 솔직하게 말할 때 중요한 것은 객관적인 사실을 근거로 하고 이에 따라 부하직원이 잘한 것과 잘못한 것 그 모두를 말해줘야 한다. 비록 내가 인기를 좀 잃더라도, 나의 지시로 인해 부서원 간에 갈등이 생길지라도 리더라면 할 말은 해야 한다는 게 웰치의 지론이다. 이런 캔더는 앞뒤 재지 않는 진실함을 내포하기도 한다.

진정성을 바탕으로 부하가 행한 사실(fact)을 말하고, 이에 대해 나

잭 웰치는 캔더라는 개념을 통해
솔직함의 리더십을 매우 강조한
대표적인 글로벌 기업인이었다.

의 주관적 느낌(feeling)을 솔직하게 표현하는 것이다. 다만, 솔직하게 이야기하는 것에 그치기만 하면 곤란하다. 리더인 자신이 왜 이렇게 솔직한 애기를 하고 있는지 대화의 의도(intention)까지 밝혀야 한다. 물론 그것은 강요나 명령이 아니라 그냥 밝히는 것이다. 선택은 그 말을 듣는 사람이 하는 것이다. 웰치는 이를 거울에 비유했다. 리더는 구성원들을 비추어주는 사람이다. 거울이 비친 사람의 모습을 왜곡되게 보여주면 그 사람은 진정한 멋쟁이가 될 수 없다. 더구나 전혀 멋쟁이가 아니라면 더욱 그렇다. 거울이 예쁘게만 보여준다면 그는 자신이 멋쟁이라고 생각할 것이다. 이런 거울 앞에 있는 사람이 멋쟁이가 될 가능성은 희박하다. 리더가 그의 모습을 잘 비쳐 보여주면, 상대방은 그것을 교정하거나 발전할 수 있다. 거울은 그대로 보여줄 뿐 감정이나 주관을 섞어 재구성하지는 않는다. 만약 이런 감정과 주관이 많이 개입되면 그것은 거울의 왜곡이자 리더의 왜곡인 것이다.

그렇다고 솔직하기만 해서는 안 된다고 말한다. 진실을 드러내는 것은 거울과 다른 면이 있기 때문이다. 거울은 그대로 비추기만 하면 되지만 인간은 커뮤니케이션을 통해 비춰야 하기 때문이다. 솔직하게 말하는 내용도 중요하지만 그것을 커뮤니케이션 수단으로 표현하는 것도 중요하다. 결국 말을 어떻게 하는가를 봐야 한다. 판단의 언어보다는 사실의 언어를 쓸 것을 권장한다. 그는 자신의 느낌이나 감정을 표현하는 게 더 낫다고 한다. 부분적으로 솔직한 것은 오히려 왜곡을 낳는다고 한다. 예컨대 부하직원이 잘한 것은 말하지 않고 잘못한 것만 지적하는 것이다. 이른바 지적질을 하는 리더다. 이는 부정적 선택의 비판이다. 이렇게 하면 차라리 말을 하지 않은 것만도 못한 결말을 낳게 된다. 잘한 것도 있는데 못한 것만 말하니 일할 맛이 나지 않을 수밖에 없다. 이런 리더십을 취하는 이들은 강하게 트레이닝시키려고 했다는 말을 하기도 한다. 하지만 그것이 필요할지라도 단기적인 방편에 그쳐야 한다.

부정적 선택의 비판의 반대편에는 긍정적 선택의 호평이 있다. 이는 칭찬의 효과를 꾀하기 위해 구사하는 리더들의 행태 가운데 하나이다. '칭찬은 고래도 춤추게 한다'는 상식을 실천하는 것이다. 하지만 근거 없는 칭찬을 하는 게 바람직한 것만은 아니다. 그것은 진정성이 실려 있지 않은 것으로 간주되기 때문이다. 어떤 결과, 예컨대 노동생산성을 뽑아내기 위해 칭찬을 하는 것으로 받아들여진다. 또한 무조건 잘했다고 하는 것은 고쳐야 하거나 보완해야 할 점들을 간과하게 만들 수 있다. 할리우드 액션 식의 칭찬은 신뢰와 믿음을 잃게 만들어 리더십을 훼손하게 만든다. 칭찬을 통한 다른 효과를 기대하는 테크닉적인 기법의 구사는 오히려 리더를 의심하게 만든다. 이렇게 불편한 마음이 증가하게 되면 불만이 쌓이고, 나중에는 갈등이 증폭되어 심지어 분란으로 터질 수 있다.

1인자 리더십을 추구하는 사람들은 자신의 모습이 좋게 여겨지기를 바란다. 그렇기 때문에 좋은 모습만을 보이려고 한다. 하지만 속으로 부글부글한다. 그러다가 나중에 엉뚱한 곳에서 터지기도 한다. 착한 리더는 항상 인기 있는 사람이 될 수 있지만 모순을 심화시킨다. 인기 있는 리더가 되려는 것도 1인자 리더십의 한 가지 유형이다. 2인자 리더십을 추구하는 사람들은 착한 리더보다는 그들에게 정말 도움이 되는, 그리고 구성원 전체에게 도움이 되는 방안을 위해 자신이 비난을 당하는 것도 어느 정도 감수하고자 한다. 당장에 인기 있는 사람은 아니지만 점차 그를 따르는 사람들이 늘어난다. 물론 정말 나쁜 사람들은 그를 따르는 이들이 하나도 없다. 그런 행태를 보이는 사람들은 2인자형 리더들이 아니라 리더의 자격이 없는 이들이다.

무엇보다 애정과 관심을 가지고 솔직하게 여러 면을 말해줄 때 리더와 팔로워들의 관계는 좋아진다. 그것은 일정한 절대량의 시간적 소요가 필요한 문제이기도 하다.

"이 부장, 얼마 전 내게 준 보고서를 보았는데 대충 일하는 거야?" 이렇게 말하면 기분이 좋을 리가 없다. 대충 일한다는 것은 사실 주관적인 판단인데, 그것을 마치 객관적인 것처럼 표현하고 있다. 객관적으로 대충 일하는 것으로 판정을 내리고 인신공격에 근접하고 있다. 일단 그렇게 판단한 구체적인 사실과 이에 대한 주관을 구분하고 앞으로 어떻게 해야 할지를 말해야 한다. 이렇게 말할 수 있다.

"문제 해결책이 빠져 있어(사실). 해결책이 없어 아쉽네(감정). 두 가지 이상 해결책을 넣으면 좋겠는데(방향)."

중요한 것은 개인이 일을 못하고 잘하고가 아니라 그 상위에 있는 목적의 달성이다. 목적 달성을 위해서는 리더와 팔로워들이 다 같이 숙의 · 고민하는 것은 마찬가지이다. 이를 위해 서로 솔직하게 지적하되 인간적이며 문화적인 차원의 커뮤니케이션을 고민해야 한다.

미네소타아동병원의 최고운영책임자(COO) 줄리 모라스는 실수에 대해 비난받는 것을 겁내지 않고 보고할 수 있는 문화를 만들었다. 무엇보다 보고서의 용어부터 확 바꾸었다. '사고 보고서(incident report)'라는 부정적인 표현 대신 '안전학습 보고서(safety learning report)'라는 긍정적인 표현을 쓰게 했다. 그리고 '오류'나 '취조'라는 단어도 삭제했다. 경직된 비난의 뜻을 담고 있기 때문이다. 그 대신 '실수', '분석' 같은 용어를 쓰게 했다. 그러자 비난을 받는 듯한 느낌이 덜해지면서 자연스럽게 자신이 잘못한 사례들을 털어놓기 시작했고, 그것이 자연스런 협력 분위기를 만들어내면서 실수가 눈에 띄게 줄어들었다.

"악이 번성하려면 선한 이들이 수수방관하기만 하면 된다."는 영국의 보수주의자 에드먼드 버크의 말이 있다. 선한 사람들이 좋을 수 있지만, 악의 번성은 오히려 그 속에서 탄생하는 법이다. 선한 사람들은 악한 존재를 비난하지만, 정작 그 비난을 속으로 하고 겉으로 드러내지 않을 때 악이 번성한다는 것을 생각하지 않는다. 그것은 리더들도 마찬가지다.

솔직함은 진심을 말하는 것이다. 그런데 그 진심에서 중요한 것은 진정한 마음이다. 마케팅 불변의 법칙 중 '솔직성의 법칙'에서 기업들이 진심이라는 키워드를 꺼내들고 솔직해지려는 목적은 잠재고객에게 확신시킬 수 있는 이득을 밝혀두려는 것이라고 했다. 솔직함은 있고 마음은 없다면 그것이 오히려 역효과를 낼 수밖에 없다. 또한 솔직함의 법칙이 내포하고 있는 점은 "나 이렇다. 어쩔래?"가 아니라 "그럼에도 불구하고 이런 점에서는 나으며, 노력하고 있다."이다.

TIP

국내의 어느 CEO가 기업 인수합병(M&A)에 나서게 됐는데 경북의 한 섬유화학업체였다. 그런데 업체의 노조는 "그룹이 만든 '구조조정 시나리오'를 입수했다."고 밝히며 "감원(減員) 절대불가"를 외쳤다. 그는 노조와 담판을 짓기 위해 직접 서울에서 대구 공장으로 갔다. 노조원들이 모여 있다는 지하 강의실은 입구부터 분위기가 싸늘했다. 그야말로 살벌했다. 그는 솔직히 '시나리오'의 존재를 인정했다. 그리고 이렇게 말했다.

"여러분, 지금 회사는 적자 상태입니다. 적자 회사를 인수하는 입장에서 감원을 고려하는 건 당연한 일입니다. 노조와의 마찰이 두려워 인력 구조조정 시나리오도 짜지 않으면 나중에 더 큰일이 일어납니다. 그냥 쉽게 회사를 인수하려는 기업이 여러분의 회사를 인수한다고 생각해보십시오. 그렇다면 결국 회사는 더욱 적자에 허덕이다 결국 또 다른 회사에 팔려가게 됩니다. 결국 그런 비극이 되풀이되지 않겠습니까?"

정면돌파를 감행한 그는 3시간 동안 노조와 마주 앉아 허심탄회하게 솔직한 대화를 나눴다. 시간이 지나면서 노조원들이 강경하던 태도를 부드럽게 하고 귀를 열기 시작했다. 한 달 뒤 다시 공장을 찾았을 때 그는 깜짝 놀랄 수밖에 없었다. 공장 입구에 노조가 내건 현수막이 걸려 있었는데 이렇게 쓰여 있었기 때문이다.

"회장님의 방문을 환영합니다!"

—

아이라 샬레프 임원 코칭 · 컨설팅 어소시에이츠 대표는 리더에 대해 이렇게 말했다.

"당신이 어떤 비즈니스를 이끌고 있는 리더라면 항상 위험을 관리해야 한다. 기회를 잡기 위해서는 위험을 감수해야 하기 때문이다. 만약 당신 주변의 팔로워들이 솔직하게 의견을 밝힐 수 있는 환경이라면 당신은 효과적으로 위험을 파악하고 관리할 수 있다. 그렇지 않고 당신 주변 사람들이 모두 당신이 듣고 싶은 이야기만 한다면 당신은 스스로 어떤 위험에 처해 있는지 모르게 된다. 팔로워들에게 솔직담백함(candor)을 요구하는 게 리더로서 당신 자신의 경력에도 도움이 된다. 수치스럽게 몰락한 많은 리더들은 그들 주변에 솔직담백한 팔로워가 없었다는 사실을 아쉬워하거나 용기 있는 팔로워의 직언을 귀담아듣지 않은 것을 후회한다."

쓴소리를 하는 사람을 대개 2인자 리더십을 구사하는 사람으로 생각한다. 하지만 쓴소리를 아주 잘 받는 사람도 2인자 리더십을 구사하는 사람이다. 오히려 쓴소리를 말하는 사람은 비록 2인자의 위치에 있어도 바르기 때문에 1인자이다. 따라서 2인자들의 1인자적 바른 말, 옳은 말을 잘 받아들이고 이를 자신의 잘못과 오류, 결핍의 수정에 사용하는 이들은 2인자 리더십을 보이는 것이다. 쓴소리를 하는 1인자들을 많이 거느린 리더야말로 2인자형 1인자이다.

빠르게 완만하게, 강하게 약하게

완급 조절의 미학

권투 선수가 샌드백을 두드릴 때, 처음부터 강한 펀치를 내뻗지 않는다. 서서히 작은 펀치를 내치다가 점점 큰 주먹을 뻗는다. 무엇보다 강약과 완급을 조절한다. 펀치의 힘은 강하게 내지른다고 해서 나오는 것이 아니라 적절한 포인트에서 힘을 주고 빼야 한다. 힘이 줄어들수록 순간적으로 타격해야 강력한 힘이 나온다. 그때 사용하는 것이 관절의 스냅이다. 관절의 유연성을 활용하여 강한 근육과 뼈를 활용해 타격하면 유연성과 경직성이 결합되어 강력한 파괴력을 낳는다.

또한 권투 선수는 힘을 쏟아야 할 때와 그렇지 않을 때를 구분한다. 초보선수일수록 자신의 힘만 믿고 앞으로 달려든다. 축구도 마찬가지다. 토너먼트 경기를 생각해보면 약한 팀들은 처음부터 전력을 다한다. 16강전에 진출하는 것이 목적이라면 더욱 그렇다. 하지만 강팀들은 최종 우승이 목적이기 때문에 처음부터 그렇게 전력질주하지 않는다. 그들은 승점을 관리하는 선에서 경기를 운영한다. 약체 팀들은 전력을 다하기 때문에 결국 올라갈수록 탈락의 상황에 놓이게 된다. 악순환이다. 하지만 강팀들은 시간이 지날수록 자기 실력을 보인다. 따라서 최종 우승에 이를 수 있다. 오히려 그때 골을 더 많이 획득한다. 선수들은 체력을 안배하고, 장기전에도 대비해야 한다. 이러한 점을 이끌어주는 사람이 바로 축구감독이다.

1인자들은 앞을 향해 돌진하고 전진하는 것을 중요하게 생각한다. 불도저처럼 앞으로 밀고 가는 방식을 선호하기 쉽다. 그들에게 미루거나 늦추는 것은 무능력으로 보인다. 무조건 저지르고 수습하자는 식의 언행을 한다. 현대사회에서는 이렇게 앞으로 밀고 나가는 것을 미덕으로 여긴다.

고대 이집트와 로마인들은 미루는 것이 오히려 유용하며, 나아가 현명한 일로 찬양하였다. 서양에서는 18세기 중반까지도 미루는 것을 비판하거나 못마땅해하는 것은 소수에 그쳤다고 한다. 아우구스티누스, 레오나르도 다빈치, 애거사 크리스티, 빌 클린턴 전 대통령 등은 일을 미루는 스타일이었다. 그들은 왜 일을 빨리 끝내지 않고 미루었을까?《속도의 배신》에서 프랭크 파트노이는 그렇게 미룰 때, 오히려 당장 일을 했을 때보다 성과가 좋았고 더 많은 일들을 할 수 있었다고 한다. 아우구스티누스는 "주여, 저를 정갈하게 해주소서. 그러나 오늘 당장은 아니 되옵니다!"라고 기도했다고 한다. 그는 왜 오늘은 안 된다고 했던가. 이것은 시간의 타이밍을 기다리는 것 같지만, 당장에 자신이 그 일을 처리할 여력이 없는 경우에 미룸으로써 그 여력을 회복하거나 보완하고, 또 전체적으로 통제력을 가질 수 있을 때 해결하는 것을 말한다.

다시 스포츠 경기로 돌아가 보자. 이번에는 야구다. 미국의 생리학자 벤저민 리벳 교수는 50년간 야구 등 초고속의 스포츠 분야를 연구했는데, 그는 "타자에게는 공의 속도와 궤적을 파악하고 방망이를 휘두를 시간이 200밀리초(0.2초) 정도밖에 없다."고 했다. 그러면서 "위대한 타자들은 이러한 과정을 생리학적으로 최대한 '늦추는' 데 성공한 사람들"이라고 말했다. 즉, 0.5초도 되지 않는 시간에 최대한 구질을 파악하기 위해서는 시간을 몇 밀리초라도 늦추는 기술이 필요하다는 것이다. 당장에 오는 공을 치기에 바쁜 것이 아니라 그 공이 어떤 공인지 최대한 파악하고 나서 그에 맞는 타법을 구사하는 것이다. 당장 치기에만 바쁜 이들은 자신이 빨리 공을 판단하고, 그것을 멀리 쳐내는 데 욕심이 앞설 뿐이다.

그들에게 반응이 빠를수록 좋을 것이라는 생각은 발을 붙이지 못한다. 야구뿐만 아니라 테니스 · 펜싱 · 크리켓 등도 마찬가지이다. 이런 스포츠를 하는 선수들은 반응을 최대한 늦춘다. 이는 단순히 기다리는 것과는 다른 문제이다. 최대한 늦출 줄 알아야 한다는 것은 기다리는 것이 아니라 최대한 분석하는 것을 말한다. 이는 단지 게으름이나 미루는 습관과는 다른 것이다. 우유부단함이라는 것과 혼동하는 것도 바람직하지 않다. 완급을 조절하는 것은 타이밍을 노리는 것이 아니라 최대한 자기에게 유리한 페이스를 가져가는 것이다. 최대한 큰 효과를 폭발력 있게 분출시키기 위함이다. 끝까지 분석하고, 파악하고, 대안을 모색하는 것이다. 작가들은 밤늦게 글을 쓴다. 막판 데드라인에 몰려 마감 글을 쓰는 경우가 많다. 오랜 고민 끝에 응집된 순간에 폭발시키는 것이다. 그전까지 작가의 행동은 게으름 피우고, 노는 것으로 보인다. 위대한 소설가들 가운데에는 연재소설을 써서 유명해진 경우가 많다. 데드라인 때문이다. 데드라인이 닥칠 때까지 최대한 모색하다가 막판에 몰아친다. 게으름을 피우고 노는 것 같지만 속으로 최대한 모색을 하다가 그것을 한꺼번에 폭발시키는 것이다. 괜한 헛짓으로 힘을 빼지 않는다. 순간적인 폭발력으로 태워버린다.

강하거나 약하게 완급을 조절하는 것은 사람의 마음을 사로잡는 대표적인 방법이기도 하다. 이러한 완급 조절을 잘하는 이들 가운데 하나가 바로 코미디언들이다. 코미디언들은 의도적으로 멈추거나 늘인다. 이를 통해 긴장감을 최고조에 올리거나 궁금증과 기대감을 갖게 한다. 물론 결론은 반전이나 전복을 보여주어 사람들을 빵 터지게 만든다. 이러한 완급의 조절이 없으면 관객은 어느 순간에 웃어야 할지 포인트를 잃고 만다. 자기 혼자 웃긴 말을 한다고 사람들은 절대 웃지 않는다. 강약의 완급을 조절할수록 긴장과 이완을 통해 더 잘 이해하고, 몰입하는 가운데 감정적인 반응을 보이게 된다.

미루는 것은 부정적인 것으로 알려져 있지만, 여기에서 말하는 미룸은 전략적 혹은 일시적 미룸이라고 볼 수 있다. 사과는 2인자의 태도인데, 이 2인자의 태도에서 베스트 2인자는 바로 사과를 늦추는 것이다.

우선 사과가 왜 2인자 리더의 태도인지 살펴보자. 《쿨하게 사과하라》에서 저자들은 "누구나 선뜻 사과하기란 쉽지 않은데 사과를 하는 사람은 '나약한 사람', '패자'로 취급당하기 때문이라고 한다. 하지만 사과는 결코 패자의 언어가 아니라 승자의 언어"라고 한다. 저자들은 진심이 담긴 사과로 투명하고 신뢰를 주는 리더십을 발휘한 버락 오바마 미국 대통령과 사과의 타이밍을 놓친 타이거 우즈의 사례를 들면서 실수나 잘못이 투명하게 노출되는 21세기에는 사과의 중요성이 더욱 커졌으며, 사과가 '21세기 리더(leader)의 언어'로 부상했다고 했다. "자신의 실수와 잘못을 인정하고 쿨하게 사과할 줄 아는 성숙한 자아를 가진 리더만이 살아남는 시대"라는 것이다.

실제로 사과는 심장박동에 완화 효과를 나타내는 것으로 알려져 있다. 캐나다 브리티시컬럼비아대학의 심리학과 교수팀은 심장박동에 사과가 어떤 영향을 미치는지 실험했다. 의도적으로 화를 일으키는 상황을 만든 뒤 실험 참가자들을 세 그룹으로 나눠 이 중 두 그룹에는 각각 '적절한 사과'와 '부적절한 사과'를 하고 나머지 한 그룹에는 어떠한 사과도 하지 않았다. 그 결과 적절한 사과를 받은 그룹의 혈압이 가장 낮았으며, 사과를 받지 못한 그룹의 혈압은 가장 높았다. 사과를 하면 분노가 가라앉는 것으로 해석할 수 있다. 하지만 잘못된 사과는 혈압을 낮출 수 없을지도 모른다.

예컨대 사과에 대한 가장 큰 오해는 바로 '미안하다(I am sorry)'라는 말을 사과의 전부로 착각하는 것이라고 한다. '미안하다'는 말에 그치지 말고 무엇이 미안한지, 그 책임이 누구에게 있는지, 재발 방지를 위해 앞으로 어떻게 할 것인지 구체적으로 표현해야 한다. 이는 사과에 진정성을 담는 방법 가운데 하나이다. 진정성이 없으면 화가 더 날 수도 있을 것이다.

흔히 잘못을 인정하고 사과를 재빨리 해야 한다고 말한다. 하지만 "사과는 빨리 할수록 좋다는 이야기가 있지만 실제로 사과하는 시점을 가능한 한 늦추는 것이 관계회복에 더 좋다."는 지적도 있다. 《속도의 배신》에서 프랭크 파트노이가 한 말이다.

사과는 늦춤의 미학이다. 사과의 미학은 단지 아름답기 때문이 아니라 실제 효과도 높기 때문에 가치를 지니기도 한다. 그는 "친한 친구나 가족에게 잘못을 하거나 직장에서 다시 주워 담고 싶은 말실수를 저질렀을 때의 교훈은 오늘이 아닌 내일, 또는 지금 당장이 아닌 몇 시간 후에 사과한다면 피해를 입은 상대방이 어떻게 반응할지를 상상해 봐야 한다."고 했다. 오히려 당장에 하는 것보다 나중에 하는 것이 더 진정성을 갖게 된다. 그는 또 이렇게 말했다. "만약 내가 사과를 늦추어서 친구나 친척, 동료가 반응하고 느낌을 말할 기회를 가지며 내 후회를 들어줄 마음의 준비를 할 수 있다면, 지금 당장 하는 것보다는 미루는 것이 정답이다."

결론적으로 시점을 가능한 한 늦추는 것도 관계회복에 더 좋다는 것이다. 얼마의 시간이 흐른 뒤 사과하는 것이 더 진정어린 마음이 있어 보이기 때문이다. 당장에 하는 사과는 형식적일 수 있으며, 사과의 발언을 하는 본인은 순간 잊어버린다. 사과와 함께 책임이 없다고 생각한다. 그런데 만약 시간이 지난 뒤에 하는 사과는 그동안 자신이 잘못한 일을 내내 생각했다는 의미를 담고 있다. 또한 사과를 받은 사람에게도 그동안 그 일을 천천히 되돌아볼 수 있게 만든다. 빠른 사과는 기계적인 사과, 그냥 관성적으로 뱉은 말일 가능성이 높다. 당장 자신에게 쏟아질 비난을 피하고, 보호하기 위한 방어기제용일 수 있다. 사과의 내용이 구체성을 갖기 힘들다. 하지만 시간이 지난 후에 하는 사과는 여러 가지 내용이나 면모들이 같이 들어가서 종합적이고 전체적인 것일 수 있다. 그것은 앞으로의 관계나 일을 같이하기 위해 더 건설적이다. 이런 맥락에서 사과는 즉시 하는 것보다 늦게 하는 것이 훨씬 효과적이다.

1인자들은 강하려고만 하고 이기려고 하는 욕구가 강하다. 그래서 강약을 조절하는 능력이 없다. 이는 어쩌면 순수한 1인자들이다. 그렇게 강약을 조절하는 행위를 전략적이라거나 영악하다고 말할 수 있다. 그들은 몰아붙여서 열정과 힘을 다하고는 성과가 있으면 좋아하고 그렇지 않으면 실망한다. 그러나 그것은 원칙이나 원리에 해당하는 것이며 겉으로 보여지는 평가의 대상은 아니다. 낚시를 예로 들어보자. 거대한 물고기가 낚시에 걸렸을 때는 줄을 풀었다가 다시 당기는 방법을 써야 한다. 처음부터 강하게 힘을 주면 줄이 끊어지거나 낚싯대가 부러진다. 가끔씩 끌다가 놓았다가 해야 한다. 이러한 점은 남녀관계의 '밀당'에서 많이 언급되는 대목이기도 하다. 만약 1인자의 태도로 끌기만 하거나 밀기만 하면 효과는 없기 마련이다. 물론 밀당은 서로에게 호감이 있어야 한다. 같은 맥락에서 2인자의 완급 조절은 그 완급 조절의 메커니즘이 통하는 영역과 사례에서 효과를 발휘한다.

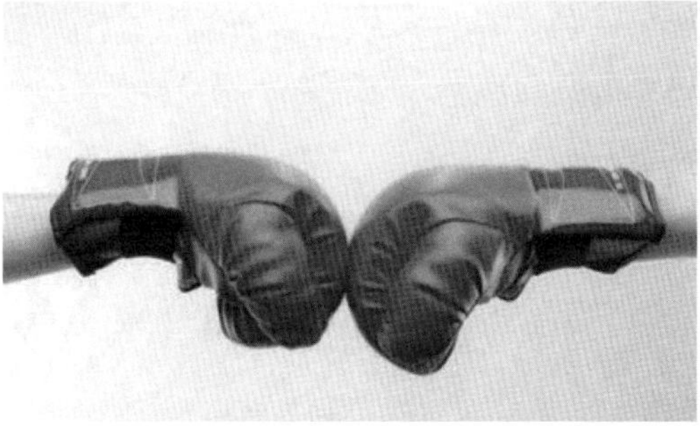

강하게만 내뻗으면 상호간에
모두 부러지고 만다.

이런 원리를 파악한 2인자들은 강하게만 하지 않는다. 그들에게 중요한 것은 완전히 성취하는 것이며, 자신은 물론 상대방이나 대상을 같이 고려하여 완급을 조절한다. 강한 힘이나 활동이 필요한 때인지 아니면 부드러운 언행이 필요한지 살피고 행동한다.

그러므로 자신이 약하게 보일 수도 있는지 그 여부에 관해 개의치 않는다. 비겁함이라는 평가, 실력이 없다, 꽁무니를 뺀다는 식의 말은 별로 귀에 들어오지 않는다. 비굴하다는 말도 결국에는 1인자 리더십을 취하는 사람들이 쓰는 말이다. 자신의 길이 없다면 그것은 정말 비굴하다. 자신이 이루어야 할 길이 분명한 사람에게 외부의 비굴함이나 비겁함이라는 평가는 그들에게 불필요하다. 사람들이 그를 따르고 안 따르고는 이 같은 자기의 길, 아니 우리의 길이 있는지 없는지에 따라 달라진다. 그 길이 없으면 누구도 그를 따르지 않을 것이며, 비겁자 또는 도피자라는 말을 들을 수밖에 없다.

> 지진이불지퇴(知進而不知退): 나아감은 알되 물러남은 알지 못하며,
>
> 지존이불지망(知存而不知亡): 존함은 알되 망함은 알지 못하며,
>
> 지득이불지상(知得而不知喪): 얻음은 알되 잃음은 알지 못하니,
>
> 기유성인호(其唯聖人乎): 그 오직 성인뿐인가.
>
> 지진퇴존망이불실기정자(知進退存亡而不失其正者): 지진퇴존망을 알아서 그 바름을 잃지 않는 자,
>
> 기유성인호(其唯聖人乎): 오직 성인뿐이다.
>
> —《주역(周易)》 건위천(乾爲天)

2인자 리더십은 단순히 낮고 힘이 없는 사람이 아니라 가장 위대한 성인들이 취하는 리더십이다. 앞에서 이야기한 스포츠 이야기를 좀 더 해보자. 신인 선수와 베테랑 선수들의 시합을 보면 완급 조절의 차이가 확연하다. 신인들은 패기를 앞세워 초전박살의 자세로 돌격한다. 하지만 곧 쉽게 지치고 만다. 베테랑 선수들은 칠 때와 빠질 때를 골라 세기의 강도를 조절한다. 이 때문에 다 뛴 것 같은데 지치지 않고 긴 라운드도 능히 소화해낸다. 배구 경기에서 공격 선수가 스파이크를 때릴

때 무조건 강하게만 하면 당연히 블로킹에 막힌다. 강하게 때릴지 혹은 약하게 때릴지 판단하는 게 중요하다. 빈곳이나 허점에는 가볍게 넣어야 점수가 나기 때문이다. 강하게 때리면 볼이 빠르고 직선적이어서 상대방이 방어하기 힘들 수 있지만 라인을 벗어나기 쉽고, 공격이 단순해 쉽게 읽히게 된다. 블로킹만 잘하면 어려운 공격도 아니다. 상황과 흐름에 따른 강약과 완급의 조절은 스포츠 경기만이 아니라 우리의 일상생활이나 기업에서도 마찬가지다.

결론적으로 이렇게 요약해볼 수 있다. "완만하거나 늦추는 것은 게으름이나 나태함이 아니라 더욱 충만하게 하거나 폭발력 있는 힘을 발휘하기 위해 힘과 역량을 축적하는 것이다."

TIP

볼륨을 조절한다는 개념은 아리스토텔레스까지 거슬러 올라간다. 그는 생각과 행동에 있어 훌륭하고 바람직하며 효과적인 것은 결핍과 과잉의 중간지점일 때라고 했다. 《윤리학》에서 진술하듯 아리스토텔레스에게 중간 지점이나 적당량이란 것은 상황에 따라 변화하는 개념이다. 그것은 움직이는 과녁인 것이다. 리더십을 수행함에도 계속해서 어떤 특성을 당시 상황에 맞는 수준으로 조절해나가야 한다. 즉, 리더십이라는 해협을 끊임없이 항해해나가기 위해서는 한편에서는 결핍의 여울을 피해가고 다른 한편에서는 과잉의 바위를 피해가야 하는 것이다.

결핍이 있으니 끊임없이 공부한다

소크라테스가 40세가 되었을 무렵, 친구이자 제자인 카이페폰이 델포이의 아폴론 신전에 가서 아폴론에게 물었다.

"아테네에서 가장 현명한 사람이 누구입니까?"

그러자 아폴론은 신전의 미녀를 통해 말했다.

"소포클레스는 현명하다. 유리피데스는 더욱 현명하다. 그러나 소크라테스는 만민 중에서 가장 현명하다."

이 말을 듣고 카이페폰은 단숨에 달려가 소크라테스에게 이 같은 말을 전했다. 소크라테스는 이 말을 듣고 깜짝 놀랐다. 왜일까? 영광스런 말을 들었기 때문일까? 소크라테스는 자신이 누구보다 무지하다는 것을 잘 알고 있었기 때문이다. 그가 "너 자신을 알라"고 말한 것은 다른 사람이 아니라 자신에게 향한 소리였다. 소크라테스는 산파술을 통해 우리가 알고 있는 지식이 얼마나 불완전한 것인지 깨닫고자 했다.

1인자 지향형의 스타일에서는 자신이 많은 공부를 했다고 생각한다. 이미 경험에 따른 지식도 풍부하고 성과도 많이 이루었으니 자신이 모르는 것이 없다고 생각한다. 남들 앞에서 자신이 아는 바를 말하기 좋아한다. 남들이 어떤 이야기를 해도 그에 맞추어 즉각적으로 대응할 수 있어야 하거나 그들보다 더 많은 것을 알고 있음을 보여야 한다고 생각한다. 또한 세상의 일은 빤하기 때문에 얼마든지 스스로 헤쳐나갈 수 있다고 생각한다. 남들이 아는 것 이상으로 알고 있기 때문에 더 이상 남의 이야기에서 얻을 것도 없으며 자신이 스스로 공부할 필요가 없다. 세상의 이치는 모두 경험하거나 통달하고 있기 때문이다. 자신은 현재 최고의 위치에 있으니 더욱 이런 생각은 고착된다. 배우는 것은 자신이 무식하다는 것을 드러내는 것이기 때문에 스스로 배우지 않는다. 자신이 성공해온 방식으로 세상을 통제하고 그것을 증명하는 데 치중한다. 그것은 일가를 이루거나 자신만의 모델을 만든다는 말로 쉽게 합리화된다. 창작을 하는 이들은 오로지 자신만이 만든 오리지널 작품이라는 생각 때문에 혼자 고군분투하면서 다른 사람의 평가나 의견을 전혀 들으려 하지 않는다. 세상 사람들은 아주 독창적인 자신의 작품이나 아이디어가 가지고 있는 진정한 가치를 모를 뿐이다.

> 생명체는 가변성으로부터 이익을 본다. 당신이 살아 있다는 사실을 입증하는 가장 좋은 방법은 당신이 가변성을 좋아하는지 확인하는 것이다. 배가 고프지 않으면 음식은 맛이 없다. 노력이 없는 성과는 의미가 없다. 슬픔이 없는 기쁨도 의미가 없다. 불확실성이 없는 확신도 마찬가지다. 개인적인 리스크를 받아들이지 않으면 도덕적인 삶도 마찬가지로 의미가 없다.
>
> — 나심 니콜라스 탈레브, 《안티프래질》

결핍이 없다면 충만도 없다. 결핍은 채움의 기쁨과 행복을 일깨운다. 그 채움은 성취의 즐거움을 준다. 충만해짐의 기쁨이다. 지체가 있으니 발달이 있다. 독일의 총리 메르켈은 어릴 때 '발달장애'를 겪었기 때문에 거꾸로 치밀한 준비성을 갖게 되었다. 나폴레옹은 작전 내내 끊임없이 상황을 파악하고 철저히 조사하며 지속적으로 계획을 세우면서 빈틈없이 실천에 옮겼다. 그는 정확성의 도를 높이기 위해 부지런히 공부했다. 이러한 공부를 바탕으로 정보를 빨리 분류하고 즉각 결정할 수 있는 능력을 갖추었다. 이를 '쿠데일'이라고 한다. 1950년대 이후, 미국의 성공한 기업가 가운데 65%는 교육수준이 높았다. 하지만 30%는 학벌이 부족해도 독학을 했다. 그리고 끊임없이 공부하여 자신의 영역에서 성공했다.

"더 이상 배우지 않는 사람은 이미 죽은 사람이다." 이는《우든 리더십》이라는 책에 나오는 말이다. 존 우든은 UCLA 농구팀을 이끌며 12년 동안 88연승, 4시즌 연속 우승, 전미대학농구선수권대회 10회 우승을 만들어낸 감독이다. 그가 그렇게 많은 승리를 거둘 수 있었던 것은 끊임없이 배웠기 때문이고, 이는 감독만이 아니라 선수들도 마찬가지였다. 감독이 부지런히 배우면 선수들도 그러한 태도를 보이지 않을 수 없다.

미 대학농구의 신화 존 우든. 그는 계속 배우지 않으면 죽은 것과 같다고 말했다.

“자신의 잘못을 바로잡아주는 사람이 있다면 받아들여라.” 이 말을 한 이는 마르쿠스 아우렐리우스였다. 그의 말대로 잘못을 지적해주는 사람이 이야기하면 받아들여야 한다. 잘못을 지적하는 사람은 리더일 수 있고 스승일 수도 있다. 물론 그들이 말하는 리더가 실제로 스스로 공부하고 학습하는 사람이라고 하면 사람들은 그를 더욱 따를 것이다. 리더가 계속 공부하는 것은 자신이 결핍되어 있는 유한한 존재라는 것을 인정하기 때문이다. 1인자형 리더십을 발휘하는 이들은 자신이 결핍된 존재라는 것을 드러내지 않고 숨기려 한다. 몰라도 아는 척하고, 하지 못하면서도 할 수 있는 척한다. 그리고 자신이 직접 하지 않고 다른 사람을 시켜서 자신의 그러한 이미지와 입지를 지키려 한다.

요한 크루이프는 “재능 있는 젊은 선수일수록 좌절을 경험시켜야 한다. 좌절은 선수를 성장시키는 가장 좋은 영약이다.”라고 했다. 좋은 선수일수록 좌절을 통해 성장할 수 있기 때문이다. 좌절이란 결핍의 또 다른 모습이다. 무엇인가 부족한 것이 있어야 좌절할 수 있다. 1인자 리더들은 좌절을 수치로 여긴다. 좌절을 받아들이지 않고 감추거나 외면하려 한다. 좌절한 아이템은 배제하고, 다른 일로 나아가려 한다. 2인자형 리더의 사람들은 좌절에 머무르지 않는다. 2인자형 리더들은 좌절한 아이템을 가지고 다시 성공시킬 수 있을지 그 여부에 관심이 더 많다. 왜냐하면 그들에게 인간은 유한하기 때문에 당연히 좌절이 있을 수밖에 없다. 인간은 유한하기 때문에 그 유한함을 보충하기 위해 끊임없이 노력하는 존재이다. 인간의 문명은 그러한 과정을 통해 전진해왔다. 만약 인간이 처음부터 모든 것을 충만하게 가지고 있었다면, 새롭게 배우고 모색할 필요는 없을 것이다. 그것이 인간과 신이 다른 기본적이고도 거대한 진리이다.

미국에서도 '신의 직장'이라 불린다는 구글 엔지니어. 그것도 최초의 한국인이 쓴《구글은 SKY를 모른다》에서 저자는 "열심히 공부하고 일하면 성공할 수 있고 행복해지는 게 아니라, 행복하게 공부하고 일해야 성공이 따라온다."고 했다. 행복하게 공부한다는 것은 자신이 본질적으로 모르는 것이 많다는 것을 인지해야 한다. 책을 보아도 다 안다고 생각하면 즐겁게 공부할 수 없다. 깊게 판 사람만이 자신이 얼마나 무지한지, 그리고 깊이 팔수록 더욱 궁금하고 호기심을 자극하는 일이 많아짐을 알 수 있다. 무엇보다 혼자 공부하는 것이 아니라 다른 사람들 사이에서 공부하는 것이다. 공부는 가르침과 맞물려 있다. 가르치려면 공부를 해야 하고, 공부를 하면 가르쳐야 한다.

리더는 언제나 가르치고 배운다. 그것이 생래적 본질이다. 중국 최초의 선교사 마테오 리치(Matteo Ricci, 1552~1610)는 이탈리아의 예수회(會) 선교사였는데, 중국 이름은 이마두(利瑪竇)였다. 유창한 중국어 실력을 갖췄고, 이를 바탕으로 유교의 사서(四書)를 이탈리아어로 번역하여 유럽에 소개했다. 또한 그는 중국 교사들에게 유클리드기하학에서 천문학, 그리스도교의 메시지에 이르기까지 많은 것을 가르쳤다.

리더는 스승이요, 가르치는 자이면서 배우는 자이다. 그러한 역할은 현대인들에게 모두 해당되는 말이다. 가르쳐야 자신이 얼마나 부족한 것이 많은 사람인지를 잘 알게 된다. 그러나 혼자 스스로 공부만 하는 이들은 자기 세계에 빠져 자기가 최고인 줄 아는 우물 안 개구리가 되기 쉽다. 무엇보다 좋은 팔로워들을 만나 가르치면 더욱더 상호발전을 기할 수 있게 된다. 좋은 제자를 만나면 스승도 발전한다. 공부를 열심히 하는 리더나 스승이 있을 때 그것에 영향을 받는 사람이 늘어나지 않을 수 없으며, 그 주변에는 그런 사람들만 모인다. 주변에 공부하는 사람이 몰려들지 않는다면 자신이 스스로 오만하거나 잘난 맛에 취해 있는지 모른다. 좋은 리더에 좋은 부하들이 모일 때 그 조직은 발전하겠지만 그것은 꼭 이루어지는 것은 아니다. 그렇게 꼭 이루어지지 않아도 2인자 리더들은 실망하지 않는다. 이미 욕심을 버리고 있으며, 그 가운데 일부만 효과가 있어도 만족하기 때문이다. 스스로 둔감하면서 조금이라도 차곡차곡 변화를 이끌어나갈 수 있다면 족하기 때문에 이에 가치와 의미를 갖는다.

TIP

스티브 잡스의 스탠퍼드대 졸업식 연설 가운데 "Stay hungry, stay foolish(늘 갈망하고 우직하게 나아가라)!"가 크게 화제가 되었다. 정말 배고프라고 말하는 것은 아니다. 만족 혹은 충만한 상태로 남아 있지 말고 부족하게 끊임없이 갈망하고 바보 같은 상태로 남아 있으라고 한다. 그런 미흡과 결핍의 상태에서는 그것을 채우기 위해 노력하고 바보의 상태를 벗어나기 위해 끊임없이 진력할 수 있다. 하지만 배고프지 않으면 배를 채우기 위해 노력하지 않을 것이며, 똑똑하면 공부나 노력을 계속하지 않고 게으름을 피울 것이다.

막후 지배자? 은둔의 승리자!

궁중의 여인들 그리고 히든 챔피언

2인자 리더를 말하면 대개 막후 지배자를 생각하는 경향이 많다. 막후 지배자라고 하는 이유는 2인자가 전면에는 드러나 있지 않지만, 사실상 전면에 나선 사람을 뒤에서 '조종'한다는 의미가 강하기 때문일 것이다. 우리는 여기에서 '조종'이라는 단어 자체는 부정적으로 사용되고 있음을 알 수 있다. 말 쓰임에서 은밀하게 사람을 자신의 마음대로 움직인다고 할 때 좋은 의미로 받아들이는 경우는 많지 않다. 특히 막후 조종자로 여성들을 이런 뉘앙스로 묘사하기도 한다. 왕실에서 왕이나 태자를 움직이는 이들이 드라마나 영화, 소설에 많이 나오는데 이들이 바로 왕후나 대비마마들이다. 이러한 캐릭터들의 설정은 대개 암투나 음모와 밀접하게 연결되며, 이 또한 좋은 의미를 지니지 않기 일쑤이다. 정말 이런 여성들을 부정적으로만 그려내는 것이 타당할 것이다. 어찌 보면 궁중의 여성들은 2인자의 리더십을 잘 구사한 인물들인데 말이다.

2인자 리더들은 누군가를 몰래 지배하거나 조종하는 것에 대해 별로 관심이 없다. 오히려 막후에서 은밀하게 누군가를 지배하는 사람은 2인자가 아니라 1인자이다. 그 앞에 있는 이들이 2인자들이다. 즉, 겉으로만 1인자들인 것이다. 누군가의 명령에 따라 움직여야 하고 정작 자기 마음대로는 아무것도 하지 않기 때문이다. 우리는 겉으로만 1인자인 리더와 실질적인 1인자 리더가 누구인지 보아야 한다. 그렇다고 누군가를 조종해서 사실상 1인자 리더 역할을 하는 사람들을 우리가 2인자 리더십의 사례로 보는 것은 오류에 불과하다. 스스로 서 있기 때문에 사람들이 그에게 도움을 요청하고 그 도움을 통해 1인자의 자리에 오르게 된다. 그렇게 1인자의 자리에 오르건 말건 2인자들은 관심이 없다. 관심을 두지 않아도 1인자를 원하는 이들은 2인자에게 몰려들기 마련이다. 그리고 1인자가 성공할수록 2인자 리더들에게 더욱 종속적인 관계를 만들어낼 수밖에 없다. 이른바 헤겔이 말하는 '노예의 변증법'이다. 주인은 노예를 부리는 듯하지만 시간이 지날수록 노예가 없을 때 주인은 정작 아무것도 할 수 없는 것이다. 노예와 다른 것은 2인자 리더들은 누구를 지배하는 것을 통해 자신의 입지를 구축하는 것이 아니라 스스로 입지를 구축한다. 하지만 스스로 1인자에는 관심이 없고, 스스로 홀로 섰기 때문에 승리자, 챔피언 그리고 마침내 1인자가 되는 사람들이다. 이를 가리키는 말 가운데 하나가 바로 '히든 챔피언'이다.

'히든 챔피언(Hidden Champion)'은 작지만 강한 회사로, 높은 점유율을 가진 기업이다. 비록 규모는 작아도 틈새영역에 자리를 잡아 그 분야에서 세계 최강 자리에 오른 기업체들이다. 틈새에 뿌리를 내린 나무는 작지만 강건하게 자란다. 당연히 대중에게는 잘 알려져 있지 않은 작은 기업이다. 하지만 각 분야에서 세계시장 점유율 1~3위를 달리고, 많이 산재해 있는 유럽 대륙에서 1위를 차지한다. 중요한 것은 그들 하나만 가지고 나라 경제를 떠받치는 것이 아니라 다른 히든 챔피언들과 같이 경제적으로 큰 기여를 한다. 세계시장 점유율 33% 이상, 기업 수명 60년 이상, 평균 매출 4억 달러(한화 약 4,100억 원 상당) 정도의 기업, 즉 작지만 강한 강소기업(强小企業)이 히든 챔피언이다.

히든 챔피언의 나라 독일의 경우 1,300여 개의 히든 챔피언이 전체 수출의 25%를 차지하며, 일자리를 늘리고 지역경제를 활성화시킨다. 이 중 3분의 1이 100년 이상의 역사를 지니고 있다. 독일은 상당수 유럽 국가들이 재정위기로 어려움을 겪을 때에도 굳건히 버텼다. 독일의 히든 챔피언 기업들은 그만큼 오랜 세월 동안 한 우물을 파며 확보한 기술력으로 확고하게 자신의 자리를 잡고 있다. 또한 성장 가능성이 높은 기업들이기도 하다. 산업 생태계를 이루는 근간이다. 소수 몇몇 기업이 흔들린다고 독일의 경제가 휘청거리지 않는다. 그렇기 때문에 정부가 대기업의 눈치를 볼 필요도 없으며, 그들을 위해 인위적이거나 편파적인 경제 정책을 쓸 필요도 없다.

독일의 경영학자 헤르만 지몬이 《히든 챔피언》(1996)에서 말하면서 크게 회자되었다. 지몬은 독일의 중견 · 중소기업 2,000여 곳을 조사해 글로벌 경쟁력을 보유한 1,200여 업체를 '히든 챔피언'으로 칭했다. 즉, ① 소비자에게는 잘 알려져 있지 않지만, ② 연매출 40억 달러 이하, ③ 세계 3위 이내 혹은 한 대륙에서 시장점유율 1위를 차지한 기업들이 그 기준이었다. 그런데 이들 히든 챔피언은 중산층을 지지하는 핵심동력이기도 하다.

히든 챔피언의 원조 독일은 부자 한 명이 아니라 수많은 중산층이 사회를 이끌어가는데, 그 중산층 가운데에 바로 2인자 리더들이 경영하는 기업들이 있다. 아무리 상류층이 많아도 중산층이 붕괴되면 한 나라가 유지될 수 없음을 우리는 잘 알고 있다. 180년 전통의 종이회사인 그문트, 가전업계의 벤츠로 불리는 밀레, 피아노회사인 볼뤼트너, 요리사들이 꼭 써보고 싶은 칼을 만든다는 뷔스토프 등 세계적인 경쟁력을 갖춘 히든 챔피언들이다. 이들은 숙련된 기술로 품질 경쟁력을 높이면서 1년에 30일 이상 유급휴가를 주고, 직원 복지에도 신경을 쓰는 등 일종의 협동조합과 비슷하게 운영된다. 히든 챔피언들은 어떻게 오늘날과 같은 입지를 다질 수 있었을까.

수많은 히든 챔피언들이 세계시장에서 오랫동안 최정상에 머물 수 있는 것은 '코끼리(대기업)들이 노는 곳에서 함께 춤추지 않기' 때문이다. 이들의 전략은 선택과 집중이고, 이를 통해 혁신적으로 새롭게 개척해간다. 물론, 지나치게 한 곳에 집중하게 되면, 시장이 작아질 위험이 있어서 항상 이를 경계한다.

전통적으로 세계화는 막대한 자금을 바탕으로 세계 영업구조망을 구축한 대기업이 주도한다. 그러나 히든 챔피언은 이와 달리 지역을 기반으로 한다. 다만 이들이 지역화에 머물러 있는 것만은 아니다. 그들은 떠들썩하지는 않지만, 조용히 자기만의 방식으로 세계화에 나서왔다. 피터 드러커가 "비록 수공업이고 지역이나 지방에서 상품을 판매할지라도 모든 비즈니스는 세계적 경쟁력을 가져야 한다."고 말한 맥락과 같다. 예를 들어보자. 독일의 프로이덴베르크(Freudenberg)는 가죽을 다루는 작은 제혁(製革)업체로 출발했지만 세계적인 '콘체른'으로 성장했다. 현재 약 4만 명의 직원을 두고 있으며, 지난해 66억 유로(약 9조 608억 원)의 매출을 올렸다. 100% 가족기업으로, 8대째 사업을 이어오고 있으며 320명의 가족주주들이 활동하고 있다. 그들에게는 당장에 글로벌 네트워크를 만들 여력과 자본, 마케팅 기반은 없지만 지역 내에서 명성을 쌓은 후 이것이 차츰차츰 자연스럽게 세계로 퍼져나갔다. 그런데 이런 히든 챔피언의 성장과 확장은 역사문화적인 토대가 있었기 때문에 가능했다.

역사적으로 독일에 히든 챔피언이 많은 이유를 살펴야 한다. 독일은 19세기 말까지 군소국가 집단으로 이뤄져 있었다. 이때 성장을 추구한 기업들은 국제화를 할 수밖에 없었다. 예를 들어 바이에른 기업이 작센이나 뷔르템베르크에 있는 고객에게 납품하면 국제무역이었다. 이런 면에서 개방성과 국제화 역량이 자연스럽게 생겼다. 많은 지역들이 전통적으로 뛰어난 역량을 보유하고, 이것을 현재까지 이어오고 있다. 하지만 독일에서는 히든 챔피언이 많은 만큼 내부의 경쟁도 치열하다. 또한 각 지역에서 자리를 튼실하게 잡고 있다. 한국처럼 서울 중앙에 대기업이 많은 것과 다르다. 베를린, 함부르크, 브레멘을 제외한 나머지 주에 특히 많이 분포돼 있다. 다른 나라와 달리 독일은 각 지역의 인재들을 활용하여 지역경제를 유지한다. 독일에서 히든 챔피언의 분산은 커다란 장점이다. 독일뿐만 아니라 스위스와 오스트리아의 경우에도 히든 챔피언들이 나라 전체에 고르게 분포돼 있다. 히든 챔피언 신화는 제2차 세계대전이 끝난 이후 시작됐다. 중소기업은 1950~1960년대 '라인 강의 기적'으로 불리는 독일 경제의 숨은 동력이었다. 1,200여 개의 '글로벌 강소기업'이 독일을 수출 1위 국가로 만든 것은 매우 대단한 일이다.

이런 히든 챔피언의 역할은 미국이나 일본에서도 마찬가지였다. 미국은 1930년대 대공황에 이어 2008년 금융위기까지 수차례 고비를 맞았다. 1980년대 말까지만 해도 회생이 어렵다고 여겨질 정도로 상황이 어려웠지만, 예상 외로 다시금 부활하곤 했다. 그 가운데에는 중소기업, 즉 히든 챔피언들이 있었다. 미국은 산업구조를 재편할 때마다 새로운 하이테크 산업이나 창조적인 사업을 추진하는 중소기업을 다수 배출했다. 그 상징이 벤처 요람 실리콘밸리다. 미국은 히든 챔피언이 태어날 수 있도록 시스템을 갖추어놓고 있기 때문에 어려운 고비 때마다 경제위기를 극복하는 글로벌 기업을 만들어갈 수 있었다. 대대로 가업을 물려받는 장인 기업의 나라 일본 역시 히든 챔피언이 많은 나라다. 비록 Sony 같은 글로벌 기업이 힘을 잃어도 버틸 수 있는 힘은 바로 이런 숨겨진 장인가족기업이 있기 때문이다.

그들의 역할과 가치를 어떻게 정리할 수 있을까? 우선 브랜드 파워는 미약하지만, 세계시장을 무대로 아름다운 도전에 나선 기업들이라 주목해야 한다는 지적이 많다. 이들이 혁신을 주도하고, 양질의 일자리를 창출하며, 우수한 상품과 서비스를 제공해 삶의 질 향상에 기여하고 있으니 말이다. 대기업과 중소기업 간의 협력을 촉진해 양극화 현상을 완화하는 데도 공헌하고 있다는 점은 그들이 존립하고 있다는 이유만으로도 경제사회적인 모순이 일정하게 해결될 수 있다는 함의를 준다. 그들은 항상 기술, 서비스 혁신을 추구하며 세계 일류 상품을 만들어내는 데 몰두하고, 작지만 강한 도전을 멈추지 않는다.

지몬 교수는 '히든 챔피언' 기업들의 핵심 전략을 5가지로 설명하기도 했다. ① 글로벌 1인자가 되겠다는 원대한 목표, ② 한 가지만 깊이 파고드는 선택과 집중, ③ 글로벌 마케팅과 판매망을 통한 국제화 의지, ④ 강하고 혁신적인 리더십, ⑤ 성과 중심의 인재 확보이다.

그런데 히든 챔피언 기업에서 정말 중요한 사실이 있다. 그들 기업이 매우 유구한 역사를 지니고 있다는 사실이다. 그 유구한 역사는 어느 날 갑자기 만들어지지 않는 기술은 물론 사회적 신뢰의 형성을 말한다. 많은 사람들은 "세대를 넘어 경영을 이어가는 가족기업은 장기적인 안목에 따라 신뢰와 혁신을 더해 성장을 거듭해나간다."고 지적한다. 그러나 이 때문에 히든 챔피언을 가족기업으로 생각하는 것은 바람직하지 않다. 항상 가족끼리 경영권을 잇는 것만은 아니기 때문이다. 주인이 바뀌어도 고유의 경영 철학은 유지된다는 점을 눈여겨보아야 한다.

글로벌 진공펌프 기업인 독일 파이퍼바큠(Pfeiffer Vacuum)의 사례를 보자. 1890년 아르투어 파이퍼가 독일 아슬라에 설립한 파이퍼바큠은 가족기업으로 시작했는데, 창업자 가문의 가업승계가 불가능해져 1996년 주식회사로 바뀌어 뉴욕증권거래소에 상장했다. 벤더 CEO가 네트워킹 시스템을 통해 기존에 숙련된 직원들의 기술력과 노하우를 새로운 직원들에게 원활하게 전수한 것이 영속성을 이어가게 했다. 매년 매출액의 5% 이상을 연구개발(R&D)에 투자하며, 직원 90% 이상이 진공펌프 생산 관련 직업교육 또는 고등교육을 수료해 전문성을 높였다. 파이퍼바큠은 주인이 바뀌었어도 기업은 명문 장수기업으로 유지되는 사례다. 이 기업은 직원 중 95%가 정규직이고, 대부분 30년 가까이 근속할 정도로 고용안정성을 보장했다. 안정은 답습과 경직을 낳을 수도 있는데 이에 대한 대응도 하고 있다. 벤더 CEO는 "우리는 125년 역사의 전통적인 기업임에도 언제나 신생기업처럼 유연함을 유지하기 위해 힘쓴다."고 말했다. 매출액은 약 4억 유로(5,500억 원)로 영업이익률은 12.4%다. 기업 매출의 40%를 차지하는 터보펌프 분야는 글로벌 시장점유율 1위를 차지하고 있다. 벤더 CEO는 지속적인 기술 리더

다른 이들과 비교하지 않고 자신의 길을 가는
이들 가운데 숨은 챔피언이 많은 법이다.

십을 확보하기 위해 끊임없이 연구개발(R&D) 혁신을 이어가고 있다.

글로벌 경제위기 여파로 독일 경제가 2009년 −5.9%라는 전후 최악의 경기침체를 기록했으나, 기업들은 영미권 국가들과 달리 감원으로 대응하지 않고 최대한 고용을 유지해 실업률이 9.3% 증가하는 데 머물렀다. 이 같은 노사 신뢰를 바탕으로 기업 경쟁력이 개선돼

2010년 이후 신속한 경제회복의 원동력이 됐다.

'히든 챔피언'의 최대 자산은 숙련공이다. 대부분의 독일 기업은 학력이 아닌 경력으로 연봉을 산정한다. 노사 간의 상생문화와 어릴 때부터 진로교육을 실시하고 기업과 연계한 직업교육을 통해 안정적인 인력을 충당하는 실용적인 교육 시스템이 있다. 이는 독일 경제 발전의 비결이자 히든 챔피언이 가능한 요인이기도 하다. 이렇게 사람을 중요시하는 것이 2인자 리더십의 특징이다. 히든 챔피언의 경제가 탄생하는 조건은 학력을 통해 우위를 차지하고 좋은 직장을 선점하는 방식의 사회 시스템이 아니라는 점이 중요하다. 학력 중심의 시스템에서는 소수의 1인자가 다수의 사람들을 지배하려는 이기적인 심산에 기초하고 있다. 독일에서는 실력과 경험이 중요하다. 따라서 이것이 2인자들이 세상을 어떻게 움직여갈 수 있는지 잘 보여준다. 2인자들이 어떻게 1인자가 되어 세상을 긍정적인 방향으로 움직여가는지 히든 챔피언과 그 안의 장인철학과 경륜의 우선 원칙들이 잘 보여주고 있는 것이다. 2인자는 결코 뒤에서 조종하는 사람이 아니다. 스스로 입지를 갖고 영향력으로 많은 사람들을 이롭게 한다. 결코 조종하거나 이용하지 않는다. 조종과 이용이 중심이라면 1인자의 변형에 불과하다.

독일 축구도 2인자형 행태들을 잘 보여준다. 그들은 장거리슛을 바탕으로 뒷축에 힘이 실린 축구를 구사하여 독자적인 축구 스타일을 이루었고 세계 최강의 실력을 갖고 있다. 이 때문에 화려하지 않은 독일 축구가 2014년 월드컵에서 다시 승리한 것은 이상한 일이 아니다.

2014년 11월 세계적인 시장조사 기업 GfK의 국가브랜드지수(NBISM) 조사 결과 독일은 2009년부터 1위였던 미국을 2위로 밀어내고 마침내 1위로 올라섰다. 이 조사는 주요 50개국을 대상으로 상품 신뢰도 포함의 수출, 정부 신뢰도 포함의 거버넌스, 문화력, 국민 친근감과 역량, 관광 선호도, 이주 · 투자 매력 등 6개 범주 23개 분야에 대해 평가한 것이다. 독일은 패전한 이후 조용히 내실을 다져오며 유럽의 숨은 강자로 부상했고, 마침내 세계적으로도 그만큼 강력한 브랜드를 구축하는 등 여러모로 히든 챔피언이었던 것이다. 따라서 겉으로만 1인자인 미국과 대비하여 볼 때 어떤 노선을 선택해야 할지 잘 알 수 있을 것이다.

TIP

《나는 항상 패배자에게 끌린다》의 저자가 말했다. "우리 사회에서 승자가 몇 명이나 될까요? 3%도 안 되지 않을까요?" 또한 성공하는 순간 그 자리에서 내려와야 한다는 말이 덧붙여지기도 한다. 이는 겉으로 드러난 승자를 말한다. 현상적으로 드러나는 1인자들을 말하는 것이다. 하지만 곳곳에 각자의 영역에서 히든 챔피언들은 있기 마련이다. 그렇기 때문에 기존의 성공에 대한 생각은 1인자의 승리 프레임에서 벗어나야 할 필요성이 있다.

—

《삶의 한가운데서 초한지를 읽다》(왕의서재, 2013)는 새로 밝혀진 동양 3국 학자들의 논의를 적고 있는데, 승자의 기록으로 미화된 항우의 프레임에서 벗어나 항우와 한신이라는 인물을 부각시키고 있다. 그런데 특히 한신이 히든 챔피언이었음을 알 수 있다.

"한신은 무략에서는 타의 추종을 불허하는 당대 최고의 병법가였지만 정치적 결단에서는 한없이 우유부단했다. 만약 한신이 항우의 권유에 따라 유방에게서 떨어져나와 독립했다면 한나라와 초나라를 능가하는 제나라를 만들 수 있었을 것이다. 이는 그리 어려운 일도 아니었다. 괴철이 언급한 '천하삼분지계'처럼 적당한 구실을 대고 독립을 선언하기만 하면 그만이었다. 그런데도 그는 이를 실행에 옮기지 못했다. 결정적인 순간에 우유부단했던 그의 성격은 항우와 많이 닮았다."(p.425)

그렇게 하지 못한 것은 한신이 의리를 지킨 것 때문으로 볼 수 있다. 만약 그가 진정한 2인자 정신, 즉 새로운 도전과 실험을 위해 독립했다면 역사는 완전히 바뀌었을 것이다.

도전하고 실험하고

2인자의 위치이기 때문에 1인자가 된다

허영만의 작품을 인기 있게 만든 것은 바로 2인자 심리다. 허영만은 여러 차례 매체와 가진 인터뷰에서 자신은 항상 2인자였다고 말했다. 예컨대 70년대 이상무, 80년대 이현세에 밀려 빛을 보지 못했다는 것이다. "난 늘 2등이었다. 1970년대에는 이상무, 1980년대에는 이현세가 1등이었다." 그러나 그것이 허영만을 최고의 만화가이자 예술가로 만들었다. 한 만화평론가는 "그는 늘 2등이었기에 새로운 장르의 개척과 소재 발굴에 더 많은 노력을 기울여 작품적 성취를 낳았다."라고 평가했다.

《허영만표 만화와 환호하는 군중들》(한국만화문화연구원 저)에는 이런 대목도 있다.

> '강토'는 늘 2인자였다. 1970년대 이상무의 '독고탁', 1980년대 이현세의 '까치'가 만화계를 휩쓸던 시절 강토는 2등을 벗어나지 못했다. 하지만 시간이 흘러 당시 '1등'이 사람들의 기억 속에만 남아 있는 지

금, '강토'는 여전히 우리 곁에 건재하다.

허영만 만화의 대표 캐릭터가 '강토'인데, 강토는 한 사람이 아니라 다양한 모습으로 끊임없이 변화하며 생명력을 유지해왔다. 이는 강토가 1인자의 위치에 있지 않았기 때문에 가능했다. 만약 1인자의 반열에 있는 캐릭터라면 변화를 구사하기가 쉽지 않았을 것이다. 예컨대 독자들이 그런 변화를 당장에 수용하지 못했을 수도 있다. 또한 그 변화를 통해 1인자의 반열에 올라간 만큼 그간 성과에 상응하는 결과를 내야 한다는 강박관념이 대내외적으로 형성되고 그것이 창작에 대한 부담으로 작용할 수 있다.

더구나 만화라는 매체는 항상 천덕꾸러기였다. 툭하면 불량서적 화형식에 만화책이 내몰렸다. 허영만은 5월마다 남산도서관 앞에서 자신의 만화가 양서가 아니라는 이유로 불살라지는 것을 보며 가슴이 매우 아팠다고 밝힌 바 있다. 즉, 장르 면에서도 만화는 1인자가 아니었다. 작가에 대한 대접도 문화예술계에서 차갑기만 했다. 그러나 사람들은 앞으로는 교과서를 놓고 뒤에서는 모두 만화책을 들고 있었다.

이러한 가운데 그는 2등이었기 때문에 오히려 더 다양한 소재를 발굴하고, 폭넓은 장르에서 작품을 구상할 수 있었다고 한다. 이런 사람들이 리더라면 부하나 동료들은 더 유연하게 창조적인 작업을 할 수 있고 기존의 주류 조직에서 만들 수 없는 상품과 서비스를 만들어 수익모델과 브랜드 가치를 구축할 수 있다. 이것이 바로 2등 리더십의 장점이기도 하다. 1등들은 항상 1등을 지키기 위해 다양한 시도를 하지 못하고 만다. 항상 사람들이 주목하고 있기 때문에 작품에 변화를 주는 것도 쉽지 않다. 작품에 변화를 주었을 때 주목하는 눈이 많기 때문에 부담스럽다. 만약 실패하면 그 부담감은 다음 작품을 창작하는 데 더 부정적인 영향을 주기도 한다. 이러한 점은 부하들이나 동료들에게 똑같이 영향을 미친다. 즉, 2등 리더십이 낳는 성과와는 반대로 가는 것이다.

오히려 2인자는 그러한 시선에서 자유롭다. 따라서 마음대로 시도해보고 그 가운데에서 역량을 쌓을 수 있다. 그럴듯한 것이 아니라 사람들이 원하는 것을 창작할 여지가 많아진다. 실패에 대한 심적 부담도 덜하다. 또한 오랫동안 버틸 수 있는 힘을 주기도 한다.

허영만은 한 언론 인터뷰에서 이렇게 말했다. "1등을 욕심내기보다는 2등을 하면 그래도 꾸준히 먹고살 수 있겠구나 하고 마음먹었다." 이러한 긍정적인 생각으로 새로운 이야기 발굴에 나서게 되었고, 이것이 대중이 관심을 갖는 다양한 영역과 내용을 담은 작품으로 이어진 것이다. 더구나 2등은 자만할 수 없다. 하지만 1등은 자신의 성공에 취해 자만하고 독선에 빠지기 쉽다. 이렇게 2등이 자만하지 않는 태도는 끊임없는 작품의 변화와 새로운 창작을 가능하게 한다. 2등들은 자만할 여력이 없다. 자만이 아니라 새로움으로 존재의 가치를 인정받아야 한다. 새로움의 시도는 실패의 가능성을 염두에 두는 것이다. 새로움의 시도는 그것에 대해 지나친 기대를 금하는 것을 말한다. 그렇기 때문에 에너지 배분도 달라진다. 몰입과 열정을 쏟아도 소진할 만큼 무턱대고 돌진하지 않는다.

허영만은 늘 '8홉론'을 이야기했다. 예를 들어 병을 꽉 채우면 결국 넘치게 되기 때문에 적당히 여유를 둬야 한다는 것. 1등보다는 2등이나 3등으로 사는 편이 삶에 긴장과 여유를 준다고 했다. 긴장과 여유라는 말은 어떻게 보면 이중적이고 모순되게 보인다. 하지만 생각해보면 이

허영만은 2인자였기 때문에
1인자의 반열에 올라갔다.
아직도 그는 2인자 자세를
유지하고 있다.

해가 된다. 2인자 리더들은 자신의 위치가 최고의 자리가 아니라는 생각 때문에 항상 긴장하고 도전하게 된다. 하지만 한편으로 항상 최고의 자리를 유지하고 그 자리에서 밀려날까 봐 스트레스를 받지는 않는다. 그는 2등에게는 적당한 긴장에 부담이 덜한 여유가 있다고 말한다.

그러나 2등이 오랫동안 입지를 유지하고 사실상 1인자가 되려면 전제조건이 있다. 허영만은 "재주 있는 사람이 성공하는 것이 아니라 노력하는 사람이 성공하고, 노력만 한다고 해서 누구나 성공하는 것이 아니기 때문에 세상의 변화에 맞춰서 노력해야 한다."고 말한 바 있다. 재주나 재능이 있는 사람은 분명히 우월한 이들이다. 하지만 그들은 자신의 재능을 믿고 노력하지 않는다. 아니 재능과 재주를 믿고 노력하지 않는 사람은 1인자라고 생각하지만, 그것은 인간의 능력을 생각하면 그렇게 타당하지 않음을 알게 된다. 남과 비교했을 때 조금 앞설 뿐이다. 예컨대 절대적 물리 법칙 앞에서는 1인자도 2인자도 무용하다. 그렇다고 아무것도 하지 말아야 할까. 열심히 노력하는 가운데 인간이 예측할 수 없는 성과가 나오기도 한다. 노력하는 사람은 2인자이다. 자신이 2인자라고 생각할수록 더욱 열심히 노력하기 마련이다. 하지만 무조건 노력만 하는 것은 세상이 원하는 것이 아니라 자기가 원하는 것이다. 부단히 노력을 하는데 자기가 원하는 것만 하는 것은 사람들이 원하는 바를 무시하기 때문에 1인자의 태도이다. 1인자가 도태되는 것은 세상이 원하거나 요구하는 것이 아니라 오로지 자신을 위해 노력하기 때문이다. 이는 세상을 자기에게 맞추는 자아중심적인 태도를 보이는 것이다. 시장자본주의와 민주주의 시대에 1인자의 위치를 만들어주는 것은 스스로라기보다는 고객과 국민이다.

허영만은 또한 이런 말을 했다. "좋을 때 흥청대면 살아남을 수 없다. 나보다 훨씬 더 실력 있고 잘 그리던 친구들이 사라져가는 걸 보면서 번거롭고 하찮은 일이라도 열심히 해왔기 때문에 버틴 것이 아닌가 생각한다." 허영만은 자신이 최고가 아니라 자신보다 더 나은 사람이 많이 있었다고 한다. 자신이 스스로 인기를 유지한 것이 아니라 버텼다고 말한다. 그리고 그 버틴 이유는 하찮은 일이라도 열심히 했기 때문이라고 밝힌 것이다. 하찮을지라도 그것을 수행하는 과정에서 자신의 노정에서 훈련과 업적으로 이어졌던 것이다.

또한 "최고는 최고의 몸값을 받는 사람이 아니라 그 분야를 이전보다 크게 만들어가는 사람입니다."라고 했다. 혼자만의 성공이 아니라 자신으로 인해 해당 분야의 영역이 더 넓어지게 만드는 사람이 최고라고 한다. 혼자만 1등 하는 데 골몰하는 리더는 결코 최고가 될 수 없다. 다른 이들, 즉 공동체나 조직을 더 잘살게 만들어주는 사람이 최고이고 이를 잘하는 이들이 2인자 리더들이다. 또한 1인자들은 자신의 입지와 영역을 고수하려 하기 때문에 더 영역을 확장하지 못한다. 이는 결국 파이가 더 이상 커질 수 없음을 말한다.

이전보다 크게 만들기 위해서는 실험하고 도전해야 한다. 그렇게 하지 않으면 넓어지거나 커질 수 없는 법이다. 한 만화평론가는 "다른 만화가 장르적 재미에 치우친 데 반해 허영만의 만화는 사회와 실용성을 반영하기 때문에 어린 시절의 만화적 공상이 시들해진 어른들도 그의 만화를 통해 흥미를 느끼고 정보를 얻는다."라고 말한 바 있다. 실용성은 그가 만화의 장르적 외연을 확장한 대목이다. 어린이나 읽던 만화를 어른들이 읽고, 재미를 위해 읽던 만화를 정보를 얻는 창구로 만든 것은 모두 이런 맥락 때문이다. 그는 리메이크나 속편을 거부하는데, 그 이유는 "앞으로 그려야 할 만화가 태산 같은데 옛것을 생각할 겨를이 어디 있나요?"라는 말에서 알 수 있다. 새롭게 시도하고 다루어보고 싶은 것이 너무 많으니 끊임없이 새롭게 도전하려는 마음이 더 강한 것이다.

마르쿠스 아우렐리우스는 "우리는 변화를 두려워한다. 하지만 변화 없이 생성될 수 있는 것이 있는가?"라고 말한 바 있다. 그는 또한 변화는 자연의 본성이라고 했다. "자연이 변화보다 더 소중히 여기는 것이 있을까? 변화보다 자연의 고유한 특질이 될 수 있는 것이 무엇인가? 장작을 변화시키지 않고 따뜻한 물로 목욕을 할 수 있을까? 식량에 아무런 변화 없이 영양을 섭취할 수 있는가? 변화 없이 어떤 유용한 일이 이뤄지는 것이 가능할까?"라고 물었다. 자연의 법칙이 그러할 뿐만 아니라 인간 스스로도 그러하다고 말한다. "당신 자신의 변화 역시 자연의 질서에 속한 것이며, 자연에 필요한 것임을 부인할 수 있는가?" 당연히 우리는 부인할 수 없다.

《티핑포인트》와《아웃 라이어》의 저자 맬컴 글래드웰은 한 직장에서 너무 오랫동안 일하는 것은 바람직하지 않다고 했다. 그는 "직장 10년차 정도 되면 각종 혜택이나 특혜들을 얻는데 그게 인간을 나태하게 만든다."는 것이다. 이렇게 한 곳에 오래 머물러 있는 것에 대해 창조성과 연결시켰다. 즉, 오랫동안 한 곳에 있으면 창조성이 고갈될 수 있다는 것이다. 특히 혜택이나 특혜 때문에 안주하게 됨을 강조한다. 다양한 자극도 필요하다. 그러한 자극이 있으면 나이가 들어 창의성이 떨어진다는 말을 할 수 없을 것이다.

맬컴 글래드웰은 "창의성이란 연령의 함수가 아니다."라며 "오히려 그 직업 내에 머물렀던 기간, 즉 연식에 의해 좌우된다."고 했다. 70대 노인도 새로운 직장에서 일하면 창의적일 가능성이 있고, 30대 청년이어도 한 곳에서 일한 지 10년이 넘으면 기득권 계층이 되어 창의력을 잃는다는 것이다. 결국 한 곳에 오래 있지 않고 스스로 다양한 분야를 옮겨 다닐수록 창조성은 증가한다는 것이 글래드웰의 입장이다.

《예기(禮記)》 제일(第一) 곡례상(曲禮上)에 "안안이능천(安安而能遷)"이라 했다. 그 뜻은 "편안한 곳을 편안하게 여기지만 옮겨야 할 때에는 능히 옮길 줄 안다."이다. 편안해지면 안주하는 것이 아니라 오히려 옮겨야 하는 것이 당연한 법칙이라는 것이다. 왜냐하면 안주는 곧 죽음과 같기 때문이다. 죽음에서 벗어날 방도를 찾는다면 옮겨야 한다.

글래드웰은 한 곳에 고정되어 그곳의 룰에 따라 움직이는 사람을 골리앗이라고 불렀다. 그렇지 않고 다양한 곳에서 새로운 변화와 적응을 추진하는 이를 다윗으로 불렀다. 여기에서 골리앗은 1인자 리더십을 추구하는 사람이고, 다윗은 2인자 리더십을 추구한다고 볼 수 있다.

그는 고정된 법칙에 따라 움직이는 골리앗이 되기 전에 다른 곳으로 옮겨 스스로를 다윗으로 만들라고 했다. 무엇보다 그는 공간적인 변화와 이동을 강조한 바 있다. 글래드웰은 "내가 지금 스물한 살 뉴욕 청년이라면 나는 서울이나 싱가포르, 상하이 같은 도시로 건너가 일하겠다."고 말했다. 그는 왜 특정 도시를 말했을까. 그에 따르면 언어와 문화 등에 익숙하지 않아도 다윗으로 시작할 수 있는 곳에 가서 일을 하라는 것이다. 더구나 그는 "뉴욕에 비해 서울, 싱가포르, 상하이 등이 성장 가능성이 훨씬 크다."고 했다. 그는 "1960~1970년대 미국에 건너온 한국 이민자들이 그런 다윗들이었다."며 "반대로 되지 말라는 법은 없다."고도 했다. 2인자 리더십을 지향하는 이들은 이미 최고가 된 지역이 아니라 그렇지 않은 곳에서 자신의 활동 기반을 다진다. 1인자 리더십을 지향하는 이들은 최고로 평가받는 곳에 쇄도한다. 이미 검증된 것에 자신을 드러내는 데 경도되어 쉽게 프리라이더가 되고자 한다.

저성장 시대에는 실험과 시도가 적어질 수 있지만, 오히려 그럴수록 실험과 시도는 가치를 갖게 된다. 《적응 리더십》에서 로널드 하이페츠 등은 글로벌 경제위기 문제들은 과거의 해법이나 전문지식만으로는 풀리지 않는다고 했다. 다양한 분야 간의 소통은 물론 새로운 실험, 즉응적인 지식 등으로 무장한 리더십이 이런 문제를 해결하는 데 필요하다고 했다. 리더는 권위적 관리를 뛰어넘어 조직이 어려운 도전에 대응해 앞으로 나아갈 수 있도록 도와야 하는 존재라고 보았다. 그는 "인생을 리더십 실험실처럼 살아라."라고 했다. 가정, 직장, 공공장소, 종교생활 등 모든 공동체 생활이 리더십을 발휘할 수 있는 기회를 준다는 뜻을 내포하고 있다. 인생을 리더십 실험실로 볼 때, 우리는 시도할 수 있고, 실수를 저지를 수 있으며, 기술을 강화할 수 있고, 노력의 열매뿐만 아니라 그 과정과 여정에서 느끼는 기쁨도 얻을 수 있다는 것이다. 따라서 그는 이러한 맥락에서 '적응 리더십'이라는 개념을 말한다. 그렇다면, 그가 말하는 적응 리더십이란 무엇일까? 그에 따르면 적응 리더십은 "권위 위임자의 기대에 부응해 권위 범위 안에서 역할을 다하는 것이 아니라 그들의 기대에 도전하는 것"이라고 밝혔다. 적응은 시도와 실험을 통해 가능하다. 단지 가만히 있어서 적응이 이루어지지는 않는다.

제임스 번즈 전 미국 윌리엄스 칼리지 교수는 '리더십 강의'에서 변혁적 리더십을 강조한 바 있다. 그가 밝히는 변혁적 리더십은 추종자들의 현재 요구 또는 잠재적 추종자들의 필요와 수요를 인식하고 이를 충족시켜 추종자들을 전인격적으로 사로잡는 것이다. 변혁적 리더십은 궁극적으로 추종자들의 진정한 욕구를 만족시켜줄 수 있는, 사회적 변화를 만들어낼 수 있는 도덕적 리더십으로 발전한다고 했다. 여기에서 사회적 변화는 조직이나 공동체 전체의 변화를 포괄하는 말이다.

CNN의 설립자 테드 터너는 거의 쓰러지기 일보직전의 상태에 있던 방송국을 인수했다. 그가 방송국을 인수하려 할 때, 찬성한 사람은 아무도 없었고 주변에 있는 사람들은 인수 프로젝트를 모두 뜯어말렸다. 주변 사람들의 생각은 망해가는 방송국을 인수해서 뭘 어쩌려는 것인가 싶었던 것이다. 하지만 그는 영화 · 뉴스 · 만화 등 특화된 채널을 만드는 등 끊임없는 도전을 통해 마침내 성공했다. 뉴스를 하루 종일 방송하는 24시간 뉴스전문채널 CNN의 탄생은 애초의 회의적인 평가와 달리 미디어업계의 지각변동을 이끌어냈을 뿐만 아니라 세계

테드 터너가 세운 CNN이 성공하리라고 예측한 이는 거의 없었다.

의 변화를 만들어냈다. 그것을 추진한 테드 터너는 2인자 리더십을 발휘해 결국 1인자의 입지를 구축했다. 2인자 리더의 행보에는 위기 속에서 기회를 찾으려는 노력들이 많다.

《플립사이드》에서 아담 J. 잭슨은 나폴레옹, 헬렌 켈러, 베토벤, 에디슨부터 스티븐 호킹, 빅터 프랭클, 스티브 잡스 등 위대한 성과를 이룬 이들은 모두 '플립사이드'를 발견했다고 주장했다. '플립사이드'는 사전적으로 '다른 면, 반대 면'이라는 뜻을 지니고 있다. 그가 말하는 플립사이드는 바로 위기 속에 잠재되어 있는 기회이다. 좀 더 풀어보면 '좌절의 순간 발견한 작지만 소중한 기회'가 바로 플립사이드다. 크거나 작거나 우리의 인생에 놓여 있는 수많은 문제와 시련, 장애 안에는 더 큰 기회가 숨어 있다는 것이다. 다른 데로 갈 데 없는 정말 막다른 곳에 처했을 때 '뒤집어서' 그 안에 숨은 기회를 찾는 것이 바로 플립사이드이다. 1인자들은 명확하게 앞으로 전진한다. 그리고 전면적으로 돌파하려 한다. 그 돌파는 확실한 방식대로 하려는 것이다. 하지만

2인자들은 앞으로 전진하고 돌파하는 데 목적이 있는 것이 아니라 그 이면이나 다른 길이 없는지 살핀다. 또 다른 방법이나 해결 수단이 없는지 탐색하고 그것을 찾아내려 한다. 당장에 그럴듯하거나 크게 눈에 띄는 방법이 아니어도 된다. 물론 그 과정은 힘들고 낯설다. 익숙하지 않은 행동을 해야 하고 새로운 사람과 일을 해야 한다.

프란치스코 교황 어록에 "진리는 항상 호전적입니다. 그래서 진리를 얻으려면 투쟁해야 합니다."라는 말이 있다. 진리는 고군분투와 투쟁을 요구한다. 이는 2인자 리더들의 숙명이며 결국 문제를 해결하고, 진리를 찾아내는 것은 그들이다. 1인자 리더들은 당장에 분명히 손에 잡히는 진리를 추구한다. 그러나 그런 것들은 이미 진리가 아닐 때가 많다. 더구나 기업이나 조직에서 어떤 성과를 달성하며 경쟁해야 할 때 이미 그것은 진리가 아니라 낡은 원칙이나 방법에 불과할 때가 많다.

TIP

마크 엡스타인(Marc Epstein) 미국 라이스대 경영대학원 교수와 토니 다빌라(Tony Davila) 스페인 IESE 경영대학원 교수는《혁신 패러독스(*The Innovation Paradox*)》에서 노키아 · 블랙베리의 몰락 원인을 '점진적 혁신'에서 찾았다. 미덕으로 여겨졌던 성실하고 꾸준한 개선작업이 '파괴적 혁신(Breakthrough Innovation)'에 당할 수밖에 없다는 것이다. 혁신에 투입한 돈만 따진다면 노키아가 애플보다 몇 배나 더 노력했다. 노키아는 2009년 애플에 비해 6.4배나 많은 돈을 연구개발(R&D)에 썼다. 2010년에는 4.4배, 2011년에는 3배나 더 투입했다. 직원들도 혁신을 위해 밤낮 없이 노력했다. 차근차근 꾸준하게 성실한 태도로 제품과 서비스를 바꿔나갔다. 하지만 노키아는 몰락했고, MS에 인수됐다. 그야말로 '혁신의 역설(Innovation Paradox)'이다. 노키아는 혁신을 위해 애플보다 엄청난 돈을 썼지만, 노키아는 혁신을 '차근차근' 했다. 자사 제품을 꾸준하게 점진적으로 개선해 내놓았을 뿐이었다. 2000년에 이미 아이폰과 비슷한 혁신적인 제품을 개발했지만, 출시는 하지 않았다. 스마트폰 시장의 강자였던 블랙베리도 상황은 비슷했다. 기존 제품을 업그레이드하는 데 매달렸다. 그러나 애플은 기존 휴대폰과 완전히 다른 '아이폰'을 내놓았다. 인터넷 커뮤니케이션에 기반을 둔 새로운 스마트폰이었다. 애플은 매출액 대비 겨우 3% 안팎을 R&D에 투자했지만 내놓은 제품은 노키아보다 훨씬 혁신적이었다. 애플은 노키아식의 점진적 혁신이 아니라 기존 시장을 전복하는 '파괴적 혁신'을 추구했기 때문이다. 1인자들은 경로의존성이 강하지만 2인자들은 경로의존성을 재검토하므로 혁신에 유리하다.

책임의 리더십

사냥꾼 여럿이 사슴사냥에 나섰다. 사슴 한 마리만 잡으면 모두 넉넉하게 나누어 먹을 수 있기 때문에 다른 동물에 신경을 쓸 필요가 없었다. 그들은 사슴 한 마리를 몰아 산 위로 포위망을 점점 좁혀갔다. 그때 사냥꾼 한 사람이 자기 앞으로 토끼가 지나가는 것을 보았다. 견물생심이라고 했던가.

이때 사냥꾼은 갑자기 다른 생각이 들었다. 만약 사슴을 못 잡는다면 자신에게 돌아올 고기도 없어진다. 그런데 사슴을 잡지 못해도 토끼 한 마리를 잡으면 자신의 식량을 채우는 데는 문제가 없어 보였다. 그래서 사냥꾼은 사슴사냥의 대열에서 벗어나 토끼를 쫓아갔다. 포위망을 이탈하고 나자 포위망에 구멍이 생겼고, 그 틈으로 사슴이 도망쳐버렸다. 결국 여러 사람에게 필요한 사슴을 잡지 못하고 말았다. 사슴을 못 잡을 가능성을 생각해 토끼를 잡으려 한 사람 때문에 정작 사슴을 못 잡고 말았다. 한 사람이 자신의 이익 때문에 공동의 대열을 이탈했기 때문이다. 이는 장 자크 루소의 《사슴사냥》에 나오는 이야기이다. 어떤 미래의 상황을 예견하고, 그 상황에서 자신의 이익을 취하려는 것은 그 과정에서 자신이 다해야 할 책임을 회피하는 것이고, 그런 태도는 결국 다른 모든 사람에게 피해를 준다. 좋든 나쁘든 결과만이 아니라 과정에서도 자신이 책임져야 한다. 과정뿐만 아니라 최종 결과에 책임지는 사람이 리더이다. 만약 리더가 자신에게 불리한 상황을 예견하고 스스로 이익을 위해 이탈해버린다면 수많은 사람들이 피해를 보게 된다.

2010년 8월 5일, 칠레 북부 아타카마 주 코피아포 시 인근 산호세 광산 지하 700m 갱도가 무너지면서 광부 33명이 갇혔다. 최악의 상황이라 대부분의 사람들이 생환하기 어려울 것이라 내다봤지만 2010년 10월 14일, 사고 발생 69일 만에 기적처럼 전원이 무사히 구조됐다. 이 구조작업을 이끈 사람은 칠레 광업부 장관이었던 라우렌세 골보르네였다.

칠레 광업부 장관이었던 라우렌세 골보르네는 2인자 리더십으로 갱도에 갇힌 광부들을 무사히 구출했다.

마이클 유심 와튼스쿨 교수는 가장 훌륭한 리더십을 보여준 인물로 칠레 광업부 장관이었던 라우렌세 골보르네를 꼽았다. 법적으로 정부가 개인이 소유한 광산업체에 책임을 떠넘길 수도 있었다. 즉, 정부의 소유가 아니기 때문에 구조의 책임에 대해 업체에게 책임을 지라고 하면 되었다. 하지만 골보르네는 모든 책임을 감수하고, 책임을 스스로 떠안기로 했다. 라우렌세 골보르네 광업부 장관이 현장으로 달려가 가장 먼저 한 일은 광부 가족들에게 신뢰를 얻는 것이었다. 그는 모든 책임을 감수하기로 했고 대통령을 설득해 가족들의 믿음을 얻어냈다. 이 때문에 구조과정 가운데 갈등을 최소화하고 바람직한 방향으로 이끌어갈 수 있었다. 만약 그가 광부들의 생존 불가에 더 마음을 실었다면, 그들은 생환할 수 없었을 것이다.

최고경영진이 책임을 지는 모습은 기업의 가치를 높일 수 있다. 미시간대 피오나 리 교수 팀이 21년간 14개 기업의 주가 등락 추이를 추적한 결과, 문제가 발생했을 때 최고경영진이 나서서 책임을 인정한 경우 책임을 회피한 사례보다 언제나 더 높은 주가를 기록했다.

2인자형 리더십을 발휘하는 이들은 부하직원들의 잘못을 떠안는다. 그들에게 책임을 지우는 것이 목적이 아니라 실적을 높일 수 있도록 돕는다. 직원들이 시행착오를 통해 배우고 성과를 낼 수 있도록 하지만, 그들의 자긍심과 품위를 유지할 수 있도록 적극적으로 나선다. 구성원들의 시각에서 보면, 문제가 일어났을 때 책임을 회피하는 리더는 진정성과 능력이 결여된 리더다. 《체인지》(유영만 저)에서는 리더십으로 조직의 실적을 향상시키려면 비난을 자신의 몫으로 감수할 각오가 돼 있어야 한다고 말한다. 또한 학사, 석사, 박사 위에 더 높은 학위인 '밥사, 술사, 감사, 봉사'가 있다고 했다. '밥사'는 함께 일하는 동료를 위해 기꺼이 밥 한 끼 사는 마음을 가진 사람, '술사'는 힘들 때 고민을 함께 들어주며 술 한 잔 사주는 사람, '감사'는 욕망에 이끌리지 않고 가진 것에 만족하며 매사에 고마움을 느끼는 사람, '봉사'는 가진 것을 남과 나누면서 함께 살아가는 세상을 만드는 데 기꺼이 나서며 노력하는 사람이다. 감사와 봉사의 자세를 갖고 나서는 사람은 결국 자기 스스로 책임을 지는 사람이다. 1인자들은 책임을 지지 않으려 한다. 자기가 최고이기 때문이다. 스스로 책임을 지지 않으려 한 사람은 자기 스스로 최고인지는 모르지만, 다른 사람들에게 책임을 전가하기 때문에 주변 사람들에게 인정을 받을 수 없다. 리더는 결국 책임을 지기 위해 존재하는 사람이다. 하지만 희생양을 만들기 위해 리더에게 책임을 지우는 것은 조직 전체를 와해시킬 수 있으며, 아무도 그 조직에 충심을 다하려 하지 않는다.

《좋은 기업을 넘어 위대한 기업으로(*Good to Great*)》의 저자 짐 콜린스 전 스탠퍼드대 교수는 으뜸 리더의 특징을 '창문과 거울'에 비유했다. '창문과 거울'은 실적이 좋을 때와 실적이 나쁠 때 그 책임을 묻는 방법에 관한 비유이다. 우선 실적이 좋을 때는 공을 돌릴 사람을 찾기 위해 창문을 바라본다. 반대로 상황이 나빠 누군가 책임을 져야 할 때는 거울에 비친 본인을 응시한다. 많은 경우 이 반대의 현상이 나타난다. 좋은 일이 있을 때는 자신을 내세운다. 이는 1인자 리더십이다. 반대로 나쁜 일로 책임을 져야 할 때, 2인자 리더십의 지도자들은 스스로 떠안고 간다. 물론 명백하게 잘못한 것을 자신에게 돌리라는 말이 아니라 스스로 성찰하고 그것에 맞게 책임을 져야 할 부분을 인정해야 한다는 것이다. 리더가 인정할 때 다른 구성원들도 그에 상응하는 책임을 진다. 만약 최고의 리더부터 책임을 지지 않으면 연쇄적으로 책임을 회피한다. 책임을 맡아야 다른 사람에 대한 책임을 물을 수 있다. 책임에 대한 명확한 기준과 적용이 없을수록 그 조직은 책임지지 않는 이들이 핵심세력을 이루게 되고 결정적인 순간에 붕괴되고 만다.

물론, 리더들에게는 항상 기대 이상의 책임과 요구 측면이 항존한다. 《리더십의 로맨스》의 저자 제임스 메인들은 리더에게는 찬사나 비난이 과도하게 쏟아지는 경향이 있다고 지적했다. 리더에게 모든 공을 돌리거나 책임을 전가하는 편이 사람들이 이해하기 쉽고 정서적 만족도를 높일 수도 있기 때문이다. 그러나 메인들의 조사 결과, 리더가 조직의 성과에 미치는 기여도는 15%를 넘지 않는 것으로 밝혀졌다. 하지만 현실에서는 그 기여도가 마치 50% 이상 되는 것처럼 과도한 찬사나 비난을 받는 사례가 비일비재하다. 이 때문에 책임도 과도하게 지워지는 것이다. 리더의 역할을 과장할수록 책임을 과도하게 지게 되므로 책임의 명확성이 떨어지게 된다. 리더들에게 모든 책임을 전가하는 것도 1인자 리더십을 바라는 이들의 잘못된 행태이다. 그런 행태들이 1인자 리더십의 병폐를 그대로 유지하게 한다. 정작 진짜 모순이나 문제점을 은폐하게 되므로 이 같은 점은 나중에 큰 화를 낳게 된다. 이런 리더십에 지나친 기대와 사랑에 빠지는 것에서 벗어나야 근본 문제가 해결된다. 리더들의 책임은 바로 그 문제점을 지적하고 밝히면서 개선하는 작업들을 병행하는 가운데 이뤄져야 한다. 책임을 기피하는 리더가 다른 이들의 책임을 묻는 상황에서는 어떤 개선의 여지도 없기 마련이다.

영국 맨체스터 출신의 언론인 대니얼 튜더는 “수많은 기업의 대표들이 좋은 성과는 자신의 업적으로 삼으면서 나쁜 결과가 나오면 남의 탓으로 돌리는데. 존경받는 리더가 되기 위해서는 그와 반대로 행동해야 한다."라고 했다. 존경받는 리더의 핵심 가운데 하나는 책임이다. 그 책임이 조직 전체의 좋은 결과를 낳는 것은 바로 그 리더를 따라 같이 문제점을 확인하고 해결하는 데서 나와야 한다. 그것은 2인자 리더십을 구사하면서 조직을 이끌거나 그 입지를 유지하는 이들의 핵심원칙이기도 하다.

TIP

1403년(태종 3년) 5월, 경상도의 조운선(지방에서 거둔 세금을 운반하는 배) 34척이 거센 풍랑을 맞아 침몰했다. 1,000여 명이 희생되고, 쌀 1만여 석을 잃은 참사였다. 당시 태종은 신하들의 보고를 받고는 "이 모든 책임은 과인에게 있다."면서 "죽은 사람들의 부모와 처자의 마음이 어떠하겠는가?"라며 비통해했다.

—

류량도는 《제대로 시켜라》에서 리더는 자신이 맡고 있는 '조직'과 '사람'에 대해 책임지는 사람이라고 했다. CEO는 회사와 임직원에 대해, 팀장은 팀과 팀원에 대해, 사수는 부사수에 대해 책임을 져야 한다고 했다.

—

"이 불황에 조경업으로 돈을 벌 수 있는 사람은 아무도 없을 겁니다." 한 동네에서 조경업을 하는 두 남자가 있다. 한 남자는 생계를 유지하기 힘들어 사업을 그만두려 한다. 똑같은 시점에 다른 남자는 조경업에 종사한 이래 최고의 수익을 낸 한 해를 맞고 있었다. 두 사람은 같은 지역에서 같은 사업을 했는데도 정반대의 결과를 낳았다. 무엇이 사업의 성패를 결정지은 것일까? 《안트러리더십》의 데이브 램지는 사업을 책임지는 두 사람의 리더십 차이였다고 했다. 책임을 회피하는 자세는 본인만이 아니라 전체 조직을 존망의 상황으로 몰아넣는다.

1인자라 생각하면 2인자처럼 행동한다

1914년 12월 5일, 영국의 탐험가 어니스트 섀클턴(Ernest Shackleton)이 이끄는 27명의 대원을 태운 인듀어런스호가 남빙양에 있는 사우스조지아 섬에서 닻을 올렸다. 이들은 남극 횡단 탐험대였다. 그러나 남극을 힘차게 횡단하려 했던 이들은 출항 후 얼마 지나지 않아 부빙(浮氷)에 부딪혔다. 결국 배는 차디찬 남극바다에서 난파당했다. 상황은 절망적이었다. 그들이 살아서 집으로 돌아갈 보장은 없어 보였다. 하지만 1916년 10월 8일 전원 살아서 영국으로 돌아온다.

《섀클턴의 파워 리더십》은 탐험대의 전원 생존 비결이 섀클턴의 리더십 덕분이라고 했다. 섀클턴이 남극에서 난파당해 구조에 이르기까지 약 2년간 겪은 일들을 분석 정리했다. 우선 섀클턴은 조난 후 가장 먼저 선장에게 지급되는 특식을 없앴다. 스스로 자신에게 주어진 특권을 포기한 것이다. 선장이라는 우월적 지위를 스스로 포기하고 다른 대원들과 같은 위치에 섰다. 다음은 포기였다. 그는 포기하는 것을 포기했다. 그는 뒤처진 대원을 결코 포기하지 않았다. 그래서 직접 구출에 나섰다. 또한 목숨이 위험한 상황에서도 항상 맨 앞에 나갔다. 그는 대원들이 절망하지 않도록 만들려고 노력했다. 이를 위해 다양한 게임과 운동을 제안하거나 임무를 주었는데, 이는 바쁘게 생활하게 하여 절망할 틈을 주지 않으려는 것이었다. 끊임없는 미션 수행으로 몰입을 유도했다. 무엇보다 섀클턴은 끊임없이 대원들에게 궁극적인 목표를 잊지 않도록 했다. 자잘한 것들로 인해 오히려 갈등과 고통이 증가하고 극단적인 선택을 할 가능성이 있었기 때문이다. 근본적인 목적을 생각하면 위기 상황에서 일어날 내부 분란을 막을 수 있다는 사실을 그는 잘 알고 있었던 것이다. 위기 상황일수록 각자의 권리, 나아가 자기중심적인 생존을 모색한다. 이런 본능적인 요강의 발현은 전체를 위협할 수 있다. 따라서 리더부터 그 욕망을 내려놓으면서 이끌어가야 한다.

섀클턴은 절망적인 상황에서 2인자 리더십을
발휘해 대원들을 무사히 극적으로 생환하게 했다.

2013년 3월 28일, 소년원 세족식에서 역대 교황 가운데 처음으로 여성의 발을 씻어주며 프란치스코 교황은 "가장 높은 자리에 있는 사람은 누구나 남을 위해 봉사해야 합니다. 나는 성심을 다해 이것(세족)을 합니다."라고 했다. 기원전 325년, 알렉산더는 10년간의 원정을 끝내고 귀환했다. 이때 허기와 갈증으로 죽어가는 병사들이 속출했다. 부하들이 그에게 물을 가지고 오자, 그는 투구 속의 물을 사막에 버리고는 이렇게 말했다. "너희들과 운명을 함께하겠다." 이러한 상황에서 다른 병사들이 불만을 터뜨릴 수 없었다. 켄 블랜차드(Ken Blanchard)는 예수의 리더십을 섬김의 리더십의 대표적인 사례로 꼽고 있다. 예수는 지배하는 대신 스스로를 낮추고 타인을 배려함으로써 목표를 달성하는 리더였다. 《구글은 SKY를 모른다》(이준영 저)에서 구글의 리더론(論)을 보면 "리더는 일을 시키는 사람이 아니고 같이 일하는 사람이며, 디지털 세상에서 리더는 더 이상 상사로 군림하지 않는다."고 했다.

한국의 고대시기로 한번 가보자. 《삼국유사》 가락국기를 보면 42년 하늘에서 황금알이 내려와 수로왕이 탄생했고, 백성의 추대로 왕이 되었다는 가야의 건국신화가 있다. 김수로는 낮은 자리에 있는 백성과 눈길을 맞추기 위해 노력하고 소통했다고 한다. 고금 이래로 전쟁사에서 지휘관일수록 권위를 내세우거나 군림하는 것이 아니라 스스로를 낮춰 부하들의 마음을 얻었다. "사슴이 지휘하는 사자의 군대보다는 사자가 지휘하는 사슴의 군대가 더 용감한 법이다." 근대 군사전략의 기초를 마련한 영국의 전략연구가 바실 리델하트의 말이다. 물리적 충돌을 맞는 군대에서는 이런 강한 리더십이 기본이다.

그런데 사자는 사슴의 태도를 갖추고 있어야 한다. 이것이 바로 1인자가 갖추어야 할 2인자 리더십이다. 존 휘트니는 셰익스피어의 극작에서 찾아낸 리더십에 대해 다룬 책《리더십 3막 11장》에서 "왕좌에서 내려와 현장으로 들어가라. 리더의 덫은 허세이다. 권력의 겉치레에 유혹되면 패망한다."라고 했다. 이 또한 1인자의 지위와 입지에 대한 집착의 위험성을 경고한 것이다.

이런 맥락에서 1인자의 위치에 있다고 생각한다면, 'CEO증후군'이라는 것을 주의해야 한다. 한번 성공하면 그만큼 성공에 대한 부담이 커지는 한편, 성공할수록 성공에 대한 욕망이 더욱 강해진다. 또한 되도록이면 쉽고 편한 방법으로 성공하려는 욕구가 강해진다. 왜냐하면 성공하기는 어렵지만, 그 성공으로 인한 편익은 누리고 싶어 하기 때문이다. 최고라는 타이틀을 얻으면 시장에서 지배자가 되고, 투자를 많이 받거나 돈을 많이 벌 수 있으며, 세상에서 존재적 인정과 가치 평가를 후하게 받을 수 있기 때문이다.

《진실의 리더십》에서 빌 조지는 이런 CEO증후군을 극복해야 하는데, 이를 위해 원칙을 정해 진실하고 투명하게 기업을 경영해야 한다고 봤다. 이럴 때 장기적인 성공을 얻을 수 있다고 주장했다. 단기성과만 노리는 탐욕적인 리더는 역사상 결코 성공할 수 없었다는 것. 이를 좀 풀어보면 다음과 같다. 성과를 내어 1인자의 반열에 오른 이들은 1인자의 자리를 유지하기 위해 또다시 성과를 쌓아야 한다. 하지만 성과를 더 쌓는 것은 쉽지 않은 일이다. 1인자들은 자신의 권력과 지위, 성과를 자기 것으로 만들기 위해 진력한다. 이 과정에서 남의 것도 자기 것으로 만들거나 다른 사람들을 자신의 업적을 만들기 위한 도구로 활용하기도 한다. 다른 사람의 공을 인정하지 않고 자신에게 그 공을 돌리게 만든다. 그럴수록 집단 내외에 원성이 쌓이게 된다. 갈수록 그는 원칙을 지키지 않고, 편법을 쓰고, 진실하지 않고, 은폐와 거짓말 그리고 책략을 구사하여 투명하지 않은 리더십을 보인다. 이러한 행태는 조직 전체를 병들게 만든다.

노자의 《도덕경》에는 "만족할 줄 알면 욕되지 않고, 그칠 줄 알면 위태롭지 않다."(44장)고 했다. 만족하여 그치면 그것에서 위태로운 일은 없다고 했다. 제16장은 '치허극 수정독(致虛極 守靜篤)' 여섯 글자를 앞세운다. 이는 "욕심을 버려 마음을 완전히 비우고 맑고 고요한 상태를 굳세게 지켜라."라는 뜻이다. 《예기(禮記)》 '곡례상(曲禮上)'에서는 "거만한 마음을 자라게 해서는 안 되며, 욕심을 방종하게 해서는 안 된다. 가득 차게 해서는 안 되며, 즐거움을 극도로 누려서는 안 된다(敖不可長 欲不可從 志不可滿 樂不可極)."라고 했다. 이러한 태도는 리더가 된 이후에 더욱 함양하고 잃지 말아야 할 원칙이다.

이스라엘의 초대 왕 사울은 왕이 되기 전에는 겸손한 인물이었다. 하지만 왕이 되면서부터 두려움과 부담감으로 성격이 급변했다. 누구보다 다윗이 자신의 왕위를 위협한다고 생각하여 다윗에 대한 질투와 증오를 불태웠다. 마침내 자기 스스로 그것을 견디지 못하고 자결하고 만다. 후고구려를 세운 궁예는 탁월한 리더십을 갖춘 인물이었다. 백성에게 비전을 보여주었고, 군사들과 숙식을 함께하는 겸손함이 있었다. 왕이 되기 전에 모든 사람의 존경을 받던 궁예는 왕위에 오른 후 변했다. 초기의 존경받던 궁예는 온 데 간 데 없고 폭군 궁예만 있었다. 초심을 잃었다. 물론 이런 리더들은 자신의 욕망 때문이 아니라 더 잘해야겠다는 생각 때문에 더 어려운 지경에 몰리는 경우도 많다. 지나친 책임감이 변형되어 부담감으로 작용하는 것이다. 많은 사람들을 피곤하게 만들고 고통에 빠뜨린다. 이 때문에 초연함이 요구된다. 초연함을 갖춘 리더는 인내심과 관용정신을 베푼다.

세계 5위의 제약회사인 노바티스의 대니얼 바젤라 회장은 "성공한 CEO가 되겠다는 생각은 마약과 같다. 찬사에서 확신 그리고 왜곡으로 이어지기 쉽다."고 말했다. 반드시 더 성공한 리더가 되겠다고 생각하는 것은 결국 현실을 왜곡하고 일은 물론 조직까지 망치게 된다.

짐 콜린스의《How the Mighty Fall》은 잘나가는 기업이 몰락하는 과정을 분석하고 있다. 크게 5단계의 과정을 말하고 있는데 각 단계를 보면 1단계는 성공에 도취된 자만, 2단계는 원칙 없는 확장, 3단계는 위험신호의 무시와 긍정적인 데이터에 대한 맹신이다. 4단계는 구원을 위한 몸부림, 5단계에서는 시장에서 점점 거리가 멀어진다. 몰락의 1단계가 자만이다. 자만은 성공한 리더가 이끄는 기업에서 흔히 발견되는 양태이다. 이 책에서는 블랙베리의 사례를 들어보자. 강력한 메시징 기능으로 블랙베리는 비즈니스 종사자에게 큰 인기를 끌었다. 하지만 블랙베리가 승승장구하던 시기는 모바일의 중심이 기업에서 개인 사용자로 전환되는 과도기적 단계였다. 이런 변화를 읽지 못한 블랙베리는 성공에 취해 더 큰 모바일시장의 기회를 보지 못했다.

그런데도 여기에다가 사업을 계속 다른 분야로 확장하고 있었다. 시장 지배자가 되었다는 자만심이 작동했다. 아이스하키 구단 인수 같은 관련 없는 분야로 확장했다. 금전적 문제로 법적 소송에 휩싸이는 등 집중력이 분산되어 성장 동력 확보의 시기를 놓쳤다. 이때, 스티브 잡스가 아이폰을 출시했다. 많은 사람들은 아이폰에서 큰 가능성을 발견하고 변화를 직감했지만, 블랙베리는 스스로에게 긍정적으로 안위했다. "여전히 블랙베리는 선호하는 물건이고, 보유 현금도 충분하다.", "아이폰과 안드로이드 폰이 나왔지만 아직 초기 단계다." 하지만 아이폰에 대한 사람들의 반응은 그렇게 가볍지 않았다. 뒤늦게 스마트폰

환경의 급변을 알아채고 부랴부랴 나섰는데, 이것이 객관적인 판단을 그르쳤다.

잡스는 의외로 곳곳에서
2인자 리더십을 구사했다.

블랙베리는 외부 인재를 영입하는가 하면 인수합병에 매진했다. 늦었다는 생각에 상황을 잘못 판단하고 조급하게 임했다. 블랙베리는 플레이북이라는 태블릿을 내놨지만, 결국 실패해 5,000억 달러라는 손실만 남겼다. 마침내 블랙베리는 워털루 전투에서 마지막 투입된 나폴레옹의 황실근위대 같은 제품인 Z10을 공개했다. 최고의 황실근위대가 워털루 전투에서 너무 늦게 투입되어 패했듯이 이 제품도 이미 너무 늦어버렸고 출시 일정도 지연되어 모멘텀을 완전히 놓쳐버렸다. 이미 아이폰과 안드로이드 폰이 위치를 선점했고, 블랙베리의 Z10은 엄청난 마케팅 비용만 소진했다.

자만은 기업들의 객관적인 판단을 그르치기 때문에 좋은 상품과 서비스, 콘텐츠를 놓칠 수도 있다. 비틀즈도 이런 행태의 희생자였지만 그것이 오히려 전화위복이 되었다. 1962년 1월 1일, 젊은 4인조 로큰롤 그룹 '비틀스'가 영국 메이저 음반사 데카 레코즈 오디션에 참여했다. 그룹 비틀즈는 1시간 동안 15곡을 연주했다. 매니저 브라이언 엡스타인은 애타게 음반사의 연락을 기다렸다. 그러나 좋은 소식은 없었다. 데카 레코즈의 신인 발굴 담당 딕 로는 그들에게 편지를 보냈다. "우리는 당신들의 사운드가 마음에 들지 않습니다. 그룹은 유행이 지났고, 특히 기타 중심의 4인조 그룹은 끝났다고 봐야 합니다."

비틀즈는 실망했지만 곧 다른 곳을 알아봤다. 결국 비틀즈의 음반은 경쟁사인 영국 EMI에서 냈다. 그리고 그 음반은 그야말로 불티나게 팔렸다. 딕 로는 세기의 그룹을 놓친 것이다. 딕 로는 당대 최고의 전문가로 불리는 사람이었다. 어떻게 그는 비틀즈를 놓쳤을까? 조직행동론과 리더십 대가인 칩 히스와 댄 히스 형제는 "딕은 자기 과신 때문에 판단을 그르쳤다."고 했다. 사람들은 미래에 대해 실제보다 더 많이 알고 있는 것으로 착각하는데, 전문가는 더욱 그럴 수 있다. 자신이 1인자라고 생각할수록 그 정도는 심해질 것이다. 1인자로 생각하는 이들은 자신이 앞서서 모든 것을 해결해야 한다고 생각한다.

리더십 이론의 오랜 연구자 하버드 케네디스쿨의 로널드 A. 하이페츠 교수는 리더들의 고정관념에 대해 경고했다. 즉, 지도자들이 '리더십이란 답을 제시해 추종자들을 따라오게 하는 것'이라는 고정관념에 빠지는 것을 경계해야 한다고 말했다. '내가 베트남 위기를 무조건 해결해야 한다.'고 생각한 존슨이나 문제를 대부분 혼자 떠맡아 처리하려 했던 닉슨이 이에 해당한다고 보았다.

구글의 10% 전략은 이러한 혼자 해야 한다는 생각에서 벗어난 것이다. 구글의 핵심전략인 새로운 10% 전략이란 이미 세상에는 모든 게 다 있기 때문에 이미 존재하는 90%에 구글만의 10%를 더했을 때 혁신적인 서비스가 나온다는 것이다. 원래 있던 인터넷지도의 발상을 바꾼 구글맵스, e메일 서비스에 검색과 색인기능을 더한 지메일이 대표적이다. 애플의 아이폰도 수십 년간 이미 휴대전화 업체들이 생각하던 것이다. 중요한 것은 완전히 새로운 것이 아니라 그것에 창조적인 얼마를 부여하는 것이다. 그것에 리더십의 역할이 있다. 어떻게 보면 완전히 창조적인 것을 혼자 만들어내야 한다는 생각이야말로 오만한 생각이다.

1인자 리더십은 홀로 인정받고 그 입지를 구축하는 데 초점을 맞춘다. 또한 그에 맞는 대우와 존중을 받으려 하고, 그것을 계속 유지하려고 노력한다. 그 와중에 주객이 전도되어 결과주의와 이미지에 신경을 쓰다 보면 정직하지 못하게 되면서 결국 리더의 영도력을 잃고 몰락하고 만다. 2인자 리더십은 자기 홀로 드러나려는 야망에서 거리를 두고 자신이 혼자 훌륭한 리더가 될 욕심에서 초연하다. 초연함 속에서 진정으로 자신이 무엇을 통해 전체에 이바지하고 자신의 입지를 다질 수 있는지 고민한다. 혼자에 집중하지 않고 홀로 설 수 있으며, 1등에 강박하지 않고도 어느새 1등으로 부상한다.

TIP

2004년에 마이클 포터 하버드 경영대 교수가 쓴 〈신임 CEO의 7가지 놀라움〉이라는 논문에는 매출 1조 원 이상인 회사에 새로 임명된 CEO를 대상으로 실시한 설문조사 결과가 있다. "CEO가 되고 나서 가장 놀란 것은 무엇인가?"라는 질문에 대한 답은 다음과 같았다.

① 회사를 경영하는 것이 실제로 불가능하다: 명령과 통제로 자신을 따라오게 하는 것이 불가능하다.

② 회사에 무슨 일이 일어나는지 도무지 알 수 없다: CEO는 회사에서 일어나는 일을 가장 늦게 안다.

③ 직원들에게 나는 24시간 감시 대상이 된다.

1인자이기 때문에 명령과 통제를 가할 수 있을 듯하지만 이는 불가능하다. 1인자 리더라면 회사의 모든 일을 다 알 수 있을 것 같지만 그럴 수 없다. 그렇기 때문에 불안하여 닦달을 하게 된다. 하지만 그럴수록 더욱 모르게 된다. 오히려 여유로운 2인자 리더십의 태도가 정보를 더 많이 얻게 된다. 리더가 부하들을 감시하는 것이 아니라 부하들이 리더를 감시한다. 항상 주목의 대상이 되고 서칭 타깃이 된다. 누가 감시자이고 피감시자인지 명확하게 생각해야 한다. 피감시자라는 생각이 드는 순간 2인자 리더십을 발휘해야 한다.

매의 눈 그리고 홀리스틱 씽킹

어느 날 장자가 과일나무에 내려앉은 까치를 활로 쏘려고 했다. 그때, 까치는 사마귀를 잡느라 정신이 팔려 있었다. 까치는 곧 자신이 죽을 줄 모르고 있었다. 장자가 다시 자세히 보니 그 사마귀는 근처의 매미를 잡느라 까치가 있는지 몰랐다. 까치가 있는지 모르니 자신이 어떤 위험 상황에 처해 있는지 몰랐다. 매미는 나무 그늘에서 열심히 우느라 사마귀를 보지 못했다. 이 우화는 한 끼의 식사에 너무 집중한 나머지 자신의 존재 자체가 파괴될 수 있는 상황을 비유하고 있다.

《장자》〈산목(山木) 편〉에 나오는 이 우화를, 우리는 눈앞의 작은 이익을 쫓다가 더 큰 이익을 놓치는 상황으로 인식하기도 한다. 소탐대실이라고 할 수 있는데, 이익의 관점을 벗어나서 생각할 수 있다. 작은 이익에 집중하다가 우리의 존재 자체가 위협받고 있는지 모르기 때문이다.

이사야 벌린(Isaiah Berlin)은 《고슴도치와 여우》에서 고대 그리스 우화를 바탕으로 인간의 성향을 고슴도치와 여우라는 두 가지 유형으로 나누었다. 그는 고대 그리스 시인 아르킬로쿠스가 남긴 말을 기초로 삼았다. 그 말은 다음과 같다.

"여우는 자질구레한 것들을 많이 알지만, 고슴도치는 한 가지 큰 것을 본다."

여우는 많이 알기는 아는데 자잘한 지식이 많다. 고슴도치는 자잘한 지식은 많지 않지만 큰 것을 알고 있다. 여우는 산만하고 그것을 종합적으로 통찰하지 못한다. 고슴도치는 전체적으로 볼 수 있다. 하지만 자칫 단순하고 고지식하게 사고한다. 가장 좋은 것은 여우와 고슴도치의 융합이다. 여치, 즉 여(우)+(고슴도)치다. 이 둘의 결합을 통해 리더는 자세히 보고 그것을 전체적으로 통찰할 수 있어야 한다.

전체를 보려면 부분을 살피지 않으면 알 수 없다. 전체만 본다면 제대로 조망할 수 없다. 당연히 부분만 살피면 전체를 볼 수 없다. 전체와 부분을 함께 보는 것이 통찰력이다. 부분은 전체의 통찰력을, 전체는 부분의 통찰력을 동시에 필요로 한다. 전체만 대강 보면 고슴도치가 될 것이고, 세세한 것만 보면 여우가 되니 제대로 되는 것은 거의 없는 셈이다.

맥도널드 형제가 개업한 식당은 겨우 10곳이었다. 하지만 1955년 맥도널드 형제에게서 브랜드를 옮겨 받은 레이 크록은 1959년 4, 5년 만에 100여 개의 식당을 운영하기에 이르렀다. 이후 맥도널드는 미국의 브랜드에서 2014년 현재 전 세계에 2만여 개 이상의 점포를 갖고 있다.

맥도널드 형제와 레이 크록의 차이는 결국 부분에 함몰되는가, 전체를 보는가에 있었다. 맥도널드 형제는 식당 비용의 절감을 통해 이익을 많이 내는 방법을 더 중요하게 생각했다. 하지만 전체를 보는 눈, 즉 통찰이 부족했다. 반면 당시 52세의 영업사원 레이 크록은 전체를 보는 눈이 있었다. 맥도널드의 가능성을 확인했던 것에서 알 수 있다. 그는 맥도널드 형제를 설득해 브랜드를 사들인 후 맥도널드를 세계적인 브랜드로 키웠다. 동네 브랜드로 남느냐, 세계적인 브랜드로 성장하느냐는 통찰력의 차이에서 비롯했다.

《본질에서 답을 찾아라》에서 오토 샤머와 카트린 카우퍼는 "성공적인 사업가들은 문제의 '본질'을 추구하면서 나타난 '현상'으로 검증하고 생각의 프레임을 만든다."고 했다. 무엇보다 사고 판단의 프레임을 통해 남들보다 앞서가는 의사결정을 내리게 된다는 것. 사고 판단의 프레임은 난데없이 만들어지는 것이 아니라 본질을 추구하고 그것을 현상으로 끊임없이 검토할 때 가능하다고 볼 수 있다.

또한 '본질'을 추구하는 사업가들은 '가치'에 집중한다. 본질과 현상을 같이 봐야 한다는 점 그리고 그 본질의 가치와 현상을 꿰뚫는 통찰력이 필요하다.

대체로 정보를 중요시하는 사회에서는 정보가 빠른 추종자 전략을 사용한다. 하지만 정보 자체보다는 선점이 중요하다. 이것이 바로 2인자 리더십을 구사하는 이들의 특징이라고 할 수 있다. 선점은 본질적인 가치가 무엇인지 정확히 판단해야 가능하다. 수많은 정보 가운데 본질적인 가치가 있는 대상이나 영역을 확보하고 그것을 바탕으로 성장 · 확장하면서 자리를 잡는 것이 중요하다. 그러나 이러한 대상이나 영역은 처음에 그렇게 눈에 띄는 것은 아님이 분명했다. 즉, 그렇게 선호를 받지 못한 것이다. 하지만 본질을 꿰뚫어보는 그들은 외부의 평가나 비판에 신경을 쓰지 않는다. 1인자 리더들은 새로운 선점보다는 유지 · 확장에 더 초점을 맞춘다.

미국의 유명한 심리학자인 웨인 다이어는 두 종류의 인간 유형이 있다고 말한 바 있다. 하나는 '오리형 인간'이다. 오리형 인간 스타일은 일은 하지 않고 항상 불평불만이 많다. 그래서 그는 꽥꽥 소리만 지르는 오리의 모습에 견주어 '오리형 인간'이라고 했다. 다른 하나는 '독수리형 인간'이다. 독수리는 높은 곳에서 밑을 보면서 자신의 목표대상을 바라본다. 땅에서 움직이는 먹이를 손바닥 보듯 내려다보는 것이다. 웨인 다이어가 우선시하는 리더십의 유형은 독수리처럼 전체 과정을 조망하는 스타일이다. 이렇게 전체적으로 조망할 수 있어야 다른 구성원들을 협력시키고 갈등을 조율할 수 있다.

1인자 리더들은 당장에 성과나 이익을 많이 내야 한다. 그래야 1인자 지위를 유지할 수 있기 때문이다. 또한 경쟁자들이 1인자 지위를 넘보기 때문에 현재에 만족할 수도 없으며 더 많은 이익이나 성과를 내야 한다. 따라서 당장에 이익이나 실적이 되는 대상을 끊임없이 파악하고, 그것에 투자하여 목표를 달성해야 한다. 그렇기 때문에 당장에 문제점이 눈에 들어오고 불만이 많다. 오리형 인간이다. 문제를 제거해야 하기 때문에 구성원들을 닦달하기 쉽다. 닦달을 당한 구성원들은 스트레스가 쌓이고 갈등과 불만이 생긴다. 그렇지만 당장 눈앞에 있는 목표를 달성하기 때문에 어쩔 수 없다고 생각한다. 성과를 많이 만들어 그 성과를 일부 구성원들에게 돌려주는 방식으로 리더십을 발휘하려 한다. 이런 가운데 숫자놀음에 빠지기 쉽다. 숫자를 통해 이익이나 실적을 증명하게 된다. 하지만 숫자는 현실과 유리되고 어느새 숫자가 현실을 집어삼키고 만다. 숫자에 대한 집착은 결국 전체에 대한 조망을 더욱 어렵게 한다. 2인자 리더십을 구사하는 이들은 당장의 이익을 통해 자신의 입지를 구축하는 데 관심을 덜 갖는다. 세세한 부분에 대해 잘 파악하고 있지만 전체적인 이익이나 본질적인 가치에 도움이 안

오리의 시야인지 독수리의
시야인지 항상 체크해야 한다.

되는 지적들은 자제하고 삼간다. 독수리는 전체를 조망하기도 하지만 세세한 것도 보고 있다. 그렇기 때문에 먹잇감은 자신이 독수리에게 노출되었는지도 모른다. 지상에서 하늘의 독수리는 보이지 않는다. 그들은 멀리 떠 있기 때문에 잘 보이지 않는다. 그러나 하늘에서 땅을 자세하게 보고 있다. 2인자 리더들은 독수리형이다. 2인자 리더들은 배가 어디로 가고 있는지 끊임없이 조망하고 방향성을 잃지 않도록 한다. 배가 가면 어디로 가고 있다는 속도와 운항기록은 남는다. 하지만 위험상황으로 운행해가도 운행기록은 남지만 그것은 파국을 향해 가는 것이었다. 2인자 리더십을 추구하는 이들은 숫자가 남는다고 하여 리더가 제대로 일했다고 간주할 수 없다는 점을 충분히 알고 있다. 전체를 조망하는 것은 오리의 시선이나 경험이 아니라 독수리의 눈과 날개를 가지고 있어야 가능하다. 농장 구석이나 냇가에서 무엇인가를 추구하고 열심히 누비는 오리가 닿을 수 없는 지경을 독수리는 저 위에서 구가하고 있다. 그것은 바로 블루오션 리더십의 세계이다. 오리는 당장에 자신의 입과 발에 걸리는 먹이만 중요하게 여길 뿐이다. 오리는 저 위에 독수리가 있다는 사실조차 알지 못하기 때문에 결국 꽥꽥거리다가 독수리의 발톱에 채이게 된다.

TIP

《안트러리더십(*EntreLeadership*)》의 저자 데이브 램지는 "어려운 결정을 내리는 가장 쉬운 방법은 곁에 있는 배우자에게 물어보는 것이다."라고 했다. 그는 "다른 사람들에게 조언을 해주는 전문가는 어딘가에 따로 있는 것이 아니라 바로 가까이에 있다."고 강조했다. 자신은 경제학을 전공한 야심 찬 기업가이지만 가정학을 전공한 전업주부인 아내의 판단을 믿는다. 아내는 거의 사업에 손대지 않기 때문에 결코 오만하거나 건방을 떨지 않기 때문이라고 밝혔다. 인류역사 이래로 남성의 의사결정에 여성의 힘이 미치지 않은 적은 없다.

—

하루 한 알 낳는 황금알을 견디지 못하고 한꺼번에 취하기 위해 거위를 죽이고 만 〈황금알을 낳는 거위〉는 무리한 욕심을 부리다가 가진 것을 모두 잃게 되는 한 부부의 이야기다. 사람도 마찬가지이다. 인간은 유기체이다. 살아 움직이기 때문에 기계처럼 생산물을 뽑아낼 수 없다.

정복을 넘어 통합과 조율의 마술사

영국의 탐험가 어니스트 섀클턴은 1914년 대원 27명을 이끌고 남극대륙 횡단에 도전했지만 남극해에 진입하자마자 얼음 사이에 갇혀 배는 파괴됐고, 영하 80도를 오르내리는 추위와 굶주림, 죽음에 맞서 싸워야 했다. 2년 뒤, 그들은 얼음의 땅과 바다를 2,000km나 건너 생환했다. 그 생환은 위대했지만, 그 생환과정이 쉽게 이뤄진 것은 아니었다.

조난이 있고 나서 1년 뒤 대원들은 날카로워졌다. 초조와 불안, 무기력이 넘쳐나기 시작했다. 좁은 텐트 안에서 출입구로 나가려다가 무심코 다른 대원의 발을 밟는 것조차 큰 싸움으로 번졌다. 대원들이 극도로 예민해진 것이다. 탈출의 희망이 없어지는 상황에서 일어나는 초조감이 상시로 갈등을 빚고 있었다. 이때 섀클턴의 리더십이 발휘되었다. 그는 대원들과 대화를 통해 분쟁의 소지가 있는 요인들은 사전에 제거했다. 분노를 억제하고 다른 의견도 존중하며 불필요한 힘겨루기를 피할 방법들을 모색했다. 섀클턴의 뛰어난 재치와 화해 수단으로 분열의 싹은 곧 사라져버렸다. 그는 텐트 속에서 함께 지내는 거주자들을 재배치했다. 대원들에게 단합해야 팀을 유지할 수 있음을 상기시켰다. 섀클턴은 대원들을 무사히 귀환하게 했다. 그는 통합과 화해를 이끌어내는 조율사였다. 세계 최초로 에베레스트를 정복한 에드먼드 힐러리 경은 "역경에 빠져 탈출구가 보이지 않을 때 섀클턴의 리더십을 달라고 기도하라."고 했다. 갈등은 우리 일상에 항상 있다. 문제는 어떻게 갈등하는 사람들을 화합시키는가에 있다.

로마의 지도자 아우구스투스(B.C. 63~A.D. 14)는 '정복왕' 알렉산드로스(B.C. 356~B.C. 323)의 무덤을 방문했을 때 이렇게 말했다.

> 제국을 건설할 때 가장 쉽고 매력적인 부분은 정복이다. 어려운 건 제국을 통합하고 이끌어가는 일이다.

전쟁은 상처와 고통을 낳는 법이다. 상처는 갈등과 분란을 낳는다. 리더는 그것을 통합해야 한다. 통합이라는 것은 그냥 합치는 것이 아니라 조화를 잘 이루도록 화합하게 만드는 것이다. 통합의 진정한 효과는 수평적인 결합이고, 그 가운데 핵심적인 역할은 바로 리더십에 있다.

18세기의 탁월한 리더십의 전형 가운데 하나는 넬슨(Viscount Horatio Nelson) 제독이다. 그는 고전적인 리더십의 덕목을 골고루 지녔고, 무엇보다 화합의 리더십을 갖추고 있었다. 명령을 내려도 신뢰를 북돋우고 화합을 만들어냈다. 군함과 소함대 등 전 함대를 자연스럽게 한 팀으로 이뤄내고 장병들을 신뢰한 그의 리더십은 특히 나일 강 전투에서 빛났다. 제2차 세계대전 당시 200만 명의 병력과 1,000척의 함정을 지휘해 태평양전쟁을 승리로 이끈 체스터 W. 니미츠(1885~1966) 해군 제독은 화합을 잘 이끌어냈다. 무엇보다 강성인 장성들을 잘 조율하고 협력을 이끌어냈다. 1941년 12월 7일, 일본의 진주만 공습 직후 태평양함대 사령관 겸 태평양지역 사령관에 취임한 니미츠는 천상천하 유아독존의 더글러스 맥아더, 불같은 '황소' 윌리엄 핼시, '울부짖는 미치광이' 홀랜드 스미스 등 개성 강한 미 육군과 해군의 장성들을 막후에서 조율해 협력을 이끌어냈다.

《생존과 자존》(곽정식 저)에서 이런 점을 일견 지적해내고 있다.

> 순종하는 사람, 구미에 맞는 사람을 쓰고 싶은 것이 인지상정이겠지만 각기 다른 개성과 특기를 가진 사람들을 모두 수용해야 조직이 강해진다. 만약 조직이 같은 의견을 가진 사람만으로 이루어졌다고 치자. 조직은 영혼 없는 집단이 되고 만다. (중략) 면도날의 용도와 작두의 용도를 아는 것이 리더십 인사관리의 시작이다.

니미츠(맨 오른쪽). 그는 맥아더, 핼시, 스미스 등 까다로운 지휘관들을 조율하여 대승을 이끌어낸다.

서로 1인자라고 다투는 사람들을 과연 1인자라고 자임하는 사람이 조화시킬 수 있을까. 이는 불가능한 것이다. 강한 조직이 되려면, 조직 안에 각기 다른 의견을 가진 사람이 있어야 하고, 그 각기 다른 사람들을 조율하고 협력을 이끌어내는 사람이 있어야 한다. 그들이 진정 리더인데, 엄밀하게 말하면 2인자형 리더십을 발휘해야 가능하다. 다른 사람들을 통합하고 조율해나가는 것은 주도적으로 자기가 앞에서 끌고나가는 1인자 리더십과 다르다. 각자의 다양성으로부터 시너지 효과를 내게 하려면 2인자 리더십이 매우 중요하다.

영국의 역사가 프랭크 매클린은 마르쿠스 아우렐리우스야말로 협력과 조화를 이끌어낸 인물이라고 말했다.

> 마르쿠스 아우렐리우스는 일반적으로 주도면밀하고 사려 깊고 섬세하고 친그리스적으로 제국을 운영해 제국을 굳건한 반석에 올리는 데 가장 크게 기여한 인물이다. 그의 능력을 보여준 한 가지 사례는 그가 원로원 의원들의 불만을 사지 않으면서 기사 계급에게 더 많은 출세의 기회를 준 것이다.

원로원의 불만을 사지 않으면서 기사들에게 출세의 기회를 더 주는 것은 모든 이들에게 적절한 지점에서 만족을 주거나 불만을 조정한 것을 의미한다. 이 과정에서는 설득과 대화를 잘해야 한다는 전제조건이 있다. 마키아벨리도 《군주론》에서 "갈등은 아름답다. 설득과 대화로 민중의 자유를 지켜주지 않으면 군주도, 공화정의 지도자도 죽음을 당할 수 있다."라고 말한 바 있다.

링컨이 대통령 선거와 남북전쟁에서 승리한 이유에 대해 다양한 분석이 있지만, 핵심적인 것은 보수주의자에서 극단적 급진주의자까지 두루 아우르는 포용력을 꼽는다. 링컨은 다른 후보와 달리 적을 만들지 않았다. 패배한 뒤에도 자신의 정치적 적과 우정을 맺었다. 포용력은 내각 구성에서 더욱 극명하게 드러난다. 자신과 치열하게 경쟁했던 라이벌들을 핵심 요직에 기용했다. 슈어드 국무장관, 체이스 재무장관, 베이츠 법무장관은 링컨의 최대 정적이었다. 그들은 적이었다가 내각의 핵심으로 기용되었다. 링컨의 포용은 남부의 적대세력에까지 적용됐다. 그는 남부를 깊이 이해했고, 결코 비난하지 않았다. 전쟁이 끝난 뒤 남부의 지도자들을 용서했고, 남부가 다시 일어설 수 있게 정책을 펼쳤다. 하버드 케네디스쿨의 로널드 A. 하이페츠 교수는 링컨을 그와 같이 분석했다.

1965년 하버드 대학 케네디스쿨을 설립한 후 초대 학장을 지낸 리처드 E. 뉴스타트는 "대통령은 서로의 이익을 위한 이해관계의 조정자"라고 했다. 회의를 주재한다는 뜻의 '프리사이드(preside)'에서 '프레지던트(president)'라는 대통령 직함이 나온 것도 이 때문이다. 따라서 그는 대통령이 실제로 권력의 정점에 서려면 무엇보다 소통의 대가가 되어야 한다는 것이다.

《집중력》에서 마커스 버킹엄은 "리더는 모두가 공유하는 감정과 요구를 결속하는 리더십을 발휘해야 한다."고 했다. 공유하는 감정과 요구를 결속하는 것은 강제가 아니라 자발적으로 협력하게 만들 때 가능하다. 로널드 A. 하이페츠 교수는 또한 "리더십이란 어려운 문제를 단순하게 만드는 것이 아니라 가치관 · 신념 변화를 통해 갈등을 조정하는 도전"이라고 했다. 또한 충돌하는 가치관을 고려하지 않은 채 미래 지표를 제시하거나 진실을 외면한 채 무조건 쉬운 답만 제공하는 것은 결코 진정한 리더십이 아니라고 했다. 진정한 리더십은 각각의 가치관에서 비롯되는 갈등을 조정할 수 있어야 한다. 충돌하는 가치관 속에서 진실을 찾아 공유하고 실제적인 답, 해법을 이끌어낸다. 가치관이 다른 데서 오는 갈등을 조정할 수 있어야 훌륭한 리더이지만 1인자의 태도로는 이러한 역할을 해내기가 쉽지 않다. 이를 위해서는 능력과 성과가 뛰어난 사람이 아니라 갈등을 직시하고, 협력과 조화를 이루게 극복하는 갈등관리 능력이 중요하다. 그러한 태도는 자기의 능력과 업적을 내세우거나 영도력을 보이는 데 치중하는 1인자 리더들에게는 맞지 않다.

TIP

《먹살 잡고 싶은 직장 선배》(박형종 저)에서는 중간관리자들의 통합매개 역할이 중요하다는 점을 지적하고 있다.

"임원이나 팀장이 훌륭한 리더십을 발휘한다 하더라도 중간에 있는 선배들이 따라주지 않으면 그 팀의 구성원들은 불행해진다. 또 회사가 사람의 중요성과 사람의 육성을 강조하고 중요시하는 문화와 제도를 가지고 있다고 하더라도 중간에 있는 선배들이 무시하면 회사의 철학과 제도는 모두 물거품이 된다."

또한 리더가 개인을 미래의 세계로 인도한다면, 관리자는 직원 개개인에게 관심을 갖고 그들의 능력을 이끌어내야 하며, 개인은 자신의 장점을 선별하고 이를 살리는 데 집중해야 한다는 지적도 있다.

—

《워렌 베니스의 리더》에서는 리더는 '다른 사람과 공유할 수 있는 의미'를 만들어내야 한다. 즉, 리더는 비전을 가지고 있으며, 그 비전을 실천해 다른 사람들이 비전을 공유할 수 있도록 설득할 수 있음을 강조하고 있다. 비전이 있어야 다양한 구성원들을 통합하고 조율할 수 있기 때문이다.

개입 과잉 유혹에서 벗어난다

송나라 사람이 볏모를 심어놓고 자라지 않을까 걱정했다. 그래서 빨리 자라도록 모를 뽑아 올렸다. 이 사람이 집에 들어와 말하기를 "내 오늘 몸이 피곤한데 모가 빨리 자라도록 도와주었다."라고 했다. 이 말을 듣고 아들이 논에 가보니 이미 볏모가 다 말라죽어 있었다(宋人有閔其苗之不長而揠之者, 芒芒然歸, 謂其人曰: 今日病矣, 予助苗長矣. 其子趨而往視之, 苗則槁矣). 《맹자(孟子)》 〈공손추(孔孫丑)〉에 나오는 알묘조장(揠苗助長) 이야기다. 송나라 사람은 벼를 빨리 키우고 싶은 마음에 개입했다가 오히려 말라죽게 하고 말았다. 특히 다른 논의 벼와 비교하여 자신의 모가 작으니 이를 빨리 키우려는 욕심에 뿌리를 들썩였으니 뿌리가 땅에서 벗어나 수분을 흡수하지 못했다. 요약하면, 욕속부달(欲速不達; Haste makes waste)이다. 빠르게 가려면 오히려 늦게 도착한다. 자칫 아예 도착하지 못한다.

알묘조장의 반대에 해당하는 이야기도 있다. 이 이야기의 결론은 종수지설(種樹之說)이다. 당(唐)나라에 나무를 잘 기르는 곽탁타(郭橐駝)

라는 사람이 있었다. 그의 이름은 그의 몸을 흉내 낸 것으로, 곱사병을 앓아 굽은 허리가 낙타처럼 생긴 데서 붙였던 것이다.

그의 직업은 나무를 심는 일이었다. 그는 정말 나무를 잘 심었다. 그가 심은 나무는 옮겨 심어도 죽는 법이 없었다. 나무가 잘 자랄 뿐만 아니라 열매도 많이 열렸다. 다른 어떤 이들이 따라 해도 곽탁타를 능가할 수 없었다. 사람들은 그 비법이 궁금했다. 그래서 많은 사람들이 그에게 나무 심는 법을 물었다. 이에 대해 곽탁타는 무심히 대답했다.

> 나는 나무를 잘 살게 하거나 열매가 많이 열리게 할 능력은 없습니다. 무릇 나무란 그 뿌리가 잘 펴지기를 원합니다. 원래의 흙으로 평평하게 잘 다져주기를 바랍니다. 그래서 나무의 천성이 잘 발휘되게 도와줄 뿐입니다. 나는 그와 같이 나무가 자랄 수 있도록 간섭하거나 방해하지 않을 뿐입니다. 내 어찌 나무를 잘 자라게 하거나 무성하게 할 수 있겠습니까?
>
> 그러나 유식한 사람은 그렇게 하지 않습니다. 뿌리가 접(摺)히게 하고 흙은 바꿉니다. 흙 북돋우기도 지나치거나 오히려 모자라게 합니다. 비록 그렇게 하지 않아도 관심이 지나치고 조급해 조석으로 살피고 만지고는 합니다. 심한 사람은 살았는지 죽었는지 껍질을 벗겨보기도 합니다. 뿌리가 잘 내렸는지 나무를 흔들어보기도 합니다. 결국 그 나무는 차츰 그 나름의 본성을 잃게 되어 시들고 마는 것입니다.
>
> 나는 그렇게 하지 않을 뿐입니다. 심고 난 후에는 움직이지도 말고 염려하지도 말 일입니다. 가고 난 다음에는 다시 돌아보지 말아야 합니다. 그렇게 해야 나무의 천성이 온전하게 되고 그 본성을 얻게 되는 것입니다. 그 결실을 방해하지 않을 뿐이며 감히 일찍 열매 맺고 많이 열

리게 할 수 없습니다.

이는 당나라 시대 당송 8대가 가운데 한 명인 유종원(柳宗元, 773~819)의 《종수 곽탁타전(種樹 郭橐駝傳)》에 나오는 이야기다. 아는 게 병을 만들어내는 일을 담고 있다. 온갖 개입과 조치를 할수록 나무는 잘 자라지 못하고 열매도 맺지 못한다. 개입하는 이유는 각자 자신들의 목적이 있기 때문에 그것을 달성하기 위해 급하게 조치를 취한다. 하지만 이야기는 앞의 알묘조장과 반대이다. 오히려 자연 그대로 두어 본성이 발현될 수 있도록 하면 오히려 개입했을 때보다 결과가 더 좋다는 점을 강조하고 있다. 이렇게 개입보다는 자연스럽게 스스로의 능력과 본성을 발휘하도록 만드는 것이 2인자 리더십이다. 오히려 자꾸 개입해서 일정한 목표로 이끌려는 것은 1인자 리더십이다.

기원전 6세기 노자의 《도덕경》 17장을 보면 리더에는 4가지 유형이 있다고 했다. 가장 훌륭한 리더는 사람들에게 그 존재 정도만 알려진 지도자, 그다음은 사람들이 가까이하고 칭찬하는 지도자, 그다음은 사람들이 두려워하는 지도자, 가장 좋지 못한 지도자는 사람들에게 업신여김을 받는 지도자이다.

그런데 《도덕경》에 따르면 덕치로 사람들의 칭송을 받는 리더가 최상의 지도자가 아니라고 했다. 사람들이 칭송하고 좋아하는 것 자체가 이미 그 리더를 의식하고 사는 것이기 때문이다. 노자에게 최고 리더는 어머니나 공기와 같이 있는지 없는지 드러나지 않는 지도자이다.

번연나무는 굵은 가지와 큰 뿌리, 많은 잎들로 거대하다. 그러나 정작 나무 밑에서는 아무것도 자라지 못한다. 이에 비해 바나나나무는 여섯 달이 지난 후에는 뿌리를 다른 곳에 내린다. 열두 달이 지나면 또 다른 곳에 뿌리를 내린다. 결국 열여덟 달이 지나서야 열매를 맺는다. 번연나무 리더는 1인자 리더다. 큰 영향을 주고 장엄 · 창대하지만 그 주위에는 아무것도 자라날 수 없다. 번연나무형 리더들은 누구도 성장하거나 생존하지 못하게 한다. 하지만 바나나나무 주변에는 많은 식물이 자랄 수 있다. 그것은 홀로만 자라지 않기 때문에 가능한 것이다.

니미츠 하면 보통 미 원자력 추진 항공모함의 이름 정도로 들어보았겠지만, 그는 제2차 세계대전 당시 태평양전쟁 승리의 주역이었다. 니미츠는 태평양함대 사령관으로 있을 때, 불간섭주의 지휘관으로 유명했다. 부하들을 믿고 임무와 책임을 맡기고 뒤로 물러나 있었다. 물론 그대로 방치한 것이 아니라 그들을 그대로 두고 보고만 있었다. 또 부하들이 실수하는 것을 놓치지 않고 있었다. 그러나 혼내기 위해 보고 있는 것은 아니었다. 그들이 실수를 해도 관대하게 대하고 더 잘할 수 있도록 격려하고 기회를 주었다. 물론 자기 자신에게는 엄격했으나 타인에게는 관대하며 인간미가 있어 모두에게서 존경을 받았다.

오바마는 참모들의 업무에 일일이 간섭하지 않고 내버려두는 스타일이라는 평가가 있었다. 참모들의 의견을 들을 때는 세심한 태도를 보이지만, 일을 맡긴 사람에게는 그들의 관장 영역과 권한을 존중해준다. 세심하게 해야 할 때와 내버려둘 때를 잘 구별하는 것이 오바마 리더십의 핵심이다.

영국 맨체스터 출신의 언론인 대니얼 튜더는 "훌륭한 리더가 되기 위해서는 '마이크로매니지먼트(세부사항까지 통제하기)'를 해서는 안 됩니다."라고 했다. 그리고 "사람들에게 올바른 방향을 제시한 이후에는 각자가 자신의 길을 개척할 수 있게 내버려두어야 합니다."라고 덧

붙였다. 그러면 방향만 제시하고 다른 이들이 개척하도록 가만히 지켜만 보라는 말일까? 그는 "뒷전에 물러서서 가만히 있으라는 뜻은 아닙니다. 스스로의 몫 또한 열심히 하는 모습을 보여주며 다른 사람들이 본받을 만한 귀감이 돼야 합니다."라고 말한다. 리더가 할 수 있는 일을 열심히 하면서 구성원들이 스스로 자신의 일을 잘해나갈 수 있도록 시간과 여력을 주고 잘하고 있는지 관심을 갖고 지켜보아야 하는 것이 리더인 것이다.

미국 노스웨스턴대 교수 J. 키스 머니건의 《두 낫싱》(Do Nothing=아무것도 하지 말라!)은 리더십에 대한 통념이라고 할 수 있는 지나친 개입과 통제에 대해 고찰한다. 핵심은 말 그대로 "아무것도 하지 말라."이다. 많은 리더들은 개입을 당연시하고 있다는 것. 리더들은 자신의 경험과 성과로 그 자리에 올라왔기 때문에 나름의 확신과 신념을 가지고 구성원들의 업무에 개입한다. 머니건은 그러한 것보다는 아무것도 하지 않는 것이 낫다는 생각이다.

참견하는 것보다 그들이 업무 수행을 잘할 수 있게 도와주라는 것이다. 특히 세세한 부분까지 개입하는 것은 전문기술에 의존하는 기술자이며 리더십을 발휘해야 할 지도자는 아니라고 한다.

개입을 벗어나 리더가 되려면 5가지 방안을 실천할 수 있어야 한다고 보았다. 우선 리더 자신이 아닌 구성원들에게 초점을 맞추고, 자기중심적 사고에서 벗어나며, 구성원들의 행동을 예상하려 애쓰고, 적극적으로 경청하는 것을 꼽았다. 특히 젊은 리더들에게 경고의 말을 보내고 있다. 젊은 리더들은 의욕도 넘치고 잘하려고 하는 정도가 더하다. 그들은 자신이 모든 것을 잘해서 리더가 된 것처럼 행동한다. 더구나 젊다는 점 때문에 개입과 통제를 통해 더욱더 자신의 능력 등을 보이려 한다. 결국 하지 않아도 될 일을 하여 다른 이들에게 부정적인 영향을 미칠 가능성이 있다. 《두 낫싱》에서 J. 키스 머니건은 또한 이렇게 말한다.

> 위대한 리더는 직접 일하지 않는다. 그럼으로써 생긴 공백은 부하직원들이 자연스레 담당하도록 기다려준다. 리더인 당신은 그저 도움을 주고 조율만 하면 된다. 남은 시간은 훌륭한 전략을 떠올리고, 그 전략이 실행되는 시점 또는 그 직전의 새로운 전개 과정을 내다보는 통찰력을 얻는 데 투자한다. 위대한 리더는 폭넓은 시야로 상황을 관찰하면서도 주요 세부사항을 놓치지 않는다. 결국 당신은 아무 일도 하지 않아도 된다. 단지 심사숙고하고, 주요 결정을 판단하여 정하고, 최종 전략이 확실한 성과를 낳도록 조직을 '약간' 통제할 뿐이다.

노자의 《도덕경》 37장은 "도는 늘 함이 없지만, 하지 못함이 없다(道常無爲而無不爲)."라고 했다. 아예 통제나 개입을 하지 않는 것이 아니라 최소화하고 그것을 적재적소에 맞게 할 수 있는 방안을 모색하는 것이 리더라는 말이다. 심사숙고하고 중요한 결정을 내리면서 폭넓게 접근하는 것이 리더라는 것이다. 사실상 구체적이고 세세한 사항 등은 그에 맞는 직급의 구성원들에게 위임해야 한다. 전체적으로 조율하는 것이 그의 역할이기 때문이다.

《고요한 리더십》에서 데이비드 록은 '고요한 리더십'을 말했는데, 이는 최소한의 개입으로 최대한의 성과를 이끌어내려는 의지를 말한다. 최소한의 개입으로 성과를 내려면 다른 이들이 원하는 것을 해주어야 가능하다. 크세노폰에게 리더십은 '사람들이 필요로 하는 것을 공급해주는 능력'이었다. 다른 이들이 필요로 하는 것을 리더가 제공해주지 못한다면, 성과를 내는 데 능동적으로 참여하지 않을 것이다. "자, 미국 국민 여러분. 국가가 여러분을 위해 무엇을 할 수 있을 것인지 묻지 말고, 여러분이 국가를 위해 무엇을 할 수 있는지 자문해보십시오."라는 케네디 대통령의 말은 비단 국민에게만 해당하는 말이 아니다. 그것이 바로 2인자 리더십의 요체이기 때문이다. 리더십은 반드시 최고의 지위에 있는 사람만이 아니라 모든 이들이 스스로 리더십의 역량을 발휘하기 위한 사고와 행동을 하는 것에서 비롯한다.

여기에서 우리는 개입에 대해 부정적으로 설파했다. 그렇다고 해서 무조건 개입하지 말아야 한다는 지적은 절대 아니다. 개입할 때는 따로 있다.

냄비에 라면을 끓일 때 물을 빨리 끓이려면 뚜껑이 있어야 한다. 하지만 라면과 스프를 넣은 다음에도 뚜껑을 그대로 닫아놓으면 넘쳐흐른다. 이는 가마솥도 마찬가지다. 처음에는 뚜껑을 닫아놔야 하지만 적절한 시점에 알맞게 김을 빼주고 뜸을 들여야 한다. 이는 적절한 때가 아니면 강력한 리더십은 불필요하다는 점을 말해주고 있다. 내부 구

2인자 리더십은 가마솥이다.
뜸을 들이고 빼야 한다.

성원들이 역량을 최고조로 발휘하는 상황에서는 강력한 리더십, 즉 개입이나 통제는 오히려 사태를 악화시킨다. 열기조차 없이 냉랭한 상태에서는 열정을 다해야 하지만, 어느 정도 달구어진 상태에서는 손을 떼야 한다. 마치 뚜껑을 좀 열어두어야 하는 라면 냄비와 같은 것이다.

《손자병법》에서는 "가서는 안 될 길, 쳐서는 안 되는 군대, 공격해서는 안 되는 성, 다퉈서는 안 되는 땅(塗有所不由 軍有所不擊 城有所不攻 地有所不爭)"이 있다고 했다. 그것은 개입 지점에서 구분의 묘가 필요함을 말해주고 있다. 무조건 질러버리거나 적극적으로 행동에 나서서 노력하는 것이 도움이 되지 않는 경우도 많기 때문이다. 진정한 리더라면 그것을 잘 구분한다. 그것이 2인자 리더십의 중요한 코드 가운데 하나이다.

또한 적절한 개입은 한창 열기가 있을 때 필요하다. 스포츠 경기에서 경기 흐름이 불리해지면 리더인 감독은 작전타임을 요구하고 필드에 있는 선수들을 다 불러 모은다. 선수들에게 몇 가지 작전을 지시한다. 물론 작전 지시만이 아니라 기와 힘을 불어넣어준다. 이는 분위기 전환일 수도 있고 흐름을 다시 바꾸어주는 효과를 발휘한다. 작전 지시에 뭔가 대단한 것이 내재되어 있어서 큰 효과를 내는 것은 절대 아니다. 어쨌든 별거 아닌 듯한 작전타임은 의외로 효과를 발휘한다. 경기 흐름이 역전되어 승리하는 경우가 자주 있다. 이는 비단 스포츠 경기의 리더만이 해야 할 일은 아니다. 회사나 한 조직은 물론 개인도 같은 맥락 안에 있다. 특히 위기 상황이거나 곤란한 경우에 리더가 해야 할 일은 시시콜콜 개입하는 것이 아니라 이런 분위기의 쇄신이나 힘과 기를 불어넣어주는 매우 간단하지만 효과가 큰 사소하며 위대한 일일 수 있다. 적절한 순간의 개입이야말로 가장 짧고도 강력하게 위대한 리더십의 발현이다.

TIP

존 맥스웰은《360도 리더》에서 아랫사람들과 가까워지기를 원한다면 그들의 속도로 움직일 것을 권한다. 우선 속도를 늦추는 일이 필요하다. 성공한 리더라면 누구든 천성적으로 빠른데, 여기에다 자리가 올라갈수록 빠를 수밖에 없다. 만일 혼자서 모든 일을 처리해야 하는 사람이라면 관계없지만, 사람들과 함께 나아갈 수 있을 만큼 의식적으로 속도를 조절해야 한다.

—

샐리 베델 스미스는 영국 엘리자베스 2세 여왕(87세)의 탄생부터 즉위 60주년을 기념한 다이아몬드 주빌리 행사에 이르기까지 삶 전체를 살폈다. 미국의 언론인이자 전기 작가인 샐리 베델 스미스는 여왕의 주변 인물 250여 명을 인터뷰하고 방대한 자료를 바탕으로 꼼꼼히 취재했는데, 그의 화두는 이것이었다. "아버지 조지 6세의 갑작스러운 죽음으로 26세에 왕위를 계승한 여왕이 60년 넘도록 영연방국가의 많은 국민에게 존경받는 이유는 무엇일까?" 그 이유를 살펴보니 군림하되 통치하지 않으며, 정치에 간여하지 않고, 국민의 마음을 대변하는 역할에 충실했던 여왕의 태도였다. 그는 이를 가리켜 '겸손의 리더십'이라 했다. 만약, 여왕이 군림하고 간섭하려 했다면 영국은 더욱 혼란스러워졌을 것이다. 또한 그는 폴 매카트니가 여왕에 대해 "마치 우리의 엄마 같았다."고 말한 것은 매우 어울리는 표현이라고 했다.

부하들을 주체로 만들어주는 리더십

한니발이 칸나이 전투에 참전했을 때의 일이다. 당시 카르타고 군인들은 자신들의 두 배나 되는 로마군의 규모에 눌려 적지 않게 당황했다. 이때 한니발은 다른 장군들과 산에 올라 적의 진형을 살펴보고 있었다. 옆에 있던 장군 기스코가 한니발에게 로마군의 숫자가 놀라울 만큼 많아 보인다고 걱정스럽게 말했다. 다른 장군들도 로마군의 숫자에 기가 눌린 모습이었다. 한니발은 기스코 장군을 보며 뭔가 알려줄 것이 있다는 듯이 말했다.

"기스코 장군, 자네가 알아차리지 못한 한 가지 놀라운 사실이 있네."

기스코 장군은 전혀 모르겠다는 표정으로 말했다.

"그런 것이 있습니까? 제가 모르는 그 놀라운 것은 무엇입니까?"

한니발은 얼굴에 웃음을 띠며 이렇게 말했다.

"저 많은 적군 가운데 기스코는 한 명도 없다는 사실이네."

처음에는 무슨 말인지 못 알아듣던 주위의 장군들이 하나 둘 웃기 시작하더니 전체가 따라 웃었다. 한니발의 부대는 웃음으로 두려움을 극복했고, 자신감을 회복할 수 있었다. 한니발의 언급은 기스코 같은 훌륭한 장수가 로마 군대에는 없다는 말이다. 결국 숫자는 많아도 카르타고 군대보다 로마 군대는 별거 아니라는 것이었다. 이는 한니발이 부하 장수나 병사들 하나하나가 다 소중하고 용감하다는 것을 높게 존중하고 있는 것을 의미한다. 이탈리아 동남 해안 쪽 곡창지대에서 벌어진 '칸나이 전투'에서 5만 명의 카르타고군은 8만 명의 로마군을 대파했다. 이는 세계전쟁사에 큰 획을 긋는 사건이었다. 카르타고군이 로마군을 그렇게 대파할 줄은 생각도 못했기 때문이다. 이 전투가 끝난 뒤 로마인들은 로마가 어려움에 처할 때마다 "한니발이 문밖에 와 있다"라는 속담을 거론했다. 이러한 속담의 탄생과 전승은 그만큼 당시 전쟁의 패배에서 받은 로마인들의 충격이 엄청났다는 것을 말해준다.

시오노 나나미는 한니발에 대해 이렇게 평가했다.

> 뛰어난 지도자는 단지 뛰어난 재능만으로 사람들을 이끄는 사람이 아니다. 그의 이끎을 받는 사람들에게 '우리가 없으면 안 된다'고 생각하도록 만드는 데 성공한 사람이다.

이런 뛰어난 성과는 리더를 뒷받침한 이들, 즉 부하들이 있었기 때문에 가능했다. 카르타고군의 로마 원정 과정은 험난할 수밖에 없었다. 과연 카르타고군이 엄청난 규모와 위용을 자랑하는 로마군을 이길 수 있을지 알 수 없었다. 카르타고군에게는 그야말로 초인적인 힘이 필요했다. 한니발은 병사들에게 목표와 동기를 부여했는데, 그것은 각자가 자신의 자리를 지키고 무엇을 해야 할지 깨닫게 하는 것이었다.

병사들이 스스로 어떤 역할을 해야 하는지 주체적으로 생각하고 행동하도록 했다. 여기에서 주체적이라는 말은 혼자 행동하는 것이 아니라 자기의 위치에서 어떤 일을 어떻게 하는 것이 전체에 어떤 기여와 역할을 하게 되는지 정확하게 알고 행동하는 것을 말한다. 기원전 217년, 이탈리아 북부의 트라시메누스 호반(湖畔)에서 한니발이 이끄는 카르타고군은 4만 명의 로마군을 맞아서 전투를 벌였는데, 3만 명을 죽이거나 포로로 잡았다.

한편, 자기보다 낮은 곳에 있는 이득의 가치를 더 높여주는 말은 소크라테스에게서도 확인할 수 있다. 제자 아이스키네스(Aeschines)가 스승 소크라테스에게 말했다.

"선생님, 저는 가난해서 제 한 몸 빼고는 아무것도 드릴 것이 없습니다. 이 몸을 바칩니다."

제자의 말을 들은 소크라테스가 가만히 그를 보더니 이내 부드럽게 말했다.

"아니, 어째서 그런 말을 하는가? 내가 보기에는 가장 좋은 것을 내게 주려고 하는 것으로 보이는데 말이야."

제자는 스승에게 뭔가 드리고 싶은데, 가진 것이 없어 몸을 드리겠다고 하니 소크라테스는 네가 가진 몸이 제일 중요하다고 말했던 것이다. 몸은 존재의 기반이니 그 존재의 기반을 준다는 것은 가장 소중한 것을 주는 셈이다. 이는 단지 몸에 대한 가치를 평가하는 데 그치는 것은 아님을 우리는 잘 알고 있다. 그 마음 자체를 소중하게 여기고 있음을 알 수 있다. 가난하다고 하여 몸을 비롯한 자기 자신을 하찮게 취급하지 말라는 소크라테스의 말이다. 소크라테스는 산파술을 통해 질문을 던지고 스스로 진리를 깨닫도록 했다. 기업에서도 질문은 좀 더 좋지 않은 상태를 구가하는 데 기여하는 것으로 나타나고 있다.

미국 조지워싱턴대 인적자원개발학 교수인 마이클 J. 마쿼트(Marquardt, Michael J.)는《질문리더십(*Leading With Questions*)》(2005)에서 모토로라, 노키아, 삼성 등 국제적 기업에서 컨설팅을 했고, 100개국에서 7만 5,000명이 넘는 관리자와 임원을 훈련시킨 경험을 바탕으로 리더에게 가장 필요한 덕목은 '부하직원에게 문제 해결의 기회를 주는 것'이라고 했다. 질문은 부하직원에게 기회를 부여하는 과정이다. 그 부여하는 과정에서 중요한 것이 '질문을 하는 것'이라고 한다. 다만, 질문이 무조건 만병통치약은 아니라고 했다. '예', '아니오'로 답이 나오는 질문은 피하라고 조언한다. "상황을 개선할 수 있는 방법에는 무엇이 있을까요?"처럼 풍성한 답을 이끌어낼 수 있는 질문이 효율적이라고 했다.

하나의 사례를 보자. 어떤 기업인이 회사 소유의 골프장에 자주 들렀다. 어느 날 골프를 치러 갔다가 어느 홀 티박스 주변에 소나무를 심으면 좋을 듯싶었다. 골프를 치러간 동료들에게 소나무를 심는 게 어떠냐고 했다. 그랬더니 모두 괜찮다고 했다. 그래서 골프장 관리담당 임원을 불러 말했다.

"어떻게 하면 저 홀을 더 멋지게 꾸밀 수 있을까?"

이런 질문을 던지면서 여러 대안을 대화로 나누었다. 임원은 이렇게 아이디어를 냈다.

"회장님, 소나무를 심으면 어떨까요?"

기업인은 웃음을 지으며 그거 좋은 생각이라고 찬성했다. 주위에 있던 사람들이 그에게 물었다.

"소나무를 심으라고 하면 되는데, 왜 굳이 불러다가 상의를 하는지 모르겠군."

그 기업인이 밝게 말했다.

"사람은 신바람 날 때 일을 가장 잘하지. 부하직원 입장에서는 상사의 지시에 따라 일을 하면 사기가 떨어지는 법. 자기 생각이 들어간 일을 하다 보면 신나는 게 당연지사이네."

《부스터》(김종수 저)에는 "조직의 변화를 시도하는 리더는 직원들을 일의 '주역'으로 만든다는 생각을 잊지 않는 것이 중요하다."라는 대목이 있다. "직원들은 변화의 주체가 되면 자신이 중요한 존재로 인정받는다고 느끼고, 만족감을 표시하기 때문"에 "스스로 능동적으로 움직이면서 변화의 확산에 아주 중요한 고리 역할을 하게 되는 것"은 "그들 내면의 강력한 본능인 주도성의 욕구가 충족되면서 일에 몰입하게 되기 때문"이라고 한다. 여기에서 주목한 단어는 '주도성의 욕구'이다. 사람은 자신이 통제감을 갖고 주도하는 것을 통해 즐거움을 얻는다. 따라서 자신이 주도할 수 있도록 만들어주는 노력이 필요하다.

리더 스스로 낮은 곳에서 섬김의 자세를 보인다는 서번트 리더십이 꼭 섬김의 자세일 필요는 없다. 대등하거나 높은 위치에서 리드하는 것도 필요한데, 더 중요한 것은 다른 사람들이 주체적으로 활동할 수 있도록 하는 것이다. 물론 주체적으로 활동한다는 것은 자기 마음대로 하게 한다는 의미는 아니다. 그 주체성이 전체의 가치와 목표에 부합하도록 할 때 리더의 역할이 갖는 가치와 의미가 있다.

전 세계 글로벌 리더 150명을 20년간 탐구한 연구 보고서 〈멀티플라이어(Multipliers)〉에서 리즈 와이즈먼, 그렉 맥커운은 "영국 총리인 윌리엄 글래드스톤을 만나면 누구든 총리가 세상에서 가장 똑똑한 사람이라는 생각을 가지고 돌아갔다. 하지만 그의 경쟁자인 벤저민 디즈레일리를 만나면 누구든 자기가 세상에서 가장 똑똑한 사람이라는 생각을 갖고 방을 나섰다."라고 했다. 상대가 가장 똑똑한 사람이라고 생각한 경우와 자신이 똑똑한 사람이라고 판단했을 경우, 어떤 이들이 적극적이고 능동적으로 움직일 것인지는 충분히 짐작하고도 남는다. 리더가 똑똑하다는 점이 부각되면 자칫 부하들은 그 반대에 처하게 될 가능성이 많다.

장 프랑수아 만초니 박사와 장 루이 바르수 박사는 오랫동안 상사와 부하의 관계에 대해 연구한 결과 "아무리 일을 잘하는 부하직원이라도 상사에게서 일을 잘 못한다는 의심을 받는 순간 실제로 무능해졌다."고 한다. 성과가 낮은 직원으로 낙인찍힌 직원들은 상사의 낮은 기대치에 맞는 성과를 내는 데 머물러버렸다. 결국에는 개인이 낮은 기대치에 맞게 움직이고 이런 개인들이 모여 있게 되니 전체 조직도 실패한다. 이를 '필패 신드롬(set-up-to fail syndrome)'이라 하기도 했다. 이런 현상이 일어나는 것은 '확증편향(confirmatory bias)'이 심화되기 때문이다. 확증편향 자체가 나쁜 것은 아니다. 확증편향은 자신의 관점에서 확대해석하는 것을 말한다. 그런데 리더에게는 긍정의 확증편향과 부정의 확증편향이 있다. 긍정의 확증편향은 그 사람을 믿고 신뢰하고 지지하는 것이다. 좋은 면만 보고 기회를 주고 활동할 수 있도록 만들기 때문이다. 문제는 부정의 확증편향이다. 상대방을 부정적으로 보기 시작하면 그 사람의 단점만 평가의 기준으로 생각하게 되고, 이 때문에 그 사람이 가지고 있는 긍정적이면서 장점인 측면은 사장되어버린다.

예수는 제자에게서 '보고 받기'를 즐겼다고 한다. 제자들이 예수에게 보고하는 순간 제자들은 행복에 젖었고, 그들의 몸과 마음에는 에너지가 넘쳤다고 한다. 제자들이 예수에게 보고 내용이 시원찮다고 해도 예수는 그 보고 내용 자체보다 더 훌륭한 평가나 내용을 이끌어 내주기 때문에 제자들은 행복하고 자신감에 넘쳤다. 비록 내용이 빈약해도 그 안의 좋은 점을 끌어내거나 방향성을 부여해주면 일을 못하거나 무기력한 이들도 자신의 잠재력을 좋은 쪽으로 발휘할 수 있게 된다. 이러한 점은 예수의 정신이자 리더십이라고 볼 수 있다.

무슨 일을 하려면 돈이 있어야 하고 돈이 없더라도 계획은 있어야 한다. 1540년, 돈도 구체적인 계획도 없이 열 명이 모여 창립한 것이 예수회(Company of Jesus)였다. 예수회는 창립 10년 만에 30여 개의 대학을 설립, 30년 만에 세계 속의 네트워크를 갖기 시작했다. 18세기 후반까지 5개 대륙에 걸쳐 700여 개의 교육기관도 설립했다. 구체적으로 보면 100여 개국에서 230여 개 대학, 4,000여 개의 중 · 고교, 2,000여 개의 연구소를 운영하고 있으며, 현재 2만 1,000명의 예수회 전문가가 그 안에서 활동하고 있다. 이런 발전 안에는 '예수회 리더십'이 작동하고 있는데, 예수회 리더십의 리더관은 '개인마다 아직 개발되지 않은 리더십 잠재력을 갖고 있으며, 잘하든 못하든 자신이 일을 리드하고 있으면 모두 리더가 될 수 있다'고 보는 것이다.

예수회 리더십의 핵심 원칙이 몇 가지 있다. ① 자신의 강점과 약점, 가치, 세계관을 이해하는 '자아 인식', ② 변화하는 세계를 안을 수 있는 대담하고 혁신적인 적응의 '독창성', ③ 긍정적이고 애정 있는 태도로 다른 사람을 대하는 '사랑', ④ 큰 꿈을 가지고 자신과 타인을 격려하는 '리더의 자질' 등이다. 이를 전체적으로 요약하면 사람들 개인마다 자신이 주체가 되어야 함을 지향하고 있다. 이를 위해서는 자신의 강점과 약점이 무엇인지 정확한 진단을 해야 한다. 또한 창조적인 작업을 할 것이며, 다른 사람을 사랑으로 대하고 격려하며, 함께 가는 리더십의 자질을 함양하도록 만든다. 결국 자신이 주체가 되는 리더십은 다른 사람들을 주체적으로 만들어주는 리더십의 역할도 수행해야 함을 의미한다.

예수회는 하나님 아래
2인자로 주체적인 활동의
폭을 지속해왔다.

주체를 만들어주는 2인자 리더십은 구성원들에게만 해당하는 것은 아니어서 차세대 리더들을 키워내는 데도 중요하다. 물론 무조건 주체적으로 만들어준다고 해서 리더가 되는 것은 아니다. 예컨대 '리더십 파이프라인 모델'은 장차 리더가 될 재목을 선발하고, 그들의 역량을 파악하여 리더십 단계를 하나하나 올라갈 때마다 그에 적절한 솔루션을 주어 초급 관리자에서 CEO의 승계에 이르기까지 리더로 성숙해 갈 수 있도록 하는 것이다.

리더는 스스로 주체적으로 성장하면서 누군가를 키워주는 이들이다. 그것이 2인자 리더십이다. 자신이 혼자 크고 다른 이들을 비주체적으로 만들어 자신의 리더십을 위한 수단으로 활용하는 것은 1인자 리더십의 한계에 머물게 할 뿐이다. 주체성을 갖는다는 것은 스스로 존립할 수 있는 것을 의미하며, 그 존립은 다른 이들을 노예화하지 않고 또한 그들을 주체적이도록 만든다. 1인자 리더들은 홀로 존립할 수 없다. 다른 누군가를 자신의 노예로 만들거나 그들을 밑에 두지 않으면 불가능하다. 2인자 리더십은 반드시 누군가 자신의 밑에 두거나 노예를 만들지 않아도 스스로 존립할 수 있는 유연성과 여력을 갖추고 있다. 진정한 실력자 그리고 존립할 수 있는 사람이 누군가를 독립적인 주체자로 만들거나 그렇게 존중하고 대우할 수 있다.

TIP

스티브 잡스는 도전하고 자극하며 격려하는 한편 '미치도록 위대한' 제품을 만들어내도록, 불가능하다고 생각하는 일을 성취하도록 사람들을 독려했다. 이른바 '독려의 리더십'이다. 특히 경쟁이 치열하고 혁신이 요구될 때는 '독려의 리더십'이 더욱 필요하다. 독려는 일정한 미션을 위한 자율성과 능동성에 기초한다.

—

《역사를 바꾸는 리더십》의 제임스 번스는 퓰리처상을 수상한 정치학자인데, 운명과 우연을 극복하고, 인간 의지의 역사를 만든 핵심이 바로 리더십이라고 했다. 1인자 리더상을 갖고 있는 이들은 운명을 믿으며 재능을 과신하는 가운데 인간의 의지와 노력을 상대적으로 중요하게 생각하지 않는다.

—

자메이카 출신 이민자의 아들로 뉴욕 할렘가에서 태어나 피부색의 한계를 뛰어넘어 합참의장, 이어 국무장관이 된 콜린 파월은 '일은 사람이 한다'는 가치를 신봉하며 신뢰하는 부하를 통해 리더로서의 임무를 완수했다. 그 때문에 부하들의 성장을 돕고 권한을 위임하는 데 주력했다. 실패 속에서도 열정을 유지하도록 부하들을 고무시켰다. 그는 낙천주의적이고 긍정적이었다. 2인자 리더십은 바로 낙천주의와 긍정주의를 특징으로 한다.

—

알렉산더는 항상 선두에서 부하들과 하나가 됐는데, 1만여 명에 이르는 부하들의 이름을 모두 기억했다. 의사교육을 받고 친히 병사들까지 치료했다.

—

A 리더십은 긍정 질문과 개방적인 대화를 통해 구성원의 몰입을 유도한다. 'A 리더(Appreciative Leader)'는 구성원들에게 동기를 부여하고 영감을 불어넣어 스스로를 소중하게 느끼게 한다.

—

1986년, 우주왕복선 챌린저호가 발사 60초 만에 공중 폭발하여 승무원 7명 전원이 숨지는 사고가 발생했다. 로켓 추진체에 붙어 있던 작은 고리가 고온에 견디지 못하고 녹아내리면서 폭발로 이어졌다. 이 때문에 사소한 부주의가 큰 사고를 낸다는 교훈을 주었다고 정리되었다. 그러나 10여 년이 지난 후 NASA에서 30년을 근무한 관리자의 폭로에 따르면 근본 원인은 그 고리가 아니었다. 전직 관리자에 따르면, 직접적인 원인은 작은 고리지만 근본적인 원인은 조직의 협력체제 부재라는 주장이었다. 당시 조직의 리더가 인력을 계속 자르고 부서 간의 커뮤니케이션도 차단하다 보니 우수한 두뇌는 하나 둘 이직하게 되고 협력과 조정의 시스템이 망가져 우주선의 안전이 위협받았다는 내용이었다. 따라서 그런 협력 커뮤니케이션이 부족해 사소한 고리도 챙기지 못했던 것이다. 과학의 총아인 우주선을 우주에 띄우기 위해서는 리더를 중심으로 모든 구성원이 각고의 노력을 해야 가능하다는 것. 리더의 협력과 조정 기능이 얼마나 중요한가를 단적으로 보여주는 사례다.

드림스타팀은 위대할까?

1인자와 2인자는 적이 아니라 상생

닉슨 전 미국 대통령은 "마오쩌둥이 없었다면 중국의 혁명은 결코 불붙지 않았을 것이다. 하지만 저우언라이가 없었다면 그 불길은 다 타서 재가 되고 말았을 것"이라고 한 적이 있다. 프랑스 유학을 다녀올 정도로 저우언라이(Zhou Enlai, 周恩來)는 귀족가문 출신으로 개화된 지식인이었다. 그러나 마오쩌둥(Mao Zedong, 毛澤東)은 한미한 출신으로 유학은 꿈도 꿀 수 없었다. 하지만 저우언라이는 대장정을 통해 마오를 다시 보게 된다. 자신에게 없는 리더의 기질을 마오에게서 발견한 것이다. 그는 마오를 리더로 추대했다. 심지어 본인이 마오보다 계급이 높았는데도 말이다. 그렇게 그는 스스로 2인자의 길에 들어섰는데, 저우는 자신의 세력을 만들지 않은 것으로 유명하다. 그는 때로 주위에서 비굴하게 마오에게 복종적이라는 말조차 들었다. 그러나 그는 개의치 않고 오히려 자신을 비난하는 사람들에게 이렇게 말했다. "만약 마오가 쓰러지면 중국이 쓰러진다. 그렇기 때문에 나는 그를 지지한다." 저우가 그에게 복종하는 것은 개인적인 복종이 아니라 조직, 나아가

국가 전체의 유지를 위해 선택한 것임을 알 수 있다. 그렇게 저우는 나름 자신의 소신과 사상을 바탕으로 2인자의 행보를 유지했다.

《小平小道》(아이케이, 2014)를 보면 "저우언라이는 덩샤오핑보다 여섯 살 연상으로, 체구가 작고 어려도 매사에 야무지게 일 처리하는 덩(邓)을 동생처럼 보살펴주었다.(pp.40~41)"라고 되어 있다.

특히, 덩샤오핑은 문화대혁명이라는 전대미문의 파괴와 멸절의 폭풍 속에서도 개혁 · 개방의 토대를 만들었다. 겉으로 드러나지 않았을 뿐, 사실상 중국을 움직인 것은 저우언라이였다. 그가 목적으로 삼은 것은 자신의 지위도, 부귀영화나 권력의 획득도 아니었다. 오로지 인민을 위해 마오는 앞에서 이끌어가는 선봉의 리더였고, 저우언라이는 그 옆에서 자신이 할 일을 했다. 이러한 점은 중국 인민의 평가를 받아서 중국에서 저우언라이는 마오보다 더 존경받는 인물이다. 마오는 1인자의 지위에 있었기 때문에 항상 평가의 대상이 되었을 뿐만 아니

마오와 저우. 이들은 상호보완해주는 콤비였다. 그리고 저우는 진정으로 존경받았다. 리더십이나 인품에서 마오쩌둥보다 더 높게 평가받았다.

라 권력에 함몰되어 제 할 일을 제대로 하지 못했다. 하지만 중국공산당 체제에서 그를 드러내놓고 비판할 수는 없었다. 하지만 속으로는 저우가 높은 평가를 받았고, 공산당의 해체가 이루어진다면 저우에 대한 평가는 더 긍정적일 수 있다. 그는 안 보이는 곳에 있었지만, 1인자의 역할을 했다. 본인이 1인자 리더 역할을 할 수 없다는 것을 저우는 잘 파악했고, 그에 맞게 리더십을 발휘하여 큰 업적을 남겼다.

기업 리더들의 세계로 가보자. 경영 일선에서는 전설적인 경영팀들이 거의 두 명씩 짝을 지었는데, 1970~1980년대의 코카콜라는 로베르토 고이수에타(Roberto Goizueta)와 도널드 키오(Donald Kio)가 이끌었다. 애틀랜타 주 본사의 코카콜라는 1997년 당시 CEO 로베르토 고이수에타가 사망하자 여러 차례 경영진을 교체했다. 이는 그만한 이가 없었기 때문이다. 고이수에타에 이어 더글러스 아이베스터는 2000년 대프트에게 자리를 내줬고, 2004년 대프트가 사임하자 이스델이 CEO 자리를 이어받았다.

도널드 키오는 코카콜라, 맥도널드, 워싱턴포스트 등에서 근무한 전문 경영인으로, 워런 버핏도 그를 '미스터 코카콜라'라 부르며 코카콜라를 일류 다국적기업으로 이끈 그의 능력을 인정했다. 도널드 R. 키오가 지은《실패하는 사람들의 10가지 습관》에서 실패 요인 10개를 예시했다. ① 모험을 하지 않는 것 ② 입장을 고수하는 것 ③ 자기 자신을 격리시키는 행위 ④ 한 치의 오류도 없는 사람인 척하는 것 ⑤ 법을 적당히 지키는 것 ⑥ 생각을 하지 않는 것 ⑦ 전문가와 외부 컨설턴트를 무조건 믿는 것 ⑧ 관료주의 ⑨ 헷갈리는 메시지 ⑩ 미래에 대한 두려움이다. 더 추가하면 열정을 상실하는 것이고, 이런 실패 예시들을 바꾸어 역발상으로 실행하면 성공한다는 것이다.

즉 모험하기, 자기 자신을 격리하지 말기, 입장 고수하지 말기–유연한 변화, 오류가 있으면 인정하기, 법을 준수하기, 생각을 다양하게 하기, 전문가들의 말을 무조건 믿지 않기, 탈관료주의, 명확한 메시지 표명, 미래에 대한 긍정적인 생각 갖기 등으로 바꿀 수 있다. 이러한 점은 바로 1인자 리더십이라기보다는 2인자 리더십에 맞는 내용들이다. 새로운 시도를 하고, 자신을 다른 이들과 소통하며, 상황 파악과 변화에 맞게 입장과 관점을 유연하게 만들며, 1등의 전문주의에서 벗어나며, 은폐하지 않아야 한다. 여기에 미래에 대한 긍정적인 마인드로 대처해나가는 장기적인 관점을 갖추는 것도 중요하다.

1960~1990년대까지 캐피털 시티스/ABC를 이끈 톰 머피와 댄 버크도 두 사람이 짝을 지어 경영에서 활약했다. 20년 동안 콜게이트-팜올리브를 이끈 루벤 마크와 빌 샤나한도 마찬가지였다. 1960년대부터 버크셔 해서웨이를 이끈 버핏과 찰리 멍거(Charles Thomas Munger)는 아무도 그들을 환상의 콤비라고 하지 않았다. 하지만 그들은 엄청난 성과를 보였다. 멍거는 늘 버핏과 동행하며 40여 년간 일거수일투족을 함께한 평생지기다. 1924년생으로 1930년생인 버핏보다 여섯 살이나 많았음에도 버핏을 뒷받침했다. 그는 벤저민 그레이엄과 함께 지금의 워런 버핏을 만들어낸 장본인으로 평가되었다. 워런 버핏은 찰리 멍거에 대해 다음과 같이 말한 바 있다.

> 벤 그레이엄의 가르침과 달리 찰리 멍거는 염가 주식만 찾아다녀서는 안 된다는 것을 알려주었습니다. 이 점이 그가 내게 미친 가장 큰 영향입니다. 그레이엄의 제한된 관점에서 벗어나는 데에는 아주 강력한 힘

이 필요했습니다. 그것이 바로 찰리의 마인드가 지닌 힘입니다. 그는 내 사고의 지평을 넓혀주었습니다.

—재닛 로우, 《찰리 멍거 자네가 옳아!》

벤저민 그레이엄이 버핏에게 '가치투자'를 일깨운 멘토로 알려져 있는데, 가치투자를 하게 한 것은 멍거였다. 젊은 시절 '싼 주식'만 찾아다니던 버핏에게 "괜찮은 기업을 적당한 가격에 사는 것도 중요하다."고 설득한 사람이 멍거였다. 무엇보다 멍거 덕분에 버핏은 코카콜라 주식을 매입했다. 이것은 장기투자의 모범사례로 남아 있다. 멍거는 자신을 겉으로 드러내기보다는 말없이 자신의 소신을 지키는 우직한 성품이 우선 손에 꼽히는 사람이다. 2인자 리더십의 특징이다. 특히 오랫동안 버핏과 멍거는 철저한 '팀플레이'를 했다. 멍거는 "우리는 두 사람이 함께 일하는 방식을 발견해냈다."며 "이는 혼자서는 결코 할 수

버핏과 멍거는 자율적으로 각자의 리더십을 조화롭게 구사하여 막대한 성과를 만들었다.

없는 일"이라고 말했다.

파워 오브 투(Power of Two). 말 그대로 '둘의 힘'인데, 〈포브스〉의 발행인 리치 칼가아드는 파트너십의 중요성을 언급하며 이렇게 말했다.

> 지난 30년 동안 위대한 창업의 대부분은 두 사람의 팀워크에서 시작됐다. 누구나 약점이 있기에 그 약점을 줄이려면 보완해줄 사람을 찾아야 한다.

이러한 관점에서 보면 모든 위대한 성공의 뒤에는 격렬한 토론을 나눌 동료가 있었고, 함께 인내한 친구가 있었으며, 끝까지 믿어준 후원자가 있었던 것이다.

무엇보다 이런 팀들은 하나의 공통점을 가지고 있다. 그것은 1인자와 2인자 리더십을 조화롭게 구성했다는 것이다. 10년 동안 월트디즈니를 이끈 마이클 아이스너와 프랭크 웰스는 인수합병의 위기에서 벗어났음은 물론 엄청난 수익을 올렸다. 두 사람은 1인자와 2인자의 리더십을 잘 보여주었다. 1인자와 2인자는 상호 부족하거나 결핍한 면을 채울 수 있다. 이는 각자의 역할이 있기도 하다. 한 사람이 1인자와 2인자 리더십의 최상의 측면을 같이 구사한 2인자형 1인자 리더십을 구사하는 것이 중요하다. 하지만 이것이 어렵다면 대신 각자가 상호 보완하는 것이 중요한데, 누구나 부족한 면은 있기 때문에 약점을 채워주면 좋은 결과를 낳을 수 있다. 《파워 오브 투》에서 로드 와그너와 게일 멀러는 월트디즈니의 CEO였던 마이클 아이스너와 프랭크 웰스를 대표적인 사례로 들었다. 그들은 창의력과 수익성, 충동과 신중함이 공존한 멋진 콤비였다. 각자 결핍과 한계가 있기 때문에 서로를 잘 파악하고 맞추는 것이 콤비의 전제조건이 된다. 그럴 때 호흡이 맞고 궁합이 맞는다는 말이겠다. 그러나 웰스가 1994년 갑자기 헬기 사고로 세상을 떠나면서 콤비관계는 깨졌다. 아이스너는 자신의 콤비 후계자로 친구인 오비츠를 임명했지만, 오비츠는 14개월 만에 사표를 써야 했다. 두 사람은 디즈니의 미래 사업의제를 두고 극단적으로 대립했기 때문이다. 가장 뛰어난 사람들이었는데 말이다. 그렇다면 어떻게 이런 일이 일어날 수 있는 것일까?

우리는 흔히 최강의 팀을 만들어놓으면, 실적이 좋을 것으로 생각한다. 영화 〈어벤져스〉와 같이 각각의 영웅을 한 곳에 모아놓으면 최강의 전력을 낳을 것 같다. 하지만 실제 현실에서는 그렇게 좋은 결과가 나올지 알 수 없다. 물론 1차적으로는 각자 뛰어난 이들이기 때문에 융합이 잘 안 될 가능성이 많다. 또한 뛰어난 인재들이기 때문에 외부에서 가만히 내버려두지 않는다. 그렇다면, 이들이 한 곳에 모이기도 힘들고 팀 구성원들과 알아가기도 쉽지 않다. 사실상 실제로 부딪혀보지 않으면, 상대가 어떤 사람이고 능력은 어느 정도 되는지 알 수 없다. 그렇기 때문에 그 사람과 협력이나 융합을 어떻게 해야 할지 가늠이 안 될 수도 있다. 1980년 동계 올림픽에서 소련을 꺾고 금메달을 획득한 미국 아이스하키 팀 감독 허브 브룩스는 이렇게 말했다.

"난 최고의 선수들을 찾는 게 아니야. 우리 팀에 맞는 선수들을 찾는 거지."

재프 콜빈은《재능은 어떻게 단련되는가》라는 책에서 승리하는 사람들의 비결은 신뢰라고 말하고 있다. 서로 간에 신뢰가 쌓이면 1인자들끼리 몰려 있는 곳이라도 제 잘난 멋에 협력을 하지 않는 현상을 넘어 능히 엄청난 결과를 낳을 수 있다는 것이다. 이것이 가능한 이유는 같이 지내다 보면, 각자 능력이 뛰어나다는 사실을 알게 된다는 점에서 출발한다. 따라서 자신이 더 이상 1인자가 아니라는 것을 알게 되면 존중과 협동의 동기가 생긴다. 특히 축구처럼 많은 사람이 같이 어울려서 해야 하는 스포츠 경기의 경우, 절대 혼자 좋은 경기를 만들어갈 수 없다. 누군가의 도움을 받아야 하고, 누군가에게 도움을 주어야 한다. 상호보완 과정을 통해 팀 전체가 승리할 수 있다. 서로가 잘하는 점과 못하는 점을 파악하고 신뢰를 쌓아가는 과정이 있다면 좋은 성적을 낼 수 있다. 오랫동안 1인자와 2인자가 호흡이 잘 맞는 것은 이러한 점 때문이다. 상대방의 능력과 성향을 파악하여 알아서 자연스럽게 역할 배분과 그에 따른 협력이 일어나기 때문이다.

스타를 추구하는 조직에서는 한 명에게 엄청난 부와 명예 그리고 특권을 주면서 다른 이들은 매우 열등한 존재로 만들어버린다. 다른 이들은 모두 쓸모없는 존재들이 되어버리는 것이다. 그러면 그들은 적대적인 관계가 되어버리고 질투나 질시, 다른 한편으로는 무시하거나 우월의식에 빠지게 된다. 더구나 스타에게 몰리는 자원은 다른 이들에게 돌아갈 자원을 소진시키므로 위화감을 조성하는 것에서 더 나아가 조직의 안정성을 깨뜨리고 만다.

TIP

〈포브스〉는 가장 성공적인 삶을 산 지도자는 아우구스투스(B.C. 63~A.D. 14)였다고 평한다. 아우구스투스는 40년 이상 로마를 통치하면서도 분별 있게 처신했다. 황제라는 칭호 대신 '동등한 자 가운데 첫째'로 칭하도록 했다. 다른 사람의 말을 귀담아들었고, 모든 일에 심사숙고했다. "천천히 서둘러라"라는 그의 말은 로마의 경구가 되었다. 로마제국의 길을 닦은 인물이 카이사르라면, 로마가 적절한 속도로 이 길을 따라가도록 유도한 인물은 아우구스투스였다.

—

고사성어 '줄탁동시(啐啄同時)'는 병아리가 바깥으로 나오기 위해 안에서 '톡톡' 쪼으면 어미 닭이 때를 알고 밖에서 '탁탁' 찍어 깨뜨려주는 모습을 말한다. 리더십도 마찬가지인데, 구성원은 스스로 장애물이나 과제를 극복하려 하고 리더는 그것을 견인한다.

—

《왜 모두 미국에서 탄생했을까》에서 이케다 준이치는 구글, 애플, 페이스북, 아마존, 이베이 등 혁신적인 IT 기업이 대부분 미국에서 만들어진 이유에 대해 웹 문화를 만들어낸 상상력과 창의성의 뿌리로 1960년대 미국 서부의 히피와 저항 문화를 지적했다. 히피들이 중시한 자유, 공생, 공유, 개방의 정신이 더 나은 세계, 하나로 연결된 세계를 지향하는 글로벌 기업을 빚어냈다는 것이다.

—

《5백년 명문가, 지속경영의 비밀》에서 최효찬은 "명문가를 일군 가문의 경영자들이 하나같이 목표지향적인 남성이면서도 여성적인 관계지향성을 중시했다."고 주장했다. 관계지향적인 여성성과 목표지향적인 남성성을 조화롭게 갖추지 못하면 결코 위대한 리더가 될 수 없다는 것.

알파걸의 눈물

칭기즈칸은 여성의 잠재성과 가능성을 신뢰했다. 그는 황량하고 혹독한 환경에서 자랐다. 그런 공간에서 나고 성장했기 때문에 그는 그 공간에서 살아남는 역량을 중요하게 생각했다. 더구나 자신은 가문이나 세력의 힘이 아니라 스스로 일어섰기 때문에 사람이 가지고 있는 잠재성과 능력을 중요하게 생각했다. 그에게 여성이라고 해서 차별의 대상이 될 수 없었다. 칭기즈칸의 아들들은 그의 마음에 들지 않았다. 그들은 여자와 음주에 빠져 지냈다. 몽골제국은 칭기즈칸이 죽은 뒤에도 오랫동안 번영을 유지하는데, 그것은 바로 딸과 며느리 등을 성장시킨 칭기즈칸의 리더십과 인재 활용술 때문이었다.

칭기즈칸을 닮은 것일까? 딸들은 리더십이 출중했으며, 칭기즈칸처럼 유연한 사고방식을 지니고 있었다. 또한 현실에 안주하지 않고 언제나 진취적이었고, 이 때문에 항상 새로운 영역에 도전하고 성취해 나갔다. 즉, 딸과 며느리들은 몽골제국 경영에서 핵심 역할을 했다. 그들이 없었다면 인구가 100만에 불과하던 몽골족은 남의 땅을 점령하는 데 그쳤을 것이다. 막강한 기마군단의 힘으로 점령한 땅을 제국으로 키운 것은 상당 부분 딸과 며느리들의 공로였다.

예컨대, 칭기즈칸의 첫째 딸 알라카이 베키는 고비 사막 남쪽 옹구드 지역을 지배했다. 실크로드의 전략적 요충지였지만 지도자가 이런 지정학적 이점을 이해하지 못한다면 그저 별 쓸모없는 땅일 뿐이었다. 하지만 알라카이 베키는 비범했다. 이곳은 고비 사막을 지나는 몽골 군대에 식량과 말을 공급하는 병참기지 역할을 했고, 금 왕조의 공격을 막는 방패 구실을 했다. 알라카이 베키가 이곳의 전략적 가치를 꿰뚫어봤기 때문에 가능한 일이었다.

딸들이 결혼할 때도 신랑과 신부가 평등하다는 점을 강조했다. 딸이 국가 경영에 참여해야 한다는 점이 결혼 조건이었다. 칭기즈칸의 딸들은 전투에 나갔으며, 재판관으로 범죄인들을 처벌했다. 공주 가운데는 씨름꾼도 있었다. 푸치니의 오페라 〈투란도트〉의 주인공은 칭기즈칸의 고손녀 쿠툴룬 공주이다. 그녀는 씨름 시합에서 남자들을 이길 만큼 적극적이고 행동지향적인 인물이었다.

잭 웨더포드는 《칭기즈칸의 딸들, 제국을 경영하다》에서 이렇게 말하고 있다.

> 칭기즈칸의 딸들이 뛰어났던 이유는 명백해 보인다. 그녀들에게 기회가 주어졌기 때문이다. 이는 같은 시대 다른 지역 여성들과 극명한 대조를 이루는 부분이다. 중국이나 아랍에서라면 여성이, 그것도 귀한 신분인 공주가 남성과 뒤엉켜 씨름을 하거나 재판을 주재하는 것을 상상이나 할 수 있었을까? 다른 지역에서라면 누릴 수 없었던 기회를 얻은 여성들이 열정적으로 능력을 계발했으리라는 것은 쉽게 짐작할 수 있다.

칭기즈칸의 딸들은 오늘날 알파걸(alpha girl)에 해당된다. 이미 오래전에 몽골에는 이런 알파걸이 있었던 것이다. 물론 그것을 가능하게 한 것은 칭기즈칸 같은 리더가 있었기 때문이다.

'알파걸'이라는 말은 하버드대 교수 댄 킨들런(Dan Kindlon)이 처음 사용했다. 아동심리학자로 하버드대 교수인 그는 1,000여 명의 소녀들을 대상으로 한 인터뷰와 설문조사를 통해 새로운 소녀들이 나타났다고 설파했다. 즉, "미국의 신세대 소녀들은 이전 세대들과 근본적으로 다른 완전히 새로운 사회계층"이라며 이들을 '알파걸'로 명명했다. 우리나라에서는 '엄친딸'로 명명되기도 했다. 이에 밀리는 이들은 남자들을 '베타남'이라고 이름 짓기도 했다.

그에 따르면 미국 여학생 가운데 약 20%는 알파걸인데 공부, 운동, 리더십 모든 면에서 남학생들을 능가한다. 킨들러는 그녀들이 엘리트 소녀라는 점을 강조한다. 재능과 야망, 자신감이 강하고 여자라는 점 때문에 제약이나 장애가 있다고 생각하지 않는다. 자신만만한 것이다. 보통 '소녀들 스스로 자신감이 없고 외모에 꼬인 심리가 있다'는 편견에서 자유롭다. 남녀 역할, 의존과 독립, 지배와 복종 등 전통적인 사회가치관에서 벗어나 전혀 다른 가치관과 생활방식을 갖추고 있다는 것이다. 그런데 이런 알파걸들이 눈물을 흘릴 수 있다.

《여성 영웅의 탄생》의 저자 모린 머독은 심리학자이자 상담가인데, 많은 여성들을 상담하면서 독특한 점을 발견했다. 그것도 성공한 삶을 사는 여성들에게서 말이다. 겉으로 성공한 것으로 보이는 수많은 여성과 상담하다 보면 뜻밖에 그들 대부분이 자신의 삶을 불만스러워했다고 한다. 사회적 성취를 위해 분투하던 '여성 영웅'들이 갑자기 삶의 의미를 잃고 우울과 상실감에 빠지게 되는 과정을 겪은 것이다. 왜 이런 일이 일어날까? 무엇이 잘못된 것일까? 생각한 끝에 저자가 내린 결론은 간단했다. 모두 남성적 가치를 따른 결과였다는 것.

어머니처럼 되지 않으려는 여성들은 무의식적으로 남자들처럼 사는 방식을 택한다. 그리스 신화 최초의 여성 영웅 아탈란타, 여인국 전사 아마조네스 그리고 현대의 알파걸이 이에 해당한다고 말했다. 아탈란타나 아마조네스는 모두 남성처럼 전투에 나서서 승리를 거두는 이미지를 가지고 있다. 그렇다면 여성의 이미지는 이렇게 남성을 닮아야 하는 것일까? 물론 그렇지 않다. 남성처럼 사는 것은 결국 자신의 장점을 해치는 것이다. 알파걸도 마찬가지다. 그들은 남성들에게 결코 지지 않으려고 한다. 남성보다 우월해지려고 한다. 남성들 사이에서 이루는 생존은 물론 불합리한 것을 바로잡는다는 소명의식도 작용한다. 하지만 '상처뿐인 영광'일 수 있다. 승자의 저주이기도 하다. 과연 그렇게 앞으로만 질주하는 승리 중심의 생활이 과연 바람직한 것인가 하는 근본적인 물음이 필요하다.

머독은 여성성의 회복이 필요하다고 했다. 남성처럼 되기 위해 여성의 본성이나 본질을 외면하게 된다는 것. 느끼고, 치유하고, 창조하는 여성 특유의 힘을 되찾는 것이 필요하다는 것이다. 특히 여성성 자체를 낮게 보거나 무시 · 비난하는 자학의 심리를 바로잡아야 한다. 남성을 의식하는 것은 결국 남성의 우월성에 이미 패배하고 있는 셈이다. 여성성의 부정은 바로 어머니의 부정이기 때문에 그 삶을 가치 절하한 점에서 기인하는 것이다. 따라서 자기 자신으로 돌아오고, 그 자신에 맞게 나아가는 것이 중요하다. 어머니를 긍정하고 여성성을 긍정하는 것은 나를 긍정하는 것이다. 이런 여성성에 대한 부정은 남성과의 기계적인 대등함만 추구하려는 바람에 여성성이 가진 위대한 점을 간과하여 결국에는 경쟁에서도 불리한 입지에 서고 만다. 어머니와 여성성에 대한 긍정은 다른 누군가, 즉 남성을 이겨야 한다는 강박관념을 버리게 한다. 이는 1인자 리더십을 버리고 2인자 리더십을 갖추는 것을 말한다. 사극에서는 여성들이 남성과 동등하다는 점을 드러내기 위해 칼과 창을 들고 말을 달린다. 드라마 〈천추태후〉가 그러했다. 하지만 이는 여성의 권리 신장을 말하면서 남자가 입는 두루마기를 입는 것과 같은 행태였다. 애써 칼과 창을 들지 않아도 여성은 충분히 정치나 권력, 그리고 전쟁에서 이길 수 있는 능력을 가지고 있기 때문이다. 오히려 직접 나서지 않고 전쟁에서 이기는 것이 더 뛰어난 것임은 두말할 여지가 없다. 여성은 인류역사 고금이래로 막후의 은근하고도 실질적인 리더의 역할을 실천해왔다. 전면에 나서야 의미가 있는 것이라는 인식은 이러한 역할의 가치를 평가절하하는 오류를 낳았다.

드라마 〈천추태후〉. 이런 여성 리더 캐릭터는 남성을 의식하는 것에 불과하다.

한편, 사회에서 활동하는 여성들은 완벽주의에 빠지기 쉽다. 완벽 강박증에 노출되는 것이다. 왜일까. 예를 들어 알파걸들은 유리천장을 깨려면 남자들보다 더 열심히 해야 한다고 생각한다. 실패와 실수를 용납하지 않으려는 것도 이 때문에 발생한다. 대다수 뇌 전문가들은 여성이 남성에 비해 상대적으로 스트레스, 일과 개인생활의 분리에 취약하다고 꼬집는다. 예컨대 감정 중추인 대뇌 변연계가 남성보다 크기 때문에 같은 사안이어도 스트레스를 더 받는다고 한다. 이에 상대적으로 여성은 우울해지기 쉽고, 급격한 감정 변화에 통제력을 잃을 수 있다고 한다. 남성들은 둔감하고 무딘 점이 있는데, 이러한 점은 상대방의 감정표현을 읽거나 배려할 때 서툴지만 거꾸로 여성들은 이러한 점이 뛰어나 자기 스스로 스트레스를 가중시켜 정신적 상처를 잘 입게 된다고 한다.

남성들은 키가 크고 근육이 발달했고 여성보다 힘이 강하다. 그래서 여성들보다 운동력이 큰 것을 볼 수 있다. 그래서 남성은 우월하다고 생각하지만 실제는 그렇지 않다. 평균적으로 여자보다 오래 살지도 못한다. 신체가 큰 것과 생명력이 비례하는 것은 아니다. 적어도 수명은 근골격의 크기와 관계가 없다. 이러한 점은 1인자 리더에 대한 오해를 말해준다. 겉으로 드러나는 것과 달리 속에는 장점이 다르게 존재하고 있음을 알 수 있다. 남성을 의식하고 남성을 이겼다는 식의 관점은 여성들에게 도움이 되지 않는다. 그렇게 해도 오히려 허탈하기만 하다. 자기 스스로보다는 외부의 기준에 맞추어 삶을 꾸린 것에 불과하기 때문이다. 남성의 입지를 흉내 내거나 의식하는 것은 1인자 리더십의 폐해이다. 여성들은 2인자 리더십을 구사하기에 적합하다. 오히려 남성들의 1인자 리더십을 보완할 수 있는 측면이 많다. 반드시 1인자의 견지에서 지위와 명예 그리고 자신의 뛰어남과 능력 있음을 드러내거나 과시하는 것만이 바람직한 리더십의 방향은 아니기 때문이다. 남성과 남성 리더십이 가지고 있는 한계가 분명한 시대가 되었다. 이를 보완해주는 것이 여성 리더십이지만, 애써 모성성의 회복이라는 말로 표현할 필요는 없다. 다른 존재를 의식하여 그것에 연연해하는 것이 아니라 생리학적 특징에 맞게 여성들 자신의 길을 지혜롭게 갈 수 있는 방안을 모색하는 것이 중요하다. 리더십도 이러한 연장선상에 있는 것이다.

따라서 '알파걸'이나 '여초현상'이라는 말이 없어지는 것이 오히려 여성들을 자유롭게 해방시켜주고, 그들 스스로 리더십을 발휘하여 많은 사람들이 더 행복한 삶을 이루게 하는 방법이 될 것이다.

TIP

《린 인》의 저자 셰릴 샌드버그는 여성들에게서 발견되는 '왕관 징후군'을 거론했는데, 이는 자칫 영웅 리더십에 가깝다. 셰릴 샌드버그는 "여성은 자신이 직무를 충실히 제대로 수행하고 있으면 누군가가 알아보고 자기 머리에 왕관을 씌워줄 것이라고 기대한다."고 했다. 또한 "물론 완벽한 능력 위주의 사회라면 적임자에게 왕관을 씌워주겠지만 그런 사회는 아직까지 실현되지 않고 있다. 자신이 열심히 일하는 모습과 결과를 다른 사람이 인정해주어야 하지만 그렇지 못할 때는 자신을 위해 스스로 발 벗고 뛰어야 한다." 1인자가 되고 싶은 이들은 누군가의 인정과 선망에 의존한다. 영웅은 바로 그런 인정과 선망의 집적물이다.

—

'무티(mutti)'는 독일인들이 메르켈 총리에게 붙인 수식어다. '무티'는 표준어 어머니(mutter)의 애칭이다. 우리말로 표현하면 '엄마'인 셈이다. 독일 언론들은 메르켈의 리더십을 자상하고 다정한 '무티 리더십'으로 표현했다. 메르켈은 '무티 리더십'을 내걸고 3선에 성공했다.

실패를 자산으로

실패에 대한 태도

1586년 이순신(李舜臣)은 조산보 만호가 되었는데, 이듬해인 1587년 녹둔도 둔전관을 겸하게 되었다. 당시 군량미가 부족했기 때문에 녹둔도를 개간하여 식량으로 사용하려는 목적이 녹둔도 둔전 설치에 있었다. 이순신은 녹둔도의 지형을 살피고 북병사 이일에게 자주 보고했다. 보고 내용은 섬을 여진족에게서 지키기 위해 병력의 증파가 필요하다는 것이었다. 적은 병력으로 조산보에서 20리 떨어진 녹둔도까지 수비하는 것은 마땅하지 않았다. 조산보 병력은 당시 함경북도 27개 진(鎭)·보(堡) 가운데 병력규모가 하위 다섯 번째 규모였다고 한다. 그러나 이일은 매번 묵살했다. 그는 여진족이 침입할 리가 없다고 했다. 그러나 우려는 현실이 되었다. 곧 여진족이 녹둔도에 침입했기 때문이다.

이해에 풍년이 들어 이순신이 경흥부사(慶興府使) 이경록(李慶祿)과 함께 군사를 데리고 녹둔도에서 추수를 하는데, 추도(楸島)에 살고 있던 여진족이 공격해와 큰 전투가 벌어졌다. 여진족이 가을에 수확한 식량을 노린 것이었다. 전투에서 책루(柵壘)를 지키던 수장(戍將) 오형

(吳享)과 임경번(林景藩) 등 조선군 11명이 죽고, 160여 명이 잡혀갔으며, 15필의 말도 빼앗겼다. 나중에 이순신은 추도에 들어가서 납치된 사람 60여 명을 구했다.

이일은 이 사건에서 자신의 책임을 은폐하고, 적의 침입에 대한 1차 책임을 이순신에게 덮어씌워 사형시키고 사건을 종결하려 했다. 불행 중 다행으로 이순신은 자신의 힘으로 병사와 양민을 구해낸 공이 참작되어 죽음을 면하고 여진족을 치는 데 백의종군하게 되었다.

1588년 1월, 조선군 400여 명은 여진족의 본거지인 추도를 기습 공격했고 이순신은 백의종군 상황에서 여진족의 우을기내(于乙其乃)를 꾀어내 잡았다. 이 공적으로 사면을 받아 복직되었다. 애초에 증원군을 요청했지만, 묵살당한 것에 대한 증명을 할 수 없었다. 이때 이순신은 기록의 중요성을 재인식했다.

이순신이 39세에 함경북도 경원군 건원보권관(乾原堡權管)으로 임명되었을 때도 마찬가지였다. 변방에 출몰하는 여진족을 기발한 계책[奇計]으로 처치했다. 그러나 이순신의 공적을 병사(兵使) 김우서(金禹瑞)가 시기했다. 그는 허위 보고서를 올렸다. 이 때문에 이순신에 대한 논공이 중지되었다. 정기 승급에서 겨우 1계급 승진했다. 이때도 기록이 제대로 없으니 밀릴 수밖에 없었다. 이것도 기록의 중요성을 깨닫는 중요한 사례였다.

임진왜란이 일어나자 이순신은 《난중일기》를 작성하고 장계를 통해 당시의 상황을 면밀하게 기록하여 남겼다. 그것은 과거의 실패에서 교훈을 얻은 것이다. 《난중일기》는 이순신이 누구를 만났는지, 어떤 일을 했는지를 중심으로 기록하고 있다. 자신의 언행을 증명하는 기록인 셈이다. 이순신은 그 뒤에도 여러 차례 수정보완으로 《난중일기》를 완성했다. 철저한 기록을 남기고자 한 것은 바로 실패로 생사를 오간 경험이 있었기 때문이다. 2013년《난중일기》가 유네스코 세계기록유산에 등재되었다.

이순신의 친구 서애 유성룡의《징비록(懲毖錄)》은 임진왜란 같은 참화를 되풀이 당하지 않으려고 쓴 것이다. 이러한《징비록》의 탄생은《난중일기》와 함께 임진왜란 방비의 실패를 성찰하여 성공을 이루기 위한 생각에서 집필된 것이다.

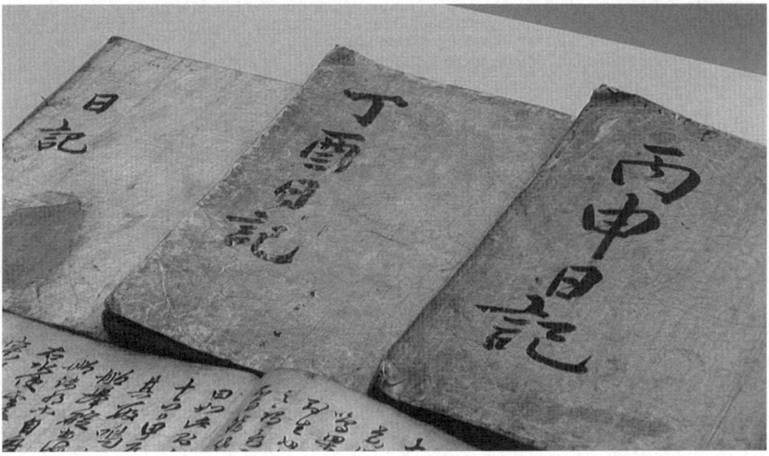

《난중일기》는 이순신이 실패에서 성공의 깨달음을 얻으려 한 필사적인 분투의 결과이다.

사뮈엘 베케트(1906~89)의 부조리극〈고도를 기다리며〉의 대사 가운데 "더 잘 실패하라(Fail better)."가 있다. 우아하게 더 잘 실패하라는 (베케트의) 대사는 인생에서 성공이라는 것은 어쩌면 존재하지 않는다는 뜻이기도 하다. 인생은 성공이 아니라 실패가 본질이라는 점을 부각하고 있는 것이다.

기업에서도 이런 실패를 체계적으로 학습하고 동기부여의 모델로 만들려고 노력했다. 일본의 대기업 혼다는 '실패상'을 제정한 바 있다. 실패상은 실패한 사람에게 주는 것이 아니었고, 실패에 대한 책임을 묻는 것이 목표도 아니었다. 직원이 기술개발에 실패해도 그 원인을 찾아내면 성패에 상관없이 상을 주었다. 실패하지 않고 그 실패를 딛고 성공하는 방법을 모색하는 데 그 목적이 있었다. 스미모토3M은 실패를 질책해 직원을 그만두게 하는 일을 없애기 위해 이를 아예 제도화했다. 일본의 과학기술진흥기구는 실패지식 데이터베이스 구축 사업을 추진했다. 또한 실패학회도 만들어 활동하게 했다.

KT도 똑똑한 실패에 대해 '챌린지상'을 줬다. 실패해도 색다른 기준을 통해 이 상을 주었는데, 사업계획이 얼마나 창의적이며 도전적인지, 그리고 그 추진과정에서 얻은 교훈이 무엇인지가 그 기준이었다. 마이크로소프트도 실패를 활용해 주력상품을 개발한 바 있다. 엑셀(Excel) 프로그램이 그것이다. 엑셀의 탄생과정은 실패가 결코 가치 없는 것이 아님을 말해주는 사례였다. 마이크로소프트는 로터스 1-2-3이 냉대를 받게 되자, 다시 이를 업그레이드한 스프레드시트 제작을 하려 했다. 하지만 또다시 실패하고 말았다. 다만 MS는 그것을 그대로 버리지 않았고 실패한 프로젝트를 다시 꺼내어 엑셀을 만드는 데 적극 활용했다. 결국 엑셀은 출시되자마자 불티나게 팔렸다. 그 성공은 마이크로소프트에 이루 헤아릴 수 없는 천문학적인 이익을 가져다줬다.

실패를 자산화하는 기업들은 실패 파티를 열어 공론화하고 이를 성공하는 사례로 연결시키려고 노력한 기업도 있다. 오랫동안 실패 사례를 연구한 하타무라 요타로 도쿄대 명예교수는《실패를 감추는 사람 실패를 살리는 사람》이라는 책에서 다음과 같이 말하고 있다.

> 창조력의 결여는 실패에 직면했을 때 현명하게 대처할 수 없게 한다. 진정한 창조는 눈앞의 실패를 인정하고 이에 맞서는 데서 시작된다. 그럼에도 불구하고 이미 일어난 실패를 직시하지 않고 '생각지도 못한 사고', '예측할 수 없던 사고'란 변명으로 얼버무리며 실패의 원인을 '미지와의 조우'라고 선언하면서 책임 회피를 반복한다면, 이는 또 다른 실패의 도화선이 될 것이다. 나아가 실패를 성장과 발전의 씨앗으로 삼는 것은 더더욱 불가능할 것이다.

그는 진정한 창조는 바로 실패를 인정하고 실패 원인에 맞서 대응하는 것이라고 했다. 회피한다면 다른 실패로 이어진다고 말하고 있다. 따라서 실패를 면밀히 살피고 그것을 바탕으로 다시금 일을 추진해야 한다. 그런데 왜 실패를 인정하지 않으려 할까? 관련자들은 자신의 잘못이 드러날 경우 쏟아지게 될 질책과 비난을 두려워하기 때문이다. 위신과 지위를 중요하게 생각하는 1인자 리더들은 실패가 없는 사람으로 남기를 바라고 그것을 관리하느라 고군분투한다. 고군분투의 대상은 자기 위신이 아니라 전체에 미칠 영향이어야 하는데 말이다. 그는 "인생의 80%는 실패의 연속이며, 실패를 묻어두면 계속 실패하고, 실패에서 배우면 성공한다."고 했다. 그는 무엇보다 "실패학이란 실패하지 않으려면 무엇을 해야 하는가를 배우는 학문이 아니다. 실패에 대해 연구함으로써 집단의 지혜를 얻자는 것"이라고 했다. 그는 '필요한 실패'와 '있어서는 안 될 실패'를 구분했다. 이에 대해 그는 이렇게 말했다. "필요한 실패는 새로운 일에 도전할 때 필연적으로 겪게 되는 것으로, 이는 성장의 과정이다. 반면 있어서는 안 될 실패는 알면서도 반복되는 실패를 말한다." 따라서 있어서는 안 될 실패는 알면서도 반복되는 실패이고, 이는 이전의 실패에 대해 면밀하게 살피고 학습하지 않았기 때문에 발생하는 것이다. 반복되는 실패를 잘 방지했던 이가 바로 조조라고 할 수 있다.

조조는 무엇보다 자신의 재능을 과신한 나머지 일을 그르치는 경우가 있었지만, 곧바로 실수를 인정하고 다음 계책의 밑거름으로 삼았다. 그는 뛰어난 능력을 가지고 있었기 때문에 자신감을 갖고 행동했던 것이 분명하지만, 그 와중에 언제나 실수가 있거나 오류에 따른 실패도 있었다. 하지만 조조는 그 같은 실수나 잘못을 깨닫고 빨리 고쳤다. 그러한 자세는 바로 많은 보좌진이나 참모들의 분석과 견해, 지혜들을 잘 참조했기 때문에 가능했다.

《콘트래리언》(이신영 저)이라는 책에서는 좋은 실패와 관련된 한 가지 성공 원칙이 있다고 보았다. 실패를 좋은 실패와 나쁜 실패로 나누었는데, 그것은 바로 좋은 실패에 관한 것이다. 좋은 실패에는 '−1, +10의 원칙'이 있다. 한 차례의 좋은 실패(−1)는 실패의 손실을 상쇄하고도 10의 이득을 발생시킬 수 있다. 실패를 경험하지 않은 사람에게는 새로운 도전이나 위험 감수가 큰 성공으로 연결될 확률이 낮다는 것이다. 좋은 실패를 해본 사람은 남다른 도전으로 큰 성공을 얻어낼 가능성을 갖게 된다. 중요한 것은 실패 자체가 자동으로 성공의 사례가 되지는 않는다.

실리콘밸리의 '실패 콘퍼런스'에서 선보인 페일콘(FailCon)에서는 더 구체적인 실패 사례들이 논의되는 것을 볼 수 있다. 벤처 사업가들이 모여 실패 사례를 공유한다. 그들은 자신들의 실패담을 마치 성공담처럼 떠들었다. 자신들의 경험담이 나오기 때문에 그 경험담에서 실패요인을 살피고, 그것을 반복하지 않음으로써 성공으로 이끌려고 하는 것이다. 페일콘에 대해 CNN은 "실패자들의 커밍아웃 파티"라고 했다. 미 공영 라디오 NPR은 "실리콘밸리가 사랑하는 단어인 '실패'에 초점을 맞췄다."고 평가했다. GE의 경우에도 전 계열사 임직원이 참여하는 콘퍼런스 '획기적 상상'을 열고 일부 제품의 실패를 인정하고 그에 대한 공개토론을 벌이기도 한다.

30년 넘게 50권이 넘는 책을 썼으며, 전 세계 500만 명이 넘는 글로벌 리더들의 멘토로 활약해온 존 맥스웰은 '멈추지 않는 성장'을 위해서는 '학습'이 필요한데, 그것은 실패에 대한 자세에서 나온다고 했다. 존 맥스웰은 성공한 사람과 실패한 사람의 차이는 실패와 그에 따른 좌절 속에서 '나는 무엇을 배웠는가?'라고 스스로 되묻는 것에 달렸다고 했다. 워런 버핏의 뛰어난 금융투자 실력도 수많은 투자 실패에 따른 학습의 결과였다. 버핏의 경우에도 실패나 오류, 실수가 많은 것은 잘 알려지지 않았다. 돈을 너무 많이 쓴 경우(US에어), 망한 회사를 산 경우(블루 칩 스탬프), 무능한 매니저를 고용한 경우 등 셀 수 없이 많았다. 하지만 버핏은 실패에서 건질 수 있는 중요한 교훈을 배웠고, 다시 그것을 적용했기 때문에 크게 성공했다. 실패 자체에 집착하지 않았고, 오히려 그것을 바탕으로 무엇을 배우고 어떻게 해야 할 것인가를 우선적으로 생각하여 크게 성공했던 것이다.

《콘트래리언》(이신영 저)은 실패에서 재기하는 자기 확신법은 사람마다 다르다고 했다. 콘트래리언들은 실패 그 자체에 대해 강력한 자기 확신과 철학을 갖고 있었다. 그것은 수백억 원을 주고도 바꿀 수 없는 한 개인의 위대한 자산이라는 것이다. 그러한 자기 확신은 어렸을 때부터 실패의 의미를 뼛속까지 체험하고, 그것의 중요성을 스스로 익히 알기 때문이다. 그것을 모르는 사람은 대략 천 배 정도의 능력 차이가 있다고 보았다. 따라서 어린 시절부터 실패를 어떻게 대할 것인가를 명확하게 숙지하고 있어야 한다. 천 배의 능력 차이가 있는지 없는지는 개인마다 다를 수 있지만, 분명히 크게 다르다는 점은 사실일 수밖에 없다. 어린 시절만이 아니고, 그 분야나 영역에서 일찍부터 실패를 딛고 일어나 어떻게 더 나은 성공을 하게 만드는지 훈련과 학습을 시키는 조치들이 잘 구축되어 있어야 한다. 물론, 실패에 대한 학습적 태도는 2인자 리더십이 발휘하기 좋은 태도라고 할 수 있다. 자연스럽게 그러한 리더십이 조직 전체에 영향을 미치게 된다.

능력 있는 사람일수록 성공에 대한 관심이 많다. 독서를 해도 성공학을 다룬 책을 선호한다. 자신이 실패할 것이라는 가정은 되도록이면 하지 않는다. 그러나 진정한 실력자는 성공만 꿈꾸지 않는다. 그것은 꿈이 아니라 현실이라는 점을 잘 알고 있기 때문이다. 실패의 경우도 항상 대비하려 한다. 스스로 능력이 있다고 생각하는 사람은 실패를 했다는 것 자체가 자신의 무능을 의미하므로 받아들이지 못한다. 그에게 중요한 것은 성공 혹은 실패뿐이기 때문이다. 여기에서 그가 중요하게 생각하는 것은 성공 그 자체라고 할 수 있다. 이런 사람일수록 실패 없는 성공 신화를 추종한다.

하지만 실패 없는 성공은 있을 수 없다. 이순신이 아무리 23전 23승을 했다고 하나 젊은 시절부터 수없이 실패를 거둔 끝에 이뤄낸 해전의 승리였다. 만약 과거의 실패를 면밀하게 파악하지 않았다면, 이순신은 해전에서 성공할 수 없었을 것이다. 물론 실패 후에 학습을 하고 보완하는 노력도 중요하지만, 사전에 그것을 파악하고 예방하는 것도 중요한 문제다.

한 번의 큰 재난이나 대형사고가 발생하기 전에 29번의 작은 사고가 있고, 그에 앞서 300번의 사소한 전조가 나타난다는 1 대 29 대 300으로 알려진 '하인리히 법칙(Heinrich's Law)'을 기억할 필요가 있다. 1인자 리더십에서는 이러한 사소한 문제들은 잘 보이지 않는다. 하지만 2인자 리더십에서는 앞으로 돌진만 하는 것이 아니라 서서히 면밀하게 전체적으로 살펴가므로 이러한 징조들을 확인할 수 있다. 내질러 나가기 쉬운 1인자 리더십에서는 이렇게 대비하고 경계하면서 나가기가 쉽지 않다. 미미한 전조나 작은 사고는 별로 중요하게 여겨지지 않는다. 하지만 큰 사고를 인지했을 때는 이미 늦는다. 만약 한국이 위험사회인데도 이런 하인리히 법칙을 외면한다면 이는 바로 1인자 리더십에 더 익숙하기 때문이다.

TIP

NYT에 따르면 《모비딕》의 허먼 멜빌(1819~1891)은 뉴욕 세관 공무원으로 19년간 일했는데, 자신의 작품을 책으로 내줄 출판사를 찾지 못해 자비 출판을 했다. 그나마도 돈에 쪼들려 한 번에 25권 정도밖에 찍어내지 못했다. 유작 《빌리 버드》는 그의 생전에는 빛을 보지 못했고, 사후 책상 서랍에서 원고지 묶음으로 발견됐다. 《모비딕》의 생전 판매는 3,715부에 그쳤다. NYT는 "멜빌의 작품 질이 높아질수록 독자 수는 줄었다."며 "위대한 작가로 꼽히는 멜빌 본인은 자신의 인생을 실패작이라 생각하며 숨졌다."고 했다. 진정한 작품을 창작하는 이들은 1인자로 평가받지 못할 수도 있지만, 결국 그는 최고의 1인자가 되었다. 중요한 것은 그들을 적극적으로 알아주는 2인자들의 역할이 중요하다는 점. 당시 출판사들은 멜빌을 1인자적 태도로 무시했다.

조직에서 또라이를 딛고 살아남는 그들

흔히 알려진 것과 달리 2인자는 루저와 다르며, 2등을 뜻하지도 않는다. 보통 루저는 1인자를 승자로 만드는 개념이고, 2등은 1등에게 밀린 사람임을 가리킨다. 2인자는 승패나 등수와 관계가 없다. 1등과 2등은 등수를 가리는 경쟁을 했을 때 일어나는 결과이며, 2인자는 경쟁의 결과에 따른 개념이 아니라 그 역할에 따른 의미를 담고 있다. 2인자는 두 번째가 아니라 승리를 뜻하는 브이(V)다. 브이가 가능하려면 두 개의 손가락이 있어야 한다. 이것이 엄지만 사용하는 1인자, 즉 넘버원과 다른 점이다.

1인자를 우선하는 이들에게 다른 사람들은 경쟁자에 불과하다. 1인자들은 성과를 우선한다. 따라서 성과를 앞세우고 1인자를 우선하는 조직에서는 이른바 또라이가 리더로 활개 칠 가능성이 많다. 그들은 당장의 성과를 내기 때문이다. 하지만 장기적으로 이러한 리더는 조직 개개인을 괴롭게 할뿐더러 조직을 망치게 된다. 이러한 1인자 조직에서는 소수만 뛰어난 사람으로 규정하고, 나머지 사람들을 열패감에 빠지게 만든다. 이러한 조직에 있으면 많은 사람들이 무기력과 열등감에 괴로움을 겪는다. 정작 1인자이고자 하는 사람들도 항상 불안과 고독 그리고 강박적 완벽주의에 시달린다. 누군가의 비교우위에 서야 하기 때문에 스트레스를 크게 받는다. 밑에 사람들을 리드해야 하는 위치라면 그는 또라이 리더가 되어 지탄의 대상이 될 것이다. 1등의 자리에 오른다고 해도 그 자리를 유지하기는 쉽지 않다. 이 때문에 곧 밀려날 자리를 지키기 위해 비이성적이며 합리적이지 않은 수단을 택하거나 정상적인 인간의 행태를 벗어나게 된다. 2인자는 이러한 1인자의 단점을 극복하면서 자신의 입지를 확고히 구축하는 이들이다. 그들은 항상 유연하며 덜 강박적이고 수평적인 태도를 유지할 수 있다.

유능한 2인자는 화려하게 나풀거리다가 이리저리 휩쓸리는 낙엽보다 젖은 낙엽의 자세를 유지한다. 젖은 낙엽은 빗자루로 쓸려고 해도 쓸리지 않는다. 이는 쉽게 외적인 조건에 흔들리지 않는 점을 말한다. 자신만의 가치관과 지향점이 있지만 그 위치는 바닥에 존재하는데, 남들이 잘 안 보는 바닥에 존재할지라도 잘 흔들리지 않는다. 이는 겸양의 태도를 내포하는 것이다. 1인자 낙엽들은 화려하게 여기저기 나서지만 결국 쉽게 쓸려나간다.

지위 중심과 일 중심 태도에서도 2인자들은 다르다. 1인자들은 지위 중심이다. 따라서 일의 성취를 통한 만족보다 자신이 어떤 자리에 높이 올라가는가에 관심을 둘 뿐이다. 그러나 2인자들은 지위보다는 자신이 하는 일에 더 관심이 크기에 당장의 지위나 명예에 연연해하지 않는다. 지금 1등을 하지 않아도 일에 대한 경험과 노하우는 축적되는 법이다. 일본 쇼후공업의 말단사원 이나모리 가즈오는 남들이 다 버리고 떠난 회사에 남아 홀로 연구에 몰입한 결과, 파인 세라믹 재료인 포스테라이트를 개발했고 교토세라믹을 창업해 일본 3대 기업가가 되었다.

특히 2인자들은 공자의 말처럼 자신이 좋아하는 일에 매진해 무적이 된다. 일에서 만족감을 얻으려 하기에 당장에 드러나지 않지만 차츰 그를 찾는 사람이 많아질 수밖에 없다. 더구나 2인자들은 1인자처럼 화려하게 조명을 받지 않으므로 다양한 시도를 할 수 있다. 이때 실패에 대한 위험을 어느 정도 감수하며 혁신적인 아이디어가 다양하게 실험된다. 그러나 1인자는 항상 대박 성과를 내야 하기 때문에 다양한 시도나 혁신적인 행위를 스스로 제한하게 된다.

1인자들은 앞을 보고 달리므로 주위를 분간하기 싫지 않다. 이른바 터널 시야(tunnel vision) 현상에 빠지고 만다. 이는 마치 앞만 보고 달릴 수밖에 없는 경주마의 시야와 같다. 2인자들은 전체적으로 조망하거나 판단할 수 있다. 한걸음 물러나 있기 때문이다. 이를 '초연한 관심(detached concern)'이라고 표현할 수 있을 것이다. 이를 위해서는 관심을 가지고 있되 섣불리 열정을 쏟아 붓기보다는 페이스 안배를 잘하는 태도가 필요하다. 이는 래프팅 타기와 연결된다. 캘리포니아 아메리칸 강에는 '악마의 웅덩이'가 있는데 이곳의 래프팅 가이드는 만약 보트에서 떨어져 급류에 휘말리면 절대 급류와 싸우지 말고 발을 뻗은 채 그냥 떠내려가라고 한다. 왜일까? 오로지 구명조끼에 몸을 맡기고 발을 밀어내면 떠 있을 수 있고 머리를 보호할 수 있어 유유히 빠져나갈 수 있기 때문이다. 2인자들이 겪게 되는 상황은 이런 급류 상황과 같다. 1인자가 되려는 격한 압박과 경쟁 속에서 급류에 맞서 싸우면 오히려 더 위험할 수 있다.

2인자들이 속한 환경에서 자칫 1인자가 되기 위한 레이스에 쉽게 휩쓸리고 만다. 그렇기에 '정서적 전염'과 구분해야 한다. 1인자형 리더십을 추구하는 사람이나 구성원과 거리를 둬야 한다. 아라비아 속담에 "현명한 사람도 사악한 사람과 어울리면 바보가 된다."고 했다. 심한 경우 과감하게 다른 조직의 탐색을 모색해야 한다.

무엇보다 혼자 승리하는 것보다 상호 상생하는 협조의 틀(frame)을 만들어야 한다. 이를 위해 2인자는 우월하다거나 열등하다는 인식에서 벗어나 다 같은 인간이라는 점을 우선한다. 예컨대 신(神) 앞에 우월한 사람은 없으며, 인간은 모두 불완전하다는 생각으로 경쟁과 승리보다는 협업과 보완을 통한 집단 지성적 성취를 우선시한다. 또한 스스로도 완벽주의에서 자유로워진다.

무엇보다 1인자들은 큰 성과를 내려 하기에 쉽게 성취하지 못할 가능성도 크다. 큰 성과를 내려 할수록 상황에 대한 통제가 이루어지지 않아 열패감이나 무기력에 시달릴 가능성이 많다. 그러나 2인자들

영웅 캐릭터들도 1인자 리더십이 아니라 수평적인 2인자 리더십을 구사하고 있다.

은 큰 성취보다는 작은 성취를 중요하게 생각한다. 그 작은 성취는 미미하고 사소해 보이지만 시간의 흐름과 사례의 축적을 통해 어느 순간 위대한 업적이 됨을 2인자들은 잘 알고 있다. 2인자들은 소소한 사안에 대해 통제감을 발휘해 성취해나가고 이를 통해 만족감을 배가한다. 그것이 롱테일로 하나씩 쌓여서 실력이나 전문적인 능력으로 나타난다. 당장의 성취에 자만하지 않으며 그 자만으로 다시 위기가 올 수 있음을 늘 환기한다. 그 대표적인 인물이 세종인데, 항상 공을 세우면 두려워해야 한다고 강조했다.

무엇보다 2인자들은 시간의 흐름에 자신을 내맡긴다. 1만 시간의 법칙처럼 원하는 결과가 나오려면 절대시간이 필요함을 안다. 또한 흐름의 고저 속에서 자신의 몸을 맡기면서 적당한 타이밍이 오기까지 '전략적 인내'를 잘 구사할 줄 안다.

무엇보다 2인자들은 둔감력(鈍感力)이 크다. 다른 이들이 어떤 비난을 해도 자신의 호흡과 로드맵에 따라 움직여 나간다. 하지만 그것은 다른 사람들에게 피해를 주는 것이 아니며 초연한 자세로 오류와 실패의 가능성을 열어두고 수평적인 자세로 나를 넘어서서 함께 우리의 살길을 모색하는 자세를 견지하는 것이다.

TIP

《스펙이라는 거짓말》(오쿠야마 노리아키 · 이노우에 겐이치로 저)에서는 겉으로만 1인자인 태도에 대해 언급한다.

"말 한번 똑 부러지게 잘한다. 오랜 경험, 풍부한 지식, 현란한 논리를 내세워 이러저러해야 한다고 참 야물딱지게도 말한다. 생색내기와 피해자 연기에 일가견들이 있다. 그런데 이런 사람들, 업무적으론 '꽝'이다. 일해본 사람은 안다. 일은 앉아서 입놀림으로 하는 게 아니라는 걸."

이런 이들은 스펙만을 앞세우고 끊임없이 조직과 단체 그리고 활동 영역을 옮겨 다닌다. 그러나 실제 성과는 없기 마련이다. 실속없는 상황이 드러나기 전에 그들은 끊임없이 이동하면서 스펙을 쌓아갈 뿐이다.

《회사를 내 편으로 만드는 10가지 방법》에서 수전 마셜은 이렇게 말했다.

"말만 하지 말고 실행하라. 하는 말이 모두 옳은 말일지라도 일단 말이 많으면 신뢰도는 현저하게 떨어진다. 우선 말이 많으면 말실수를 저지를 확률이 높아진다. 꺼낸 말을 모두 실천하려면 그만큼의 노력이 필요한데 그것도 생각처럼 수월하지 않다. 실천할 수 있는 말만 하고 한 번 한 말은 끝까지 실행하는 모습을 보여야 한다."

모두 2인자의 내실을 기하고, 실천에 더 중점을 두는 태도를 말하고 있다.

—

리더십은 문화가 확립되어야 원하는 지향점이 좀 더 확실하게 현실이 된다. 《코끼리를 춤추게 하라》에서 루이스 V. 거스너는 문화개혁과 혁신은 '실천하는 리더십'에 의해서만 가능하다고 했다. 리더는 자신이 하고 있는 비즈니스의 본질을 제대로 알고 사랑해야 하며, 리더가 열정과 공정함을 가지고 몸소 실천할 때 직원들의 마음을 움직일 수 있고, 나아가 회사의 문화를 혁신시키고 회사의 성공을 불러올 수 있다는 것이다. 거스너는 IBM에 희망과 도전 그리고 혁신과 변화가 절대적으로 필요하고 그 중심에 경영전략은 물론 문화

개혁이 있어야 하는데, 이를 위한 효과적인 방법은 열정과 공정함을 가진 실천하는 리더십이라는 것이다.

—

세상이 지옥처럼 캄캄하게 / 나를 뒤덮는 밤의 어둠 속에서 / 어떤 신이든 / 내게 불굴의 영혼을 주심을 감사하노라 (중략) / 나는 내 운명의 주인 / 나는 내 영혼의 선장

— 윌리엄 헨리, 〈불굴〉

너를 알고 나를 알아, 나를 움직이고 너를 움직인다

이순신의 허실(虛實) 리더십과 힐러리의 전략적 인내

이순신이야말로 우리나라 최고의 2인자형 1인자 리더십을 보여준 최고의 리더였다. 그 출발은 바로 자신과 상대방을 정확하게 파악하고 그것에 맞추어 전략과 전술을 구사했기 때문이다. 이순신의 모든 언행과 전쟁준비 그리고 전쟁수행은 2인자형 리더십의 전형이라고 해도 과언이 아니었다. 무엇보다 그 자신과 상대방을 잘 파악하고 그 관계성 속에서 원하는 목적을 달성하는 데는 전략적 인내의 리더십이 작용하고 있었다.

이순신의 임진왜란 해전은 세계 최초의 해상 전략 함포 해전이었다. 세계 최초의 해전은 진포해전으로 꼽히고 있다. 고려 말, 1380년 8월 진포(鎭浦)에 침입한 왜선 500척을 맞아 화포를 장착한 고려의 군함이 격파한 해전이었다. 아지발도(阿只拔都)가 이끄는 왜구 2만여 명이 승선하고 있었다. 배를 화포로 격파하니 왜적들은 배를 잃고 육지에 상륙해야 했다. 바로 최무선이 세계 최초로 화약을 발명하고, 화포를 통해 위대한 승리를 이끌어낸 사례였다. 어떻게 보면 당시에는 정박해 있는 배에 화포를 쏘았다고 하는 것이 맞는 것이었다. 이른바 불화살을 화포로 대신한 것이다. 또한 당시에는 왜군이 상대적으로 우위에 있지 않았고, 고려가 화포라는 강력한 무기를 갖추고 있었기 때문에 일방적인 승리를 얻었다.

하지만 임진왜란 당시에는 일본이 다른 무기를 가지고 있었기 때문에 맞붙어 싸우기 힘들었다는 측면을 고려해야 한다. 바로 조총이었다. 조총의 유효사거리는 50~100m, 최대 사거리는 200m였다. 화살보다도 강력한 무기였다. 개인과 개인이 붙으면 조선군이 불리했다. 다만 조선군에게는 함포가 있었다. 조선 수군이 보유한 함포의 유효사거리는 적게는 300m에서 많게는 1,000m였다. 이 점을 이순신은 잘 알고 있었다. 또한 왜군에는 정규 해군이 없었던 점을 파악하고 그들의 전투방법도 숙지하고 있던 이순신이었다. 조선침략을 감행했던 도요토미 히데요시는 해적을 수군으로 편입시킨다. 해적의 전투방식은 등선육박전(登船肉薄戰)이었다. 무조건 배를 대어 타고 넘나들어 살육전을 벌이는 것이 이들의 전형적인 전투방법이었다. 이 때문에 조선 수군의 상황에서는 왜군과 붙어 싸우는 것은 별로 이로울 것이 없었다. 그들은 칼을 잘 쓰고, 조총을 가지고 있었으며, 육박전에도 능했다. 하지만 조선 수군은 활을 잘 쏘았고 화포를 다루며 육박전이나 개인 화기 사용은 불리했다. 따라서 조선 수군은 일정한 거리를 두고 벌이는 함포해전이 잘 맞았다. 또한 전체 배의 숫자나 병력의 규모로 보았을 때 전면전은 힘든 상황이었다. 거북선을 만든 것도 이 때문이었다. 왜적은 배가 많고 해적이 많으니 그에 대응하여 배를 깨부술 수 있는 병기가 필요했고, 대신 해적들이 배 위에 올라타지 못하게 창이 꽂힌 철갑선을 구축한 것이다.

이순신은 왜군의 배와 맞붙어 싸우는 것은 불리하다고 부하들에게 명령을 내렸다. 그리고 불리한 상황이라 해도 육지로 도망치지 말 것을 요구했다. 육전은 왜군에게 더 유리하기 때문이었다. 이런 측면에서 이순신은《손자병법》의 〈모공〉 편을 잘 활용하였다.

《손자병법》〈모공〉 편에는 "知彼知己, 百戰不殆, 不知彼而知己, 一勝一負, 不知彼不知己, 每戰必殆"라는 말이 나온다. 즉, 적을 알고 나를 알면 백 번을 싸워도 위태로움이 없고, 적을 알지 못하고 나를 알면 한 번 이기고 한 번 지며, 적을 모르고 나를 모르면 싸울 때마다 매번 위기에 빠진다는 말이다.

1594년 9월《난중일기》에서는 "나를 알고 적을 알아야 백 번 싸워도 위태롭지 않다(知己知彼, 百戰不殆. 지기지피, 백전불태)고 하지 않았나!"라고 했고, 또한 1594년 11월《난중일기》에서는 "知己知彼, 百戰百勝(나를 알고 적을 알면 백 번 싸워 백 번 이기고), 知己不知彼, 一勝一負(나를 알고 적을 모르면 일승을 거두고 일승을 내주며), 不知己不知彼, 每戰必敗(나를 모르고 적도 모르면 매번 싸울 때마다 반드시 패한다)"라고 했다.

왜군들은 무엇보다 전쟁에 매우 익숙한 이들이었다. 전국시대를 통일한 핵심 주력군들이 많은 전투경험을 앞세워 조선을 침략했던 것이다. 그러나 조선군은 그러한 전면적인 전쟁에 대한 경험이 없었다. 특히 조선 수군은 해전을 통해 전투를 수행한 적도 거의 없었다. 이순신은 이 같은 현실을 잘 알고 있었다.

이순신의 전라좌수영 전선은 23척에 불과했다. 이억기의 전라우수영 전선 25척, 원균의 경상우수영 전선 3척에 그쳤다. 그러므로 조선 수군의 배를 모두 합쳐야 51척이었다. 수백 척에 이르는 왜적의 배를 숫자 면에서도 따라갈 수 없었다. 따라서 이순신은 연합전투에 임하여야 했다. 이러한 점은 이순신 전선이 천하무적으로 진군했을 것이라는 인식과 거리가 멀었다. 만약 거북선을 내세워 나대기만 했다면 그의 군대는 분명히 연이은 패배로 궤멸되었을 것이다. 이순신은 왜군의 본진(부산)과 정면으로 맞붙어 싸우지 않았다. 각 해안지역을 약탈하는 왜군 적선들을 공격했다. 또한 수시로 유인 전략을 사용했다. 몇 척의 배를 통해 상대방이 얕잡아보도록 만들고 특정 해상으로 왜적이 진입할 경우 협공을 가했다. 한산대첩의 경우에도 몇 척의 배로 수백 척의 왜군 적선을 유인해냈다. 왜군은 도망치는 조선 수군 함선을 보고 기세를 높여 달려들다가 함정에 빠지고 만다.

이는 명량해전에서도 마찬가지였다. 왜군은 조선 수군의 함선이 12척밖에 남아 있지 않다는 사실에 기고만장했다. 하지만 이순신은 절대 물러서지 않고 앞으로 나섰고 대승을 거두었다. 여기에서도 이순신은 자신이 처한 위치를 정확하게 인정하고 이를 활용하여 전투에 나아갔다. 일단 자신들의 전력이 왜적에 비하여 형편없기 때문에 이를 보완할 수 있는 지형을 활용하려 한다. 그것이 거친 바닷물이 일어나는 울돌목이었다. 또한 절대적인 열세이기 때문에 이순신은 앞으로 나아가 먼저 선방을 날린다. 즉, 적극적인 방어와 공격만이 최선의 안전을 보장할 수 있다는 생각을 한 것이다. 무엇보다 2인자 리더십의 개념을 성찰하게 만들었다. 이순신은 이때 철저하게 2인자 리더십을 추구한다. 대개 최고의 의사결정자들, 즉 1인자 리더십을 보이는 이들은 부하들이나 하급 리더들을 전투현장에 내보낸다. 하지만 이때 이순신은 대장선을 몰고 앞으로 나아간다. 2인자들이나 하는 행위를 스스로 하면서 왜군에 위축되어 있는 부하들을 독려한다. 선봉장이나 하는 일을 최고 지휘관이 스스로 나서서 한 것이다. 이순신은 무엇보다 남들이 자신을 알아주는 것에 대해서 별로 관심이 없었다. 묵묵하게 자신의 실력을 쌓고, 전쟁에서 진정으로 승리할 수 있는 방안에 대해서만 연구했다. 이러한 점은 2인자 리더십의 전형이라고 할 수 있다.

원균은 1인자 리더십을 구사하는 장수였다. 그는 호기롭게 말하기를 좋아했고, 무엇보다 안 되는 것도 된다고 큰소리치고 보는 스타일이었다. 지형지물을 이용한 전략보다는 용맹과 사기를 활용한 직접 전투에 더 치중했다. 그에게는 진격만이 있을 뿐 후퇴는 없었다. 항상 앞에서 지휘하는 스타일이었고, 이를 자랑하기를 좋아했다.

그는 없는 병력을 끌고라도 최전선에 나아가 장렬히 전사하는 편을 택할 용장에 속했다.

그러나 이순신은 불리할 때는 몸을 피하고 힘을 키우기를 바랐다. 이순신은 수년 동안 150척의 전선과 2만에 가까운 조선 수군을 길러낸다. 둔전을 두고 자체 병과를 실시해 인재를 채용하고 군사물자와 군량미를 마련했다. 물론 이러한 함선과 병력은 원균이 칠천량 해전에서 모두 잃고 만다.

원균과 이순신,
1인자 리더십과
2인자 리더십의 전형

1597년 이순신은 조정에서 내려온 부산진 공격명령에 대해서 응하지 않고 있었다. 이순신은 1592년 10월 5일(음력 9월 1일)의 부산포 전투를 통해 당시 전면적으로 왜군과 싸우는 것이 힘들다는 점을 잘 알고 있었다. 하지만 원균은 부산을 자신이 직접 들이칠 수 있다고 호언장담을 했다. 이순신을 향해 무능하고, 비겁하다는 말도 서슴지 않았다. 급기야 조정의 분노를 사고 만 이순신은 한양으로 압송되었다. 원균이 이순신이 비워놓은 그 자리를 대신했다. 하지만 막상 이순신이 옥에 잡혀 들어가고 난 후 삼도수군통제사가 되어서는 부산 공격에 나서지 않고 머뭇거렸다. 이에 화가 난 권율은 원균을 잡아다가 곤장을 친다. 그해 7월 160여 척의 배를 이끌고 부산진에 나가지만 대패하고 만다. 1인자형 리더십의 종말이었다. 더구나 이순신은 불리하더라도 육지로 도망가지 말라고 했지만 원균을 포함한 수군은 육지로 도망갔고 결국 원균도 그곳에서 왜군에게 당하고 만다. 처절한 패배의 전투에서 그의 시체는 찾을 수조차 없었다. 그러나 원균을 무조건 폄하해서는 안 된다. 그의 리더십이 맞아떨어지는 상황도 있을 수 있다. 다만 당시 해전에서는 그의 리더십이 적합하지 않았다. 특히, 해상 전투에서는 육지와는 다른 지형지물을 이용한 해상전략과 전술이 필요했다. 어쩌면 원균은 자신보다 못나다고 생각한 이순신이 혁혁한 공을 세우고, 삼도수군통제사에 오른 것 자체가 못마땅했을 것이다. 막상 삼도수군통제사에 오르고 나니 자신의 현실을 정확하게 깨닫게 되었다. 그러나 때는 이미 늦었던 것이다.

그가 다시 부활한 명량대첩도 2인자 리더십의 전형적인 사례였고 그 안에도 전략적 인내의 특징이 나타난다.

명량이 주목되는 이유는 이순신의 면모와 역량이 가장 잘 드러난

해전이었기 때문이다. 이순신은 임진왜란 발발 1년 전에 갑자기 수군절도사의 위치에 오르게 된다. 이에 따라 그를 의구심의 눈초리로 바라보는 시선이 많았다. 그는 스스로 그 눈초리를 뚫고 자신의 능력을 보여주어야 했다. 이순신은 임진왜란 준비와 전투 지휘 과정에서 다른 장수들을 뛰어넘는 해전 승리를 이끌어냈다.

그것은 오랫동안 무시당하고 배제되었던 구원타자 이순신이 멋진 만루 홈런을 친 것과 같았다. 명량은 다시금 이순신의 능력을 보여주어야 하는 해전이었다. 하지만 상황은 매우 좋지 않았다. 이순신에 대한 의구심의 눈초리가 쏟아졌다. 칠천량해전에서 조선 수군이 궤멸을 겪었기 때문에 왜군의 핵심 주력 함대와 정면으로 붙어 싸운다는 것은 상상하기도 힘들어 보였다. 한산대첩과 같이 조선과 왜군의 핵심 주력 함대가 맞붙는 해전에서는 군의 양적인 규모가 절대적으로 중요할 수밖에 없다. 이순신의 장점인 묵묵한 겸양을 통한 소신 리더십이 힘을 발휘해야 할 때였다.

이런 상황에서 이순신은 명량에서 자신이 그동안 선보였던 해상 전술과는 전혀 다른 전술을 구사했다. 그것은 이순신의 해전에서 당한 왜군일수록 당혹스러울 수밖에 없었다. 역발상의 리더십이 발휘되는 순간이었다. 이순신은 본래 1인자형 리더십 스타일이 아니었다. 그는 항상 다른 수군절도사들과 협의 · 숙의하고 그들이 최대한 힘을 발휘할 수 있도록 했다. 그는 2인자형 리더십을 구사하는 리더였다.

그는 왜군에 대해 교만한 태도로 전투에 임하지 않았다. 조선 수군의 상황을 정확하게 파악하고 이에 맞는 전략을 세웠다. 불리한 상황이라면 섣불리 나서지 않았고 때로는 물러나기도 했다. 그리고 적절한 시점과 상황을 만들어 타격해나갔다. 무리하게 왜군의 본대를 공격하는 것보다는 분산 타격을 통해 공포감을 주어 왜선들의 서해 진입을 막는 것에 더 초점을 맞추었다.

하지만 명량해전은 이런 전법의 리더십과 많이 달랐다. 일단 숫자와 물량에서 매우 열세였다. 이 상황에서 수세적인 태도를 취하는 것이 위험하다는 사실을 이순신은 분명하게 인식하고 있었다. 초반부터 적극적인 공세를 취하자, 왜군은 당황하게 되었다. 분명히 수적으로 열세임을 알기 때문에 적극적으로 나서는 이순신에 대해 경계의 눈초리를 거둘 수 없었다.

보통 이순신은 열세인 경우에는 유인 전략을 취하고 상대방이 방심을 하는 사이 다른 함선들의 해상 진법을 통해 적선을 타격해왔다. 그 대표적인 해전이 한산대첩이었다. 그런데 명량해전에서는 그렇게 하지 않았던 것이다.

능동적인 공세적 태도를 취한다고 해도 누가 그것을 하는가가 중요하다. 무엇보다 이순신의 대장선이 직접 진두지휘한 점이 주효했다. 대장선이 뒤에 물러나고 앞에 하위 지휘관을 독려하는 방식은 지리멸렬하게 만들 확률을 높일 뿐이었다. 솔선수범의 리더십이다. 솔선수범은 어렵고 고통스럽고 남들이 피하려는 상황일수록 리더십의 정당성과 권위를 다져준다.

이순신은 전투에 적극적으로 임하지 않는 부하들에게 군율에 따른 처벌을 언급하지만 이순신의 속마음은 그런 심산을 넘어서고 있었다. 이미 그런 상황은 예측되었기 때문이다. 이때 이순신은 스스로 희생을 자임했다. 이른바 희생의 리더십이다. 희생은 2인자의 리더십으로 1인자의 입지를 구축하고 다른 이들을 이끌어가는 도덕적 우월함의 리더십을 발휘한다.

무엇보다 대장선이 앞쪽으로 적극 나섰기 때문에 왜적의 지휘관들도 앞으로 나설 수밖에 없었다. 더구나 조선 함대가 십여 척밖에 안 되는 상황에서 수백 척을 이끄는 왜군 장수가 부하들의 뒤에 있다는 것은 비겁한 리더로 인식될 수 있었다. 따라서 적장도 앞에 나서서 전투 수행을 지휘했고 이러한 행태는 조선 수군의 함포 사격의 타깃이 될 수밖에 없었다.

이에 조선 수군은 일찍 적장을 제거할 수 있었고, 왜군들은 사기가 꺾여버렸다. 아무리 함대가 숫자 면에서 압도적으로 많아도 리더인 지휘관들이 타격을 받으면 버틸 수가 없다. 규모나 양보다 적군의 군대를 통솔하는 자와 통솔을 받는 자의 커뮤니케이션 단절이 언제든 아군에게 더 유리한 상황을 만들어낸다. 무엇보다 이는 리더의 권위심리를 역으로 이용한 전략이었다.

이 같은 점은 이순신의 맞짱 리더십이라 볼 수 있다. 적군의 숫자에 기가 눌리지 않고 전투의 본질을 정확하게 간파한 다음 이에 정면으로 대응한다. 쉬운 일일수록 부하들에게 일임하고 어려운 상황일수록 리더는 자신이 앞으로 나서야 한다. 그리고 해결해야 할 위기나 난제를 정면 돌파해야 한다.

하지만 우리 사기업이나 공공조직에서는 그와 반대인 경우가 많다. 오히려 어렵고 힘든 상황에서 하급자에게 이를 맡기고 상급자들은 뒤로 물러나 용이한 상황에서만 공적을 세우려 한다. 거꾸로 일이 잘될 때는 오히려 힘을 아끼고 조심하며 후일을 도모하고 부하들이 공을 세울 수 있도록 해야 한다. 하지만 위기상황의 공이 오히려 큰 진가를 발휘한다. 이때 리더는 진정으로 인정을 받고 추앙된다.

이순신의 명량 리더십은 이순신의 기본적인 리더십 스타일을 그대로 보여주고 있다. 이순신은 전술이나 전략의 구사를 병법서나 교본에 있는 대로 적용하지 않았다. 상대방이 사람이라는 점을 항상 염두에 두고 있었다. 사람의 심리를 읽거나 그것을 예측하지 못하면 전투에서 이길 수 없다는 점인데, 이는 단순한 심리전의 개념을 뛰어넘는다.

명량에서 기존에 자신이 구사한 전법과 리더십 스타일에 변화를 준 것은 상대방의 심리를 정확히 꿰뚫고 있었기 때문이다. 인문학적 소양을 충분히 가지고 있었던 이순신이 전투를 지휘했기에 가능했던 일이다. 이는 문무의 하이브리드 리더십의 소산이었다. 아군이 사람이라는 점도 항상 고려의 대상이었다. 물론 그의 전쟁은 사람을 살리기 위한 전쟁이었다. 그것이 인간을 중심에 두는 이순신의 바이오필리아 리더십이었다.

그렇게 심리전이나 물리적 전투에서 이순신은 전략적인 인내를 참 잘하는 이 가운데 한 명이었다. 당장에 빛나는 성과가 없어도 준비하고 인내하며 기회를 찾거나 상황을 스스로 유리하게 만들어갈 줄 알았던 인물이다. 특히 상대방의 심리적인 변화 추이를 면밀하게 분석하고 그에 따라 대응방안이나 계획을 세웠다. 이러한 점은 자신이 세운 전략에 따라 인내하고 실천하는 능력이 탁월했음을 의미한다. 그의 해전들은 마치 컴퓨터로 시뮬레이션을 한 듯이 수행된다. 상황별 진행에 따라 그에 맞추어 조선 수군이 진행해야 할 전술들을 미리 준비하는데, 이는 마치 살아 있는 퍼즐을 맞추는 것과 같았다. 그것이 가능하려면 자신과 상대방을 면밀하게 파악할 수 있어야 한다.

오바마 행정부 집권 1기 시절 북핵문제와 관련해 힐러리 클린턴 국무장관이 처음으로 사용해 널리 유행한 '전략적 인내(strategic patience)'는 지난 2010년 힐러리 클린턴 미 국무장관이 천안함 사태와 관련한 방한 도중, 한국정부에 대해 단기적인 보복보다는 장기적인 대응을 해야 한다는 주장과 함께 처음 쓴 표현이다. 국제사회의 여론과 시간이 절대적으로 한국에게 유리하기 때문에 북한이 자멸할 때까지 참고 기다리라는 맥락이었다. '전략적 인내'는 정작 국무장관 힐러리 클린턴 자신에게도 해당되는 말이었다.

클린턴 전 대통령이 모니카 르윈스키와의 불륜을 고백했을 때 "분한 나머지 목을 비틀고 싶었다."고 했다. 그렇게 분노했던 힐러리였지만 남편과 이혼하지는 않았다. 그 뒤 상원의원 당선과 국무장관직을 맡았다. 르윈스키 스캔들로 온 나라가 들끓었을 때 힐러리는 상원의원 도전 로드맵을 짜고 있었다. 오바마 행정부에서는 국무장관으로 맡은 바 임무를 착실히 수행해냈다. 그녀는 자신이 당한 고통을 그대로 발산하지 않았다. 클린턴을 공격하지 않았고, 자기가 피해자이거나 얼마나 상처받았는지를 드러내지도 않았다. 그리고 때를 기다렸다. 사람들은 힐러리의 감내와 인고 그리고 노력과 준비를 지켜보고 있었다.

마침내 2013년, ALGR의 여론조사에서는 82%가 미국이 여성 대통령을 맞을 준비가 됐다고 응답했다. 대형 서점에 힐러리 전기만도 20여 권이 넘고 힐러리만 다루는 전문잡지도 있다. 힐러리가 공식석상에 서기만 하면 화제가 된다. 그녀에 관한 드라마도 제작되었다. 이 때문에 공화당에서는 그녀를 대통령으로 만들려는 세력이 있다면서 강하게 어필하기 시작했다. 위기감이었다. 힐러리는 영부인이라는 위치에 머물 것처럼 보였지만, 착실히 시간의 흐름에 따라 자신의 경험과 역량을 확장하면서 전략적인 인내로 때를 기다리고 있었다.

그런데 남편 그늘에 있지 않고 점차 독자적 행보를 넓혀나가는 것을 보고 뭔가 다르다는 느낌이 들었다. 기존 대통령 부인 역할에 머무르지 않고 자신의 실력으로 정치 영역을 개척해 전문성을 쌓았다. '퍼스트레이디로 너무 튄다'는 여론에 당당히 맞서는 카리스마도 갖췄다. 여성 정치인은 이미지만 있고 콘텐츠가 부족하기 쉬운데 힐러리는 이 두 가지를 동시에 갖췄다.

— "Yes, she can" 힐러리 신드롬, 〈동아일보〉, 2013년 6월 22일자 A1면

이순신과 힐러리를 비교해보자. 이순신이 임진왜란 초기에 섣불리 경상도 바다로 가지 않은 것은 바로 유리한 상황과 때를 기다렸기 때문이었다. 물론 단순히 기다린 것이 아니라 그에 필요한 준비와 행동을 실천했다. 마침내 그와 같은 조건들이 맞아떨어지면서 출진했고 연이어 대승을 거두기 시작했다. 비록 이순신이 부산을 치지 않았더라도 아무것도 하지 않은 것이 아니라 전략적인 인내를 한 것이다. 이순신은 결정적인 기회를 포착하기 위해 인내하고 있었던 것이다. 그것은 바로 지피지기 때문에 가능했다. 힐러리는 클린턴의 추문 앞에서 자신이 무엇을 해야 할지 잘 알고 있었다. 당장에 자신의 안일한 이익을 추구하는 것보다 장기적인 목적을 이루는 것이 중요하다고 생각했다. 따라서 전략적인 인내를 선택했다. 그녀는 클린턴의 입지와 그를 지지한 유권자들의 마음을 잘 알고 있었다. 힐러리는 그들의 마음도 자신의 편으로 넘어올 수 있도록 참고 인내하며 끌어안는 행보를 보였다. 그리고 그것은 효과를 발휘했다. 클린턴을 버릴 수는 없지만 그의 행위를 옳다고 할 수도 없었던 이들이 힐러리 편이 되었다. 남편에 대한 공격보다는 자신의 내실을 쌓아가는 모습에 리더라는 인식이 더욱 든든하게 다져졌다. 당장 손해를 보는 듯한 행동이 장기적으로 선순환되었다. 이

순신도 마찬가지였다. 당장에는 손해를 볼 것 같았던 그의 행보가 그를 결국 영원한 1인자로 만들었다. 그때나 지금이나 모두 그를 1인자로 꼽는 데 주저함이 없다. 선조는 1인자라 생각하고 그렇게 여겼지만 그때나 지금이나 누구도 그렇게 생각하지 않는다.

TIP

이순신 어록

“대장부로 세상에 나와 나라에서 써주면 죽음으로써 충성을 다할 것이요, 써주지 않으면 야인이 되어 밭갈이하면서 살리라.”

(丈夫出世 用則效死以忠 不用則耕野足矣)

— 1576년 무과시험 뒤 기다리며

“망령되게 움직이지 말고 조용하고 무겁기가 산과 같이 하라.”

(勿令妄動 靜重如山)

— 옥포 앞바다에서 첫 해전을 기록한 옥포파왜병장, 5월 10일 기록에서

“한 사람이 길목을 잘 지키면 천 명의 적도 두렵게 할 수 있다.”

(一夫當逕 足懼千夫)

— 1597년 명량해전을 앞두고

“작은 이익을 보고 들이치다가 큰 이익을 이루지 못할 우려가 있으니, 아직 가만히 두었다가 다시 적선이 많이 나오면 이를 보고 기회를 엿보아서 무찔러야 한다.”

— 1594년 2월 13일, 《난중일기》에서

“어떤 미인이 홀로 앉아 손짓을 하는데, 내가 소매를 뿌리치고 응하지 않았다. 우스웠다.”

— 1594년 2월 5일, 《난중일기》에서

나가는 말

넘버원을 넘어선 'V라인' 리더십

V라인

2인자의 리더십은 넘버원 리더십과 달리 다른 이들과의 관계 속에서 궁극적인 완승을 이루려 한다. 무엇보다 우리의 삶과 인생사에는 언덕과 계곡이 반복된다는 사실을 알고 있다. 새옹지마(塞翁之馬)의 원리를 잘 인지하고 실천하는 리더십을 발휘하기도 한다. 흥할 때가 있으면 내려갈 때가 있는 것이고, 내려갈 때가 있으면 다시 올라갈 때가 있다. 2인자의 V는 이를 상징한다. 넘버원에는 굴곡이 없고 오로지 정상만 있으니 현실을 제대로 반영해내지 못하고 자신을 과장하고 진실을 호도하고 왜곡하기에 알맞다. 2인자 리더십의 구성요소는 'V라인'이라 할 수 있다. V라인에 속하는 키워드는 Victory(승리), Value(진가, 가치), Vision(통찰, 예견), Veracity(진실, 성실), Volition(결단, 의지), Ventilation(소통, 환기), Venture(모험), Variance(다양성, 가변성), Versatility(다재다능함, 다방면에 능함), Voluminosity(방대함, 풍부함), Vigor(활력) 그리고 Veneration(존경, 숭배) 등이다.

Victory 승리 | Victor 승리자

2인자형 리더십은 손가락 두 개를 사용하는 빅토리와 밀접하다. 넘버원을 선호하는 리더십보다는 V를 선호하는 것이 위기의 상황에서는 더욱 선호될 수밖에 없다. 그 승리는 비단 혼자만의 승리가 아니다. 넘버원은 혼자 잘났음을 강조한다. 오로지 최고만을 우선한다. 최고는 다른 이들을 배제하고 혼자만을 위한 영웅적 승리를 추구한다. 2인자들의 승리는 함께하는 승리이며, 무엇보다 그들은 근시안적인 승리가 아니라 근본적인 완전한 승리의 길을 간다. 그들은 1인자들의 일시적 승리자를 뜻하는 위너(Winner)가 아니라 진정한 승리자를 뜻하는 빅토(Victor)를 지향한다. 위너는 당장에 무엇인가 얻어 이기는 사람을 말한다. 따라서 반대말로 루저라는 말을 사용한다. 겉으로 보기에 잃는 사람이다. 그러나 빅토는 좀 더 큰 범위에서 이기는 사람이다. 비유하자면 위너는 전투에 승리한 이를 말한다. 빅토는 전쟁에서 승리하는 사람을 말한다. 따라서 좀 더 근본적인 승리자를 말한다. 빅토는 성경의 메시지와 같다. 성경에 이르길 당장에는 악인이 승리하는 듯이 보이나 결국 믿음과 신뢰가 있는 선인들이 이긴다고 했다(욥 20:5). 빅토는 영원하고 항구적인 승리자를 의미한다.

Value 진가, 가치

진정한 가치를 중요하게 생각한다. 겉으로 드러나는 외형, 즉 명예와 유명세, 인기, 지위에 대해 경계한다. 사람을 볼 때도 지금 당장의 처지가 아니라 사람 됨됨이를 보는가 하면 잠재성이나 가능성을 본다. 투자를 할 때도 가치투자를 선호한다. 당장에 평가받는 것에 휘둘리지 않는다. 시간의 흐름에 따라 그 진가가 드러나는 때를 기다린다. 남들이 만들어놓은 평가에 연연하지 않기 때문에 일희일비하지 않는다. 그들은 혁신을 추구해도 가치 중심의 혁신을 추구한다. 그러나 1인자들은 당장의 성과와 지표, 평가에 매우 연연하면서 자신의 입지를 강화하려 한다.

Vision 통찰, 예견

2인자들은 진리와 본질을 보고 경험했기 때문에 통찰력을 가지고 있으며 이를 바탕으로 미래를 예견할 수 있다. 이러한 예견은 단순히 측정이나 예측과는 거리가 멀다. 설명을 하고 대안과 방향을 가늠하게 한다. 넘버원 리더들은 정확한 예측에 연연하다가 속이는 사람이 되고 만다. 통찰과 예견에 대한 확신으로 사람들을 이끌어나간다. 시간과 타이밍 속에서 그 통찰적 예견이 실현되는 지점으로 나가 기다린다. 1인자들은 자신의 주관을 객관적인 법칙인 것처럼 다른 이들에게 강요하기 쉽다. 세상을 자신에게 맞추면서 자기 식대로 변형하려 하기 때문이다.

Veracity 진실, 성실

2인자들은 진실, 성실을 중요하게 생각한다. 진실이나 성실은 손해를 볼 수밖에 없다. 때때로 2인자들은 진실이나 성실과 거리가 먼 일을 하기도 한다. 하지만 그것이 본질이 아님을 알고 다시 본래의 자리에 되돌아온다. 음식점을 예로 들어보면 '두 번째로 잘하는 집'이라고 광고한다. 솔직히 자신의 상황을 인정하고 드러내주는 것이 호응을 얻는다. 그렇다고 1인자들처럼 "나 이런 존재야."라며 거드름을 피우는 모습은 아니다. 자신의 결핍을 인정하고 그 위에서 성실하게 노력하는 모습이 진실임을 몸으로 보인다. 그것은 솔선수범이면서 삶 그 자체이다.

Volition 결단, 의지

2인자들은 진정한 가치가 무엇인지 알고 진실을 보았기 때문에 의지가 굳고 그 의지에 따라 결단력을 보인다. 이를 소신이라고 표현할 수도 있으며, 일관성이라는 단어로 표현할 수도 있다. 초지일관의 모습은 이 때문에 일어난다. 그들의 의지와 결단은 밑도 끝도 없는 고집이나 편견이 아니라 뚜렷한 Verification(확증, 입증), Validity(정당성, 타당성)를 가지고 있기 때문에 가능한 것이다. 따라서 확증과 타당성을 확보하고 그에 바탕을 두어 의지와 결단을 세운다. 이런 과정 없는 혼자만의 결단은 한 두 번은 결과를 낳아도 결국 붕괴됨을 1인자형 리더들이 잘 보여주어왔다.

Ventilation 소통, 환기

2인자들은 떳떳하기 때문에 수평적인 관계를 마다하지 않는다. 그들 스스로 거리낄 것이 없기 때문에 누구에게도 군림하거나 지배하지 않는다. 그래도 충분히 자신이 커버하고 이끌어갈 수 있으며 자신을 잃지 않을 수 있기 때문이다. 다른 이들을 통해 자신을 넓힌다. 따라서 다른 이들은 절대자가 아니라 공존공생을 위한 동반자, 상생을 위한 파트너이다. 이런 관계일수록 그들의 영향력은 더욱 커진다. 그러나 1인자들은 자기주도적으로 끌어나가는 것이 리더의 역할이자 본질이라고 생각하며 자신의 주체와 능력을 드러내는 것을 매우 중요하게 생각한다. 따라서 수평적 관계와 소통의 원칙을 곧잘 위반한다.

Venture 모험

2인자들은 하나의 틀이나 영역에 안주하지 않는다. 하나를 지배 혹은 소유하는 데 궁극적인 목적이 있지 않기 때문이다. 따라서 그들은 항상 새로운 영역을 향해 열려 있다. 넘버원 리더들은 자신의 영역을 더욱 고착화하고, 그것을 유지하는 데 신경을 쓴다. 2인자 리더들은 하나에 머무르지 않고 모험의 길을 떠난다. 그 모험의 길은 단지 치기어린 열정에 머무는 것이 아니라 새로운 도전을 통해 영역을 더욱 확대하려는 것이다. 1인자들은 그들의 성과를 더 확대 강화시켜야 하기 때문에 성공한 모델과 사례 그리고 경험과 노하우에서 잘 벗어나지 않으며 안주하기 쉽다.

Versatility 다재다능함, 여러 방면에 능함

2인자 인재들의 특징은 여러 방면에 해박한 지식과 경험 그리고 능력을 가지고 있다는 것이다. 그렇기 때문에 그들 가운데는 멀티플레이어가 많다. 따라서 어떤 상황 속에서도 유연하게 대응할 수 있으며, 융합적인 존재로 창조적인 일을 할 수 있다. 그러나 그 다재다능함은 산만함이 아니라 일관된 본질을 향해 있다. 만약 그 본질을 향하지 않는다면 리더가 아니라 개인 취향을 중요하게 생각하는 사람일 뿐이다. 즉, 리더의 자격이 없는 개인주의자일 뿐이다. 1인자들은 자신의 뛰어남을 드러내기 위해 여러 방면에 능하려 하고 그것을 통해 다재다능함을 과시하기 쉽다.

Variance 다양성, 가변성

V리더십을 추구하는 사람들은 변화를 고려한다. Variation(변화, 변동)을 중요하게 생각한다. 변화를 염두에 두지 않고 고수하는 것은 1인자의 태도이다. 그들은 유연하지 못하고 변화가 아니라 경로의존을 선택한

다. 그러나 그 변화는 본질의 변화가 아니라 현상의 변화이다. 현상의 변화는 늘 있는 것이므로 그 현상에 대한 변화에 적응을 하려 한다. 본질을 간과하는 사람들은 오히려 변화에 둔감하다. 변화는 현상을 반영하는 것이므로 그 변화에 적응하는 것이 본질에 어긋나는 것이 아니라는 판단을 할수록 변화를 추구한다.

Variety 단조롭지 않음

다양성과 변화를 지향하기 때문에 그들의 삶과 스타일은 단조롭지 않다. 일의 처리방식도 마찬가지다. 다방면에 걸쳐 지식과 경험 노하우를 쌓고 있다. 실무에서 이론, 새로운 방향과 대안까지 알고 있다. 그렇기 때문에 거꾸로 어떤 상황에 이르러도 그 상황에 맞게 응용과 적용을 할 수 있게 된다. 한 분야가 사라지거나 도태되어도 다른 분야를 다시 시작하거나 키울 수 있다. 능동적으로 살아남는 유기체적 존재이기 때문이다. 그러나 1인자 리더십은 자신의 주력분야가 사라지거나 무너지면 존재 자체가 붕괴된다.

Voluminosity 방대함, 풍부함

2인자 리더들의 내공은 어느 하나로 규정할 수 없는 경지에 이른다. 그 경지에 들어가지 못하고 외부에서 관찰할 때는 단지 산만하다고 생각한다. 스티브 잡스는 점들의 연결이 중요하다고 말했다. 그들은 점을 무수히 찍는다. 어느 순간 그 점들이 수없이 연결되어버리고 이 때문에 가늠할 수 없는 규모와 결과를 낳게 한다. 그들의 삶은 방대한 영역의 잠재성을 갖고 있기 때문에 어느 순간 1인자 리더십의 소유자들이 이룰 수 없는 결과들을 만들어낸다.

Vigor 활력 | Veneration 존경, 숭배

2인자 리더들은 살아 있다. 고체처럼 있는 것이 아니라 약동하므로 그들은 Vibration(진동)한다. 생명 그 자체가 진동임을 우리는 잘 알고 있다. 무기체는 진동이 없다. 마찬가지로 1인자들은 굳어 있다. 반면 2인자는 Vegetable(식물)이다. 항상 녹색 빛을 띠고 무엇인가를 끊임없이 생산하여 다른 이들이 생존할 수 있도록 만든다. 당장에는 잘 드러나지 않지만 그들은 광대한 영역에 걸쳐 끊임없이 돋아나고 자신의 영역으로 만들어나간다. 모든 동물들이 식물을 외면하고 존립할 수 없으니 세계의 지배자는 식물이다. 식물들이 없는 세상은 육지나 바다, 하늘을 모두 아우른다. 식물의 다양성이야말로 지구상의 모든 동물들이 살아갈 수 있는 원천이다. 만물의 영장이라고 하는 인간도 결국 농경을 통해 인간다운 문명화를 이루었다. 지식정보화 시대에 거꾸로 농경이 새로운 종교로 떠오르고 있음은 이상한 일이 아니다. 결국 그들은 Veneration(존경, 숭배)받을 수밖에 없는 존재가 된다. 1인자 넘버원들은 단기적으로 숭배를 받는다. 그러나 2인자형 리더들은 브이라인 리더십으로써 근본적으로 그리고 항구적으로 존경을 받는다.